Wilhelm von Ploennies

Leben, Wirken und Ende weil des oberfürstlich winkelkram'schen

Generals der Infanterie

Vom Knopf aus dem Nachlasse eines Offiziers hrsg

Wilhelm von Ploennies

Leben, Wirken und Ende weil des oberfürstlich winkelkram'schen Generals der Infanterie
Vom Knopf aus dem Nachlasse eines Offiziers hrsg

ISBN/EAN: 9783743623897

Hergestellt in Europa, USA, Kanada, Australien, Japan

Cover: Foto ©ninafisch / pixelio.de

Manufactured and distributed by brebook publishing software (www.brebook.com)

Wilhelm von Ploennies

Leben, Wirken und Ende weil des oberfürstlich winkelkram'schen

Generals der Infanterie

Leben, Wirken und Ende

weiland Seiner Excellenz

des Oberfürstlich Winkelkramschen Generals der Infanterie

Freiherrn Leberecht vom Knopf.

Aus dem Nachlaß eines Offiziers

herausgegeben

durch

Dr. med. Ludwig Siegrist.

Darmstadt & Leipzig.

Eduard Zernin.

1869.

Geistergruß

den lieben Freunden

(auch Herrn Oberstl. Grafen R. und Herrn Major v. W.).

~~~~~~

O Ehrenstand, o Stand der Waffen,
Du vielgepriesener Kriegerstand!
Was hast du mit dem Zopf zu schaffen
Und mit Kasernen-Unverstand?

Sie kommt, die Zeit von Blut und Eisen,
Zertritt Pedanten links und rechts —
Als Retter wollt ihr euch erweisen
Des kranken ringenden Geschlechts.

Und seid ihr wirklich denn gesunder,
So haltet fest am alten Sinn,
Doch gebet den Gamaschenplunder
Dem Feuer der Satire hin!

————————

Ich, Weisheit, wohne beim Witz — — —
(Sprüche 8, 12)
— — denn viel Büchermachens ist kein Ende, und viel Predigen macht den Leib müde.
(Prediger 12, 12)

Erstes Capitel.

Der Herausgeber an den Verleger.

Ein praktischer Arzt, der dieses Namens werth sein will, und dennoch einen Roman oder etwas Aehnliches — wenn auch nicht schreibt, doch herausgibt, muß sich durch besondere Gründe entschuldigen, wenn er nicht an Lächerlichkeit gewinnen will, was er an Zeit und Achtbarkeit einbüßt.

Ich habe nicht die mindeste Neigung zur wissenschaftlichen, populären oder gar schönen Schriftstellerei; selbst die Lorbeeren Ihres Bocks lassen mich ruhig schlafen, obgleich ich sein Verdienst anerkennen und seine Bücher aus Ueberzeugung empfehlen muß. Ja sogar meine statistischen Notizen und Tagebücher pflege ich solchen Collegen gern zu überlassen, welche ein größeres litcrarisches Talent und eine kleinere Praxis haben, als ich.

Die Sache mit dem Roman — oder wie Sie das Erzeugniß nennen wollen? — ist nun kurz folgende. Sie wissen, daß jedes große Ereigniß in Deutschland allerlei neue Leute auf unser Pflaster wirft, wo sie denn langsam emporkommen oder rasch zu Grunde gehen. Ich selber gehöre glücklicher Weise zu der ersten Classe: ich wurde durch die Fluth von anno 49 herübergespült und bin nun seit zehn Jahren ein leiblich zufriedener Mann; zu der zweiten Classe gehört leider der Verfasser des beifolgenden Manuscripts, der vor sechs Monaten herüberkam und jetzt auf dem Kirchhof von Hoboken liegt.

Die Auswanderer, die der vorjährige Krieg herübertrieb, sind theils Bürger und Bauern, welche neuen Steuern, Conscrip= tionen und Kriegslasten aus dem Wege gehen, nachdem sie die vorjährigen Lasten und Contributionen getragen haben. Auch mancher Soldat aus Ihren so leicht besiegten Südstaaten hat genug an seinen traurigen Erfahrungen; und mancher andere Soldat aus Ihrem so siegreichen Norden hat ebenfalls genug an seinen ruhmvollen Erlebnissen, und beide kommen herüber und associiren sich vielleicht zunächst als Karrenführer oder Hausirer.

Nur sehr wenige Offiziere hat dieser letzte europäische Sturm herübergejagt. Die Legion der Unfähigen, deren man sich in Ihren kleinen Staaten nach dem Kriege entledigen mußte, sitzt, wie ich mir sagen ließ, in fetten Pensionen und würde ohnehin nicht geneigt sein, zur See zu gehen, oder zu arbeiten, oder gar eng=lisch zu lernen; für die jungen Offiziere aber muß ja jetzt endlich ein brillantes Avancement beginnen. Nur Einzelne von diesen jungen Herren trieb ein seltsames Schicksal herüber, und Einer von den Wenigen war eben mein Autor.

Er war ein hübscher braver Junge, zart, schlank, brünett, mit tiefen, dunkeln Augen; ein Träumer und Phantast, aber kein Tagedieb, sondern fix und flink mit Hand und Mund, und zu stolz, um ein Bettler oder Gauner zu werden. Ich denke, er muß ein netter und tüchtiger Offizier gewesen sein, wenn auch wohl ein recht leichtsinniger Mensch.

Ich fand ihn in großem Elend, schwer krank; aber er ruderte noch wacker gegen den Strom, in dem er ertrinken sollte. Es war sein letzter Wunsch, daß ich seinen Roman, den er geschrieben, aber nicht den Roman, den er gelebt, veröffentlichen möge. Was er selber von seinem Schicksal mittheilen wollte, findet sich im zweiunddreißigsten Kapitel, wo er sich unter dem Pseudonym des Lieutenants Richard von Unruh einführt, sowie in dem Epilog, wo eben dieser Offizier als der „Unberufene" auftritt.

Gewisse Grundsätze der Gegenseitigkeit, die ich bei einem Theil meiner Patienten mitunter durchführen kann, haben es mir möglich gemacht, den Lieutenant R. v. U. in anständiger Privat=pflege und freundlicher Umgebung sterben zu lassen.

In der letzten Nacht vor seinem Tode übergab er mir das Manuscript. Es scheint mir darauf begründet zu sein, daß er vor dem letzten Kriege bei dem Generalstabe seiner kleinen Armee mit einer historischen Arbeit beschäftigt wurde, und zwar als Secretär einer ganzen Commission jener merkwürdigen Pedanten und Büreaukraten, von welchen so manches Exemplar in der gemüthlichen Stallfütterung der kleinen Friedensheere aufgezogen und bis zum Kriege als kriegstauglich betrachtet wurde.

R. v. U. gerieth erst dann auf den Einfall, seinen Roman zu schreiben, als ihm die Fortschritte seines tödtlichen Leidens jede andere Arbeit als die mit der Feder unmöglich machten. Es war und bleibt mir eine psychologisch interessante Erscheinung, daß es gerade ein humoristischer Roman ist, den er in der jammervollsten Umgebung, in Hunger u. in Kummer niederschrieb. Aber ich denke es war ihm eine Erleichterung und ein Herzens= bedürfniß; er mußte seinen lang comprimirten europäischen Aerger von sich geben, und für seine sittliche Entrüstung einen Ausdruck finden; er wollte nichts davon dort hinübertragen, wo unendlicher Friede ist.

Es schien als wenn er nicht sterben könne, ehe das Manu= script fertig war; wenn ich kein Arzt wäre, würde ich behaupten, er sei noch 8 Tage über die Möglichkeit hinaus am Leben geblieben, um auch noch den oben erwähnten Epilog fertig zu machen, und die Vignette dazu zu zeichnen (welche mir einiges Künstlertalent zu verrathen scheint). Aber ich habe ihn secirt, und weiß daher, daß Alles seinen normalen Verlauf nahm.

Da er kaum 25 Jahre alt war und noch keine literarischen Erfahrungen hinter sich hatte, kann ich es nicht sonderbar finden, daß er bis zuletzt an dem Glauben festhielt, man werde sein Manuscript in Deutschland gerne verlegen, drucken und l Er übergab es mir mit der Miene eines reichen Mannes, der werthvolles Vermächtniß stiftet. Von diesem Selbstgefühl zeugt auch die Episode mit dem imaginären Verleger.

Als er begraben war, habe ich eine ganze Nacht damit hin= gebracht, es zu lesen, und bin noch jetzt verwundert über die Menge von sonderbaren Einfällen, die der junge Autor in seinen drei und dreißig Kapiteln zusammengeleimt hat.

Aber es scheint mir ein treuer Patriotismus darinnen zu sein, und auch einige kritische Methode, was bei einem Lieutenant dieses Alters auffällt.

Doch ich weiß, daß er einem Kreise von strebsamen Officieren angehörte, in welchem die jüngeren Kameraden Gelegenheit fanden, sich die Erfahrungen und Ansichten gereifterer Männer anzueignen. Unter der Figur des „Hauptmanns Streblich genannt Vergeblich" scheint die leitende Persönlichkeit jenes Kreises geschildert zu sein.

Wenn man die heutigen Reste des Reichs= und Bundes= Kriegswesens von hier aus betrachtet, so scheint es schon fast zu spät, die Uebelstände der partikularistischen Kriegsherrlichkeiten literarisch zu bekämpfen. Denn die Geschichte räumt ja gar rasch damit auf.

Aber eben deshalb sind manche dazu gehörige Dinge schon jetzt der Dichtung verfallen, welche sich daran macht, sie mit allerlei piquantem Gewürz einzubalsamiren.

Und außerdem sind durch die neuesten Ereignisse die kleinen Militär=Zöpfe doch nicht kurzweg vertilgt, sondern in mancher

1*

Hinsicht nur zusammengeflochten worden mit einem größeren Zopf, der der guten Germania immer noch schwer und theuer genug im Nacken hängt, wenn er auch schon bequemer und stattlicher ist, als alle die kleinen störrigen Rattenschwänze. An dem deutschen und europäischen Ur= und Gesammtzopf des zünftigen Heerwesens mag noch manche satyrische Scheere ihre Schneiden vergeblich abstumpfen, so lange das Geld sich noch irgendwo borgen läßt.

Daß übrigens die Arbeit meines armen Patienten von jeder persönlichen und localen Anzüglichkeit frei, und nur gegen gewisse Grundsätze und Zustände gerichtet ist, dürfte ich der Versicherung eines Sterbenden glauben, auch wenn es nicht aus dem Manuscript selber so deutlich hervorginge.

Schon aus dem Eingang des dritten Kapitels geht hervor, daß ganz Winkelkram unter einer geographischen Länge und Breite liegt, die man auf keinem Globus zu finden vermag. Daß die st... ... Figur Seiner Excellenz des Generals Knopf keinen ... ...en ... giftigen Kern in ihrer poetischen Hülse enthält, ... deutlich genug im Epilog, der das innerste Wesen des ...rals offen legt. Ebenso leuchtet es ein, daß die merkwürdigen ...tragetischen Maneuvres des Winkelkram'schen Heeres im letzten Kriege weder auf die Verhältnisse irgend eines süddeutschen, noch auf diejenigen eines norddeutschen Contingents äußerlich passen. Es scheint mir, daß sich in niedrigem Sinne Niemand, und in höherem Sinne Jedermann an einer oder der anderen Stelle von dem kleinen Buche getroffen fühlen kann. Denn es gibt allenthalben Uniformsknöpfe — und auch andere Knöpfe.

Wenn auch Laie in der schönen Literatur, glaube ich doch das Richtige zu treffen, wenn ich sage, daß der Verfasser in der Schilderung der Winkelburg im 19. Kapitel eine Charakteristik seines ganzen Werkes geliefert hat, welches, viereckig eingerahmt in militärisches Zopfthum, doch einen gar lieblichen Kern von ächter Poesie und Romantik enthält; ja es sitzen auch allerlei Wahrheiten mitten darin, welche sittlich sind, ohne nackt oder geradezu langweilig zu sein. Man kann also, wie ich meine, dem kleinen Buch eine gewisse innere Wahrheit nicht absprechen, wenn auch für die Erzählung selber das Wort unseres Schiller gelten möge

> Was sich nun und nimmer hat begeben,
> Das allein veraltet nie.

So mag denn in diesen Blättern der Humor des weiland flotten Lieutenants noch einmal hinüberflattern über die breite atlantische See, nachdem seine Seele die Reise in die Ewigkeit angetreten hat.

Vielleicht kommt das sonderbare kleine Buch einem treuen
Kriegskameraden des jungen Offiziers in die Hände, oder einer
ehemaligen Freundin des flinken Tänzers, oder gar jener schönen
Louise, die er in den letzten Delirien bei sich zu sehen glaubte.

Dr. L. S.

Zweites Capitel.

Lieutenant von Unruh's Manuscript führt folgenden Titel:
„Leben und Wirken des Freiherrn Leberecht vom Knopf,
„weiland Oberfürstlich Winkelkramschen Generals der
„Infanterie, sowie auch zweiten Inhabers des Oberfürst-
„lichen Garde-Füsilier-Leib-Regiments, Großkreuz
„des Verdienstordens für Propretät und Gesinnung, sowie des
„Selbstverpflegungs-Ordens mit Messer und Gabel; auch des
„hungrigen Adlers mit offenem Schnabel und des braunen Eber-
„ordens mit Eicheln; Inhaber der Ehrenkette mit dem goldnen
„Haus- und Ordonnanz-Kameel, mit doppeltem Buckel und mit
„dem Affen. — Beiträge zur vaterländischen Geschichte, mit Geneh-
„migung des Oberfürstlichen Kriegsministerii herausgegeben
„durch die historische Abtheilung des Oberfürstlichen
„Generalquartiermeisterstabes. — Der Ertrag wird zum
„Besten der Knopf-Stiftung für wissenschaftliche Ausbildung von
„talentvollen Regimentsschneidern verwendet. —"

Doch ich, der Herausgeber, enthalte mich von jetzt an jeder
weiteren Bemerkung und gebe würdigen Männern das Wort:

Vorwort des Redactions-Comité's.
(Dem Oberfürstlichen Kriegs-Ministerio nebst dem beifolgenden Manuscript
zur Genehmigung unterthänigst vorgelegt.)

Allenthalben erheben sich Stimmen, welche auch für kleine
Armeen ein billiges Lob, oder eine freundliche Nachsicht, für ihren
Antheil an dem welthistorischen Kampfe von 1866 in Anspruch
nehmen. Allenthalben gelingt es, durch zweckmäßige Berichtigung
der Thatsachen ein immerhin ansprechendes Bild, ein producibeles
Material für die vaterländische Kriegsgeschichte zu gewinnen.

Nur für Winkelkram grünt kein Kranz; Winkelkram soll tobtgeschwiegen werden!

Und doch haben auch wir ber preußischen Macht in gehöriger Distanz gegenüber gestanden, ohne mit den Wimpern zu zucken, geschweige denn sonst etwas zu machen.

Nie warb ein glänzender Sieg ohne rühmenswerthe Gegner gewonnen. Da nun der preußische Adler auf den Fittichen seines Ruhmes bis über die Wolken gestiegen ist, dürfen wir wohl das Banner mit dem Winkelkramschen Kameel wenigstens auf der Höhe des heimischen Kirchthurms flattern lassen.

Dies geschah nicht früher, als jetzt, weil wir im stillen Bewußtsein unseres Werthes geschwiegen haben. Aber es naht die Eröffnung unseres 27sten Landtages, welcher die Hosen, Helme und Knöpfe neuesten Musters, sowie die größeren Tornister und die Kriegs-Contribution, und die Kosten des Krieges überhaupt und nicht minder die Kosten der neuen Organisation bewilligen muß — und schon längst haben Winkelkrams Patrioten mit Recht gefragt: „Waren denn unsere Leute nicht auch babei? Warum steht nichts davon in Rüstow und Borbstäbt und in dem badischen Verrath und in den bayerischen Ursachen und Wirkungen, und in dem Daheim und in dem Hinkenden Boten oder sonstwo zu lesen? Wofür bezahlen wir denn unser Geld?"

Und der winkelkramsche Soldat kann dem winkelkramschen Patrioten antworten: „Wir sind auch dabei gewesen, wenn auch in unserer besonderen Weise. Allerdings haben wir die Mainlinie und die übrigen Linien nicht überschritten; aber während die größere Reichsarmee damit beschäftigt war, ihre Hauptquartiere zu verstärken, und ihre eigene kunstvolle Organisation zu studiren, indem sie da und dort eines ihrer hundert Gelenke bewegte, und überhaupt diejenigen Dinge that und unterließ, erstrebte und erlebte, von welchen in obigen Büchern geschrieben steht — während aller dieser Vorgänge haben wir als eine besondere kleinere Reichsarmee, als eine kleine aber mächtige Partei, unsere stille aber tiefgehende Wirksamkeit entwickelt.

Die größere Reichsarmee hat allerdings einige Gefechte verloren, weil sie bei mehreren Anlässen die Grundsätze einer heilsamen Strategie verläugnete, und sich auf leidenschaftliche Gefechtsactionen einließ, statt lediglich den genialen Grundgedanken ihrer Operationen, nämlich die Idee einer rückwärtigen späteren Vereinigung mit energischer Mäßigung zu verfolgen. Aber wer könnte behaupten, daß uns an einem einzigen dieser Gefechte eine active Mitschuld beizumessen sei?

Unsere militärische Einsicht erzeugte die Weisheit, indem sie sich mit ihrer Mutter, der Vorsicht, paarte; unsere Propretät ging Hand in Hand mit natürlichem Abscheu gegen Verderb der Montur durch gewaltsame Handlungen. Unsere bundestreue Anhänglichkeit war auf das Proviantwesen, unsere Ausdauer auf die Behauptung sicherer Stellungen und unsere eindringliche Kühnheit auf die Requisition heilsamer Getränke gerichtet.

Das Banner von Winkelkram hat sich von geologischen Standpunkten aus auf höheren strategischen Linien mit tertiären Grundlagen bewegt. Man hat von unserer Seite im Stillen und im Großen und von hinten her für die Entwickelung der Gesammtoperationen gewirkt; man verlor kein Gefecht, weil man sich an unsicheren Punkten rechtzeitig zu verlieren wußte. Und was war das Ergebniß für Winkelkram? Haben wir etwa für unser geliebtes engeres Vaterland weniger erreicht, als die übrigen werthen Stammesgenossen für ihre geliebten engern Vaterländer erreicht haben? Hat nicht Winkelkram ebensogut als die anderen Staaten seine Requisitionen entrichtet, seine Contributionen bezahlt, seine Convention abgeschlossen und seine Reorganisation in erwägende Aussicht genommen?

Wir wollen ja unserer Seits nichts gegen die größere Beweglichkeit der größeren Reichsarmee einwenden, welche die Idee des excentrischen Rückzugs vor den bedrohten Flanken des Gegners, oder des Umzingeltwerdens durch den umfaßten Feind, im Ganzen recht sinnig veranschaulicht hat. Doch schon Willisen hat erörtert, daß die Vortheile des Stehenbleibens und der Bewegung sich durch das Operiren in engerem Kreis herum alle zugleich erreichen lassen. Dies haben wir auf's Neue bewiesen, denn der Kreis ist bekanntlich die vollkommenste Linie; unser Centrum aber war und ist Winkelkram.

Bei der unverkennbaren Klarheit dieses Sachverhalts, oder des Betreffs, wie ein süddeutscher General sagen würde, hätte es der Würde eines hohen winkelkramschen Kriegsministerii wenig entsprochen, eine directe Widerlegung des verläumberischen Schweigens über Winkelkrams Betheiligung am Reichskriege zu veranlassen.

Aber es erschien angemessen und zeitgemäß, die Biographie eines uns jüngst entrissenen Mannes zu veröffentlichen, der, in und für Winkelkram erzeugt und gebildet, für Winkelkram gelebt und gewirkt, und durch dieses sein Leben und Wirken, auch noch während der letzten Campagne, der Mit- und Nachwelt ein Bild hinterlassen hat, welches den Blick noch weiter und höher lenkt — zu dem Kameelbanner, welchem er diente.

Jenes edle Leben (1. December 1799 bis 16. October 1866) umfaßt unser ganzes Jahrhundert, insoweit es bis jetzt dienstlich bearbeitet ist, und auch noch vier Wochen des vorigen Jahrhunderts, wenn auch nur als Säugling. Jenes edle Wirken aber bethätigte sich in allen den Zweigen des militärischen Wissens, Wollens, Könnens und Strebens, welche in unserem Dienste überhaupt eingeführt sind und an der oberfürstlichen Kriegsschule zu Winkel=kram gelehrt werden.

Einem geistvollen Verehrer unseres Helden, dem Herrn Ge=heimehofrath Pips dahier, welcher unserem Comité als außer=ordentliches Mitglied angehörte, verdanken wir den folgenden sinnigen Ausspruch:

„Das ganze winkelkramsche Kriegswesen hat sich in der edlen Persönlichkeit der Excellenz Knopf so klar abgespiegelt, wie wir das Miniaturbild einer ganzen Wachtparade in einem einzigen blank geputzten Knopf zu erkennen vermögen."

Es liebt die Welt das Strahlende zu schwärzen — und so ist denn auch der blanke Ehrenschild unseres verewigten Knopfs durch die Säure der Mißgunst oxydirt und durch den Hauch des Neides getrübt worden. Doch wenige vorschriftsmäßige Striche mit einem guten schaafledernen Putzlappen genügen, um den alten Glanz eines wohl conservirten Knopfs wieder herzustellen, und so werden auch einige Striche unserer Federn genügen, um das edle Bild Seiner Excellenz von allen Flecken zu befreien. —

Wir unterlassen es, genau anzuführen, durch welchen Ge=schäftsgang die nachfolgende Biographie aus den Berathungen des Comités als ein gemeinsames Werk hervorgegangen, und welcher Antheil den einzelnen Referenten an gewissen Kapiteln desselben zuzuschreiben ist.

Jedoch sieht sich die Mehrheit des Comités zu der Erklärung veranlaßt, daß nachträglich Zweifel in ihrem Schooße aufgetaucht sind, ob Herr Lieutenant Streckebein, der zur Herstellung und Einfügung poetischer Abschnitte und einzelner dichterischer Wen=dungen befehligt war, sich dieser Aufgabe immer mit derjenigen Pietät gegen die verewigte Excellenz und auch mit derjenigen Reinheit der dienstlichen Gesinnung unterzogen habe, welche man von einem oberfürstlichen Lieutenant auch in dichterischer Hinsicht zu fordern hat.

sowohl die neuere Kriegsgeschichte von Winkelkram überhaupt,* als die Knopf'sche Biographie insbesondere, sich naturgemäß anschließt:

1) Die große Parade am 1. December 1757: Errichtung des Regiments mit Verleihung ponceaurother Krägen, grüner Gamaschen und schwarzgelber Zopfbänder, bei gleichzeitiger Ernennung zum Garde Füsilier-Regiment durch seine Hochfürstliche Durchlaucht Irenäus XIV. (Entdeckung und erstes Avancement des Adam Knopf).

2) Die große Parade am 1. December 1799: Erhebung des Regiments zum Leib-Garde-Füsilier-Regiment mit Verleihung carmoisinrother Krägen, violetter Gamaschen und gelber Knöpfe mit dem Wappen-Kameel durch S. H. D. Irenäus XV. (Leberecht Knopfs Geburt).

3) Die große Parade am 1. December 1857: Hundertjähriges Jubiläum des Regiments mit Verleihung ziegelrother Krägen und blauer Achselklappen mit der Krone bei gleichzeitiger Erhebung zum Garde-Füsilier-Leib-Regiment durch seine Großmächtliche Hoheit den Oberfürsten Irenäus II. (Leberecht Knopf wird zweiter Inhaber des Regiments).

Civilisten mögen hier die einfältige Frage aufwerfen, ob zwischen den Benennungen „Leib-Garde-Füsilier-Regiment" und „Garde-Füsilier-Leib-Regiment" ein sehr erheblicher Unterschied zu bemerken sei; Fachmänner werden dagegen die schöne Steigerung der Allerhöchsten Gnade zu würdigen wissen, wodurch in der dritten und höchsten Rangstufe das Regiment ganz direct mit dem Allerhöchsten Leib in Verbindung tritt.

Wir werden in dem vorliegenden Buche zeigen, wie die drei erwähnten Episoden allerdings aufs innigste mit der Entstehungs- und Entwickelungs-Geschichte unseres Helden verknüpft sind, und weisen dies hier zunächst für die erste nach.

Anno 1757 war bekanntlich die Stammtruppe unseres Regiments, das damalige . . . . sche Kreis-Bataillon Nr. 17, als eilende Reichshülfe unter Hildburghausens Banner ausgerückt, um dem Prinzen Soubise in der Vertheidigung des deutschen Vaterlandes gegen die jüngere Linie von Hohenzollern behülflich zu sein.

Es war am 10. November desselben Jahres Vormittags 8

---

* Man vergleiche darüber den hohen Erlaß des Oberfürstl. Kriegs-Ministeriums zu Lit. R. b. 11 Nr. 192388 d d. Winkelkram 12. Juni 1865; Betreff: Vortrag der Kriegsgeschichte auf der Oberfürstl. Militär-Akademie, insbesondere deren Eintheilung in drei Hälften von verschiedener Größe.

Uhr als die Nachricht von der Schlacht bei Roßbach, welche erst 4 Tage vorher stattgefunden hatte, in wahrhaft überraschender Weise durch das Bataillon selber nach Winkelkram überbracht wurde. Noch hatte selbst der Frankfurter Reichs-Post-Courier keine Nachricht von jenem Ereigniß, als schon die ersten Vorläufer der zurückkehrenden heimischen Kriegsmacht sich an der nördlichen Thorwache von Winkelkram meldeten. Sie hatten 40 deutsche Meilen in 4 Tagen zurückgelegt, und fast zwei Drittheile ihrer Kameraden trafen noch vor Abend in der Residenzstadt ein — Beweis genug, was die Beine eines wohlexercirten Infanteristen von Winkelkram jederzeit leisten, wenn sein soldatisches Herz von der Liebe zum angestammten Kriegsherrn ergriffen und von der Sehnsucht nach den traulichen Räumen der heimischen Kaserne erfaßt wird.

Seine Hochfürstliche Durchlaucht Fürst Irenäus XIV. fühlten sich tief bewegt und geruhten zunächst eine gründliche Abfütterung des Bataillons zu befehlen. Die nächsten Wochen waren sodann der successiven Wiederherstellung der Propretät und der Disciplin, sowie einer provisorischen geschichtlichen Bearbeitung der Campagne gewidmet.

Am 1. December waren die Pläne Serenissimi reif; es erfolgte jene ewig denkwürdige Parade mit der Stiftung der Reichs-Felddienst-Medaille für Roßbach, und mit der Errichtung des Garde-Füsilier-Regiments.

Das seitherige fürstliche Kreis-Bataillon Nr. 17 bildete von nun an das erste Bataillon des genannten neuen Regimentes; das zweite Bataillon entstand durch denselben Parole-Befehl und zwar durch folgende Combination; die erste und zweite Compagnie wurde aus zwei Compagnien kur.... scher Küchen-Dragoner zu Fuß gebildet, welche kurz zuvor durch Austausch der Herrschaft Mauswinkel gegen die kur.... ische Enclave Pfaffenheim in das Fürstenthum Winkelkram hereingefallen waren; die dritte und vierte Compagnie aus den ehemaligen Haiducken und Schloß-Gardisten von Lapp-Winkelkram-Lappenheim, welche zugleich mit den Besitzungen dieser damals erloschenen Nebenlinie dem fürstlichen Hause anheimfielen; die fünfte Compagnie endlich aus dem seitherigen Corps der Parforce-Knechte und Leib-Hunde-Jungen, indem durch die zunehmende Gicht Seiner Durchlaucht die Verminderung des Jagdpersonals bedingt wurde.

Auf der historischen Parade vom 1. December 1757 rückte also das neu ernannte Regiment schon wirklich aus, denn die ganze Organisation war bereits im Stillen vollendet worden.

Seine Durchlaucht hatten Höchstselbst die Rapporte entgegen=
genommen und schritten nunmehr unter den rauschenden Klängen
der Winkelkramschen Nationalhymne * zwischen den geöffneten
Gliedern Höchstihrer neugeschaffenen, schnurgerade gerichteten
Füsiliere einher.

Die ponceaurothen Krägen allignirten sich trefflich zu einem
wahrhaft brillanten Gesammteffect, und, wie ein grünes Spalier,
reihte sich Bein an Bein in den grünen Gamaschen neuen Musters
— aber — eine Wolke senkte sich auf das Allerhöchste Antlitz.
Seine Durchlaucht ergrünten plötzlich aus Allerhöchstem Aerger
und wandten sich rasch zum Regiments=Commandeur Freiherrn
von Hühnerbürzel mit den niederschmetternden Worten: „Meine
Intentionen mißverstanden! Farbe richtig, aber Schnitt falsch!
Knöpfe verkehrt! — Mein eigenstes Werk verhunzt!"

In der That hatte ein verhängnißvolles Mißverständniß in
Bezug auf die künstlerische Anordnung der Gamaschenknöpfe sich
eingeschlichen: der unterste Knopf saß zu dicht am Steg, und es
entwickelte sich aus diesem primitiven Constructionsfehler ein
falscher Schnitt und Sitz, kurz ein verfehlter Totaleindruck der
ganzen Gamasche.

Doch schneller, als Oberst v. Hühnerbürzel eine Entschuldigung
stammeln konnte, hatte sich die Situation wieder gänzlich ver=
ändert. Das scharfe Auge Seiner Durchlaucht hatte ein Paar
Beine entdeckt, die ausnahmsweise vollkommen richtig, ganz nach
Allerhöchster Intention adjustirt waren — — „Musterbeine!"
riefen Serenissimus freudig bewegt, und Hühnerbürzel athmete
auf! —

Es kann kaum überraschen, daß im weiteren Verlaufe der
Untersuchung auch die Frage nach dem Besitzer der Musterbeine
erhoben wurde.

Da stellte sich denn erstens heraus, daß Niemand anders als
Adam Knopf (der künftige Vater Seiner Excellenz) in diesen
wohlburchdachten Gamaschen stand; zweitens, daß er selber, von
feinem Gefühl und richtigem militärischem Takte geleitet, diese
Beinschienen gebaut hatte. Erst vor wenigen Monaten war er
als ein armer Schneidersgeselle aus Bocksdorf halb verhungert in
die Hände der Werber gerathen, natürlich ohne Aussicht auf
Avancement. Aber nun hob ihn sein Genie empor; es ist That=
sache, daß er direkt von der Parade als Gehülfe in das Atelier

* Melodie und Text dieser alten Hymne sind allgemein bekannt: „Wer
will unter die Soldaten, der muß haben ein Gewehr ꝛc." aber
Viele singen dieses herrliche Lied, ohne seinen erhabenen Ursprung zu kennen.

des Regiments=Schneiders versetzt wurde und schon nach zwei Jahren selbst zu dieser Würde emporstieg, die er sodann während eines halben Jahrhunderts, zuletzt sogar mit dem Range eines Oberfeldweibels in hohen Ehren begleitet hat. Das war also der Vater unserer Excellenz, der Erzeuger eines zweiten Regiments= Inhabers! —

Viertes Capitel.
Nachricht vom Winkelkramschen Kriegswesen bis anno 89.

Möge der Genius der militärischen Kürze uns begeistern, und die Muse des correcten Dienst=Styls uns zur Seite stehen, wenn wir mit wenigen Worten den Zwischenraum von 42 Jahren zu schildern versuchen, welcher zwischen dem Ponceau=Kragen und dem Carmoisin=Kragen, zwischen den grünen und den violetten Gamaschen sich ausdehnt.

Als Jrenäus XIV. sein dem Dienst gewidmetes Leben anno 74 zu beschließen geruhte, und in den militärischen Olymp von Pz. emporstieg, um mit dem alten Dessauer und anderen Heroen die Dressur und Adjustirung der himmlischen Heerschaaren zu berathen, überließ Er getrost Seine irdischen Schöpfungen dem erhabenen Sohne und Nachfolger Jrenäus XV., der die ordonnanzmäßige Weiterbildung des Winkelkramschen Militär= staates als höchsten Regentenberuf erkannte und mit liebevoller Energie, auf unverkennbar schlagende Weise zur Durchführung brachte.

Was Seine XV. Durchlaucht geleistet haben, gehört der vaterländischen Geschichte. Höchstderselbe wendete seine erhabene Thätigkeit auf das Kleine und Große, auf Aermel und Hose, Zöpfe und Knöpfe, Säbelscheide und Anstreichkreide, Grenadier= mützen und Fourierschützen, Kasernenwanzen und Stabs=Ordon= nanzen, Schuh=Wichsen und Lackir=Büchsen; Krägen, Aufschläge und Patten; Schläge, Spießruthen und Latten. Im Ganzen genommen, sah sich der Krieger von Winkelkram der Alternative gegenüber: „Liebe zum Rock, zu Stand und Land, oder Hiebe mit dem Stock aus Rand und Band! Ja wirkliche Ehrliebe — oder immer noch mehr Hiebe!" —

Wir entlehnen diese poetischen Anklänge der Leier unseres
Geheimen-Hofrathes Dr. Pips; es sind Reminiscenzen aus seinem
vaterländischen Epos „Jrenäide" worin er den Beweis führt, daß
schon damals nichts Ungereimtes in unserem Kriegswesen vorkam.

Wenn uns überhaupt nichts anderes aus jener Zeit erhalten
wäre, als das allerhöchst approbirte fürstliche Militär-Gesangbuch,
so müßten wir schon diesem gegenüber mit aufrichtiger Beschämung
erkennen, wie weit wir — ach! troß des besten Strebens! —
hinter der wahrhaft militärischen Gesinnung jener Zeiten zurückbleiben.

Im ersten Abschnitt: „Propretät und Gesinnung eines christlichen Soldaten" heißt es im Lied Nr. 5 vom sechsten bis neunten
Verse also:

Zu der schönen Wachtparade
Ruft mich meines Kriegsherrn Gnade,
Saubere Leute liebt er sehr.
Lieb' ich wahrhaft meinen Fürsten,
Muß ich reiben, fegen, bürsten
Meinen Sabel und Gewehr.
Ja zu meiner Seele Nußen
Muß ich pußen, pußen, pußen.

Ach, wie will ich schön lackiren,
Bandolier mit Kreide schmieren,
All mein Pußzeug ist im Stand.
Wird der Lack mir jemals ranzig,
So verdien ich fünfundzwanzig,
Dies erwecket den Verstand.
Soll kein Laster euch beschmußen,
Brüder! lernet pußen, pußen.

Daß ich die Montirung schone
Will mein Herrscher auf dem Throne,
Thu ichs nicht, so bin ich schlecht.
Wenn der Corporal aus Corpsgeist
Mir belehrend hinter's Ohr schmeißt
So geschieht mir solches recht.
Doch, um Satans List zu trußen,
Muß ich pußen, pußen, pußen.

Wir finden hier manchen fast allzu kräftigen und naiven
Ausdruck, wie er den Kernliedern einer früheren Zeit eigen ist,
mit der nüßlichen Tendenz und verständigen Klarheit eines neueren
rationellen Gesangbuchstyls vermählt. Als Verfasser wird der
damalige Oberfeldprediger Gideon Kloß genannt, von welchem die
Geschichte erzählt, daß er den Garde-Lieutenant Flips v. Flatterhanns mit dem engeren Kirchenbanne belegte, weil ihm dieser den

Titel eines „Commiß=Bonzen" beigelegt hatte. Erst der Hinweis auf die hohe Verehrung, welche den Bonzen in Indien, Japan und China gezollt wird, stellte die Absicht einer persönlichen In= vective in Zweifel und hatte die Aufhebung des Bannes zur Folge.

Aus dem zweiten Abschnitt des Gesangbuchs: „Pflichten auf der Hauptwache" heben wir nur den ersten Vers des dritten Liedes aus:

> Streng befahlen Seine Durchlaucht:
> Wenn ein Fremder in der Burg raucht,
> Weil er das Verbot nicht kennt;
> Soll ich erst es ihm verweisen,
> Dann aus seinem Munde reißen
> Was verordnungswidrig brennt.

Ferner aus dem siebenten Abschnitt: „Pflichten der Militär= personen gegen Thiere, Bäume und Hausknechte":

> Lieutenants! die ihr einen Hausknecht
> Ohne weiteres in den Bauch stecht,
> Habet ihr denn gar kein Herz?
> Sollt' er auch am Leben bleiben,
> Muß der Arzt ihm viel verschreiben,
> Und er fühlt wie ihr den Schmerz!

Anno 1783 schlossen Se. D., dem Beispiele benachbarter Souveraine folgend, den bekannten Subsidien=Vertrag mit der englischen Regierung, an welche das Garde=Füsilier=Regiment (excl. des für Winkelkram unentbehrlich gewordenen Regiments= Schneiders Adam Knopf) gegen Zahlung von 250 Thalern per Kopf, zur Verwendung im amerikanischen Kriege allergnädigst überlassen wurde.

Einer übelwollenden Kritik dieser allerhöchsten Entschließung ist kurz zu entgegnen: 1) das Regiment gehörte bekanntlich Seiner Durchlaucht, und konnten Hochdieselben um so mehr darüber ver= fügen, als das Einfangen der Recruten durch die Werber der Cabinets=Cassa enorme Auslagen verursacht hatte. 2) Se. D. brauchten das Geld dringend nöthig, um Dero italienische Comö= dianten damit zu bezahlen. 3) Se. D. wußten recht wohl, wie die Sache ablaufen würde.

Als das Regiment überliefert und abmarschirt war, schien sich eine Art von moralischer Entrüstung in den weiblichen Kreisen der Residenz, von der Küche bis in's Boudoir bemerklich zu machen. Auch Sr. D. konnte dieß nicht verschwiegen bleiben; Hochdie= äußerten jedoch im vertrautesten Kreise: „Vier Wochen — kenne meine Leute — alten Hühnerbürzel instruirt nicht auf's Wasser."

Der Sinn dieses geheimnißvollen Ausspruchs erfüllte sich nach vier Wochen in schönster Klarheit. Wer den alten Regiments-Commandeur Baron Hühnerbürzel tiefer erkannt hatte, mochte freilich voraussehen, daß es leichter sein würde, ein altes Schwein in's Schlachthaus, einen alten Fuchs in die Falle, oder ein altes Huhn in's Wasser zu locken, als den Baron auf ein schwankendes Schiff, nachdem er während seiner fünfundsechzigjährigen Dienst-zeit stets auf festem Kiesboden exercirt hatte. Und was seine gut gefütterten Füsiliere betrifft, so that der Anblick des Weltmeers seine entscheidende Wirkung! — die Vaterlandsliebe überwältigte ihre Gemüther, und es wäre leichter gewesen, eine Heerde wilder Stiere mit Krahnen und Flaschenzügen an Bord zu hissen, als die Männer von Winkelkram, die mit Ober- und Unter-Gewehr um sich stachen.

Genug, die zwei ersten Raten der Subsidien waren bereits bezahlt, und das Garde-Füsilier-Regiment fand sich, mit der ihm eigenen Begabung und Findigkeit für Rückmärsche und Requi-sitionen, truppweise wieder in Winkelkram ein. Küche und Boudoir waren erfüllt von der Wonne des Wiedersehens und von den wunderbarsten Berichten über die Campagne jusqu'à la mer; Seine Durchlaucht aber ließen durch Dero italienische Comödianten ein neues Fest-Ballet arrangiren, unter dem Titel: „Der von Mars überwundene Neptunus, oder des Winkelkram'schen Kriegsgottes List und Sieg wider des perfiden Albions intendirte Finessen."

In dem darauf folgenden diplomatischen Notenwechsel wurde von dem Winkelkram'schen Kabinet mit Erfolg geltend gemacht, daß der Vertrag sich nicht auf See-Soldaten bezog, sondern auf Landtruppen, die selbstverständlich nicht zur See nach Amerika hätten geführt werden dürfen, daß dagegen Seine Durchlaucht alsbald nach Entdeckung eines sicheren Landweges den Vertrag redlich auszuführen gesinnet seien.

* * *

Fünftes Capitel.

Winkelkrams höhere Mitwirkung wider den Franzosen und die Revolution, während der Reichskriege.

Immerhin war die geschilderte Episode ein neuer Beweis dafür, daß ein wahrhaft segensreiches militärisches Wirken und Schaffen nur auf heimischem Terrain möglich ist. Man überzeugte sich immer mehr, daß eine wirklich ordonnanzmäßige, physische und moralische Durchbildung des Winkelkram'schen Contingents eben nur in den Winkelkram'schen Casernen, auf den Winkelkram'schen Schloß= und Thorwachen und auf dem Winkelkram'schen Exercir= platz nach den Winkelkram'schen Exercir= und Dienst=Reglements erreicht, und daß schließlich alles Erlernte nur auf dem Winkel= kram'schen Paradeplatz beim Defiliren richtig geprüft wer= den kann.

Rien ne gâte le soldat comme la guerre! Nach diesem Plane, dessen wesentliche Grundzüge noch heute mit dem Programm des Winkelkram'schen Kriegsministeriums übereinstimmen, wirkte Irenäus XV. rastlos weiter, als Anno 1799 Seiner Durchlaucht fünfundzwanzigjähriges Regierungs=Jubiläum heranrückte.

Seit sieben Jahren schon hatte die französische Kriegsfurie wider das römische Reich deutscher Nation gewüthet. Nachdem aber Seine Durchlaucht schon Anno 92 zuverlässige Nachricht über die Malpropretät, ordonnanzwidrige Kriegführung und nieder= trächtige Gesinnung, ja gänzliche Hosen= und Gamaschenlosigkeit der republikanischen Heerhaufen erhalten hatten, glaubten Hoch= dieselben Dero Pflicht gegen das Reich am besten zu erfüllen, indem Sie Ihren wohladjustirten militem perpetuum* von solcherlei Troubles fern, einstweilen in Winkelkram als in einem sicheren Hinterhalte und quasi einer beobachtenden und beherrschenden, die Operationen des Feindes heimlich dominirenden Position be= lassen hatten.

Alle Kriegshistoriker sind darüber einig, daß es für die Entwickelung der Kriegsereignisse von 1799 in der Schweiz, in Italien und am Oberrhein von größter Wichtigkeit war, daß Bonaparte sich damals mit 40,000 Mann in Aegypten befand. Das Winkelkram'sche Contingent war freilich nur 4000 Mann stark, aber dafür liegt Winkelkram auch zehnmal näher an dem damaligen Kriegsschauplatze als Cairo, und es ist daher leicht zu ermessen, ja sogar zu berechnen,** von welcher stillen Tragweite die höhere Kriegspolitik Seiner Durchlaucht damals gewesen ist.

Näheres darüber findet sich in des Herrn Obersten Por= phyrius v. Thonschieser trefflichem Werke „über die ob= servirende Theilnahme und strategische Mitwirkung des Winkel=

---

* Miles perpetuus hieß zu Reichs Zeiten der ständige Präsenz=Stand; miles simplex das einfache Reichs=Contingent; doch kam es auch vor, daß einzelne besonders eifrige Reichsstände auch den militem plus quam simplicem aus= rücken ließen.

** Hierbei ist die doppelte Regula de tri in Anwendung zu bringen.

kram'schen Contingents in der Campagne von 1799." Es wird dort nachgewiesen, wie die rückwärtigen Verlängerungen der Operationslinien des Erzherzogs Carl vom Lech, Oberrhein, Tyrol und Graubündten her fast direct auf dem Exercirplatze von Winkelkram zusammenliefen, so daß Oberst von Thonschiefer dieselben durch eine kleine Correctur der fehlerzeigenden Dreiecke sämmtlich daselbst zusammen brachte und in die Hand bekam; ferner, wie Massena's Aufstellung in der Schweiz auf eine Distanz von nur 97 Meilen durch die Position von Winkelkram, besonders von der südlichen Thorwache, in der rechten Flanke gefaßt und beim Uebergang über die Limmat ernsthaft bedroht, Suwaroff dagegen beim Uebersteigen des St. Gotthard durch die fernwirkenden Dispositionen des Winkelkram'schen Generalstabs in höherem Sinne gedeckt war.

Die strategisch-geologisch-topographischen Kupfertafeln des genannten Werkes enthüllen auch dem Laien den Zusammenhang aller jener merkwürdigen Dreiecke, Vierecke, Fünfecke, welche als ideale Grundlagen und Gränzen der kunstgerechten Operationen, mit den nöthigen Basen und Directricen, Terrain-Curven und Festungen, sowie im Zusammenhang mit Wasserscheiden, Weinbergen, Thalsohlen, Rückenlinien, Buckel- und Knotenpunkten, und schließlich auf der tieferen geologischen Grundlage von Gneis, Glimmerschiefer, Sienit und Muschelkalk — die damaligen Kriegsereignisse beherrscht haben: Alles in organischem Anschluß und engem Zusammenhang, vom Ticino bis zur heimischen Winkelbach.

Seine Durchlaucht pflegten denn auch die Parole und das Feldgeschrei den jeweiligen Kriegsnachrichten des Frankfurter Reichs-Postcouriers entsprechend anzupassen, z. B. Karl und Stockach, Schnaps und Suwaroff, Moreau und Winkelkram, und es war nicht mehr als billig, daß für die Jubiläums-Parade am 1. December 1799 zugleich die Austheilung einer neuen Felddienstmedaille mit der Inschrift „für höhere Mitwirkung im Reichskriege" erfolgte.

Sechstes Capitel.
Geburt Seiner Excellenz während der Festparade am 1. December 1799.

Adam Knopf stand damals im 63. Jahre und diente mit aller Ausdauer seiner guten Constitution schon 40 Jahre als Regimentsschneider, 25 Jahre als Feldweibel und 20 Jahre als

Ehemann der immer noch kinderlosen Christine Schnabelfeger, welche durch ihre Verdienste um die gestärkten Hals- und Busen=streifen des Offiziercorps den Charakter eines Vice=Corporals in partibus erhalten hatte.

Böse Zungen behaupteten, daß diese ungewöhnliche Ernennung eines weiblichen Unteroffiziers auf Betreiben des Ehemanns er=folgt sei, um ein klares Rangverhältniß innerhalb der Ehe her=zustellen, und unter dem Vorwande des Avancements eine mili=tärische Unterwerfung des streitbaren Weibes zu bewirken. Christine hatte nämlich bis dahin alle Prärogative und Befugnisse eines Regiments=Commandeurs, einschließlich des Rechtes der körper=lichen Züchtigung, gegen ihren Gatten beansprucht, und sah sich nun durch den Empfang der neuen Würde genöthigt, eine neue Aera ihrer Regierung mit einem entsprechenden Systemwechsel zu beginnen.

Sie enthielt sich von nun an möglichst eines directen Angriffs auf die Feldweibels=Montur, doch kannte und übte sie einen ge=wissen Griff in die Cravatte des Eheherrn, wobei eine kurze Schraubenbewegung ihrer knöchernen Finger genügte, um den alten Adam zu bändigen.

Thatsache ist, daß S. D. Höchstselbst am 1. März 1799 gelegentlich einer Casernen=Inspection in das Schneiderzimmer Nr. 11 eintraten, um die erste Idee der neu projectirten car=moisinrothen Krägen und violetten Gamaschen mit einem erprobten Techniker wie Knopf zu besprechen.

Die stattliche 45jährige Christine — vulgo die alte Stine — stand anscheinend ehrfurchtsvoll im Hintergrund neben der ehelichen Bettlade, während die auf Knopfs Commando vom Tisch aufgesprungenen Schneidergesellen ihre Ellen und Scheeren nach desfallsiger Special=Vorschrift präsentirten. —

„Nun zeige Er, was er kann", bemerkten S. D. am Schlusse einer längeren an Knopf gerichteten geheimen Instruction. „Was meint sie dazu, alte Stine? Wird er's fertig bringen?"

Der also angeredete weibliche Vice=Corporal ließ sich die Gelegenheit nicht entgehen, einen seit zwanzig Jahren zurückge=haltenen Stoßseufzer in Gegenwart Serenissimi wider den Gatten explodiren zu lassen:

„Aermel und Gamaschen wird er schon fertig bringen, Durch=laucht — aber — aber nichts was Hände und Füße hat."

„Da hört Er's nun Knopf", sagten S. D. mit herzlichem landesväterlichem Lachen. „Stelle Er sie zufrieden, alter Adam!"

2*

Ein unberufener Biograph, dem jede wahrhaft militärische Gesinnung abgeht, hat diesen harmlosen Vorfall in solcher Art mit der (neun Monate später bei der December=Parade erfolgten) Geburt unseres Helden in Verbindung gebracht, daß er behauptete,

1) General Leberecht Knopf Excellenz sei direct auf Aller=höchsten Befehl, ja speciell nach einer deßfallsigen Dienstvorschrift erzeugt worden;

2) er habe violette Gamaschen mit auf die Welt gebracht; und es sei deshalb

3) gar kein Wunder, daß er ein so vorzüglicher Dienstmann geworden sei.

Die Ungenauigkeit der ersten Behauptung ist schon dadurch erwiesen, daß die damals gültige „Fürstliche Dienstvorschrift über das außerdienstliche Verhalten der Militär=Personen" überhaupt keine technische Anleitung in obiger Richtung enthält. Die zweite Behauptung beruht offenbar auf einem Mißverständniß, weil die Geburt Leberechts zufällig in derselben Stunde erfolgte, in welcher die erste öffentliche Production der violetten Gamaschen bei der December=Parade stattfand. Die dritte Behauptung fällt mit ihren Prämissen, und es kann daher das persönliche Verdienst Seiner Excellenz des Generals in keiner Weise durch die Annahme geschmälert werden, daß er seine dienstliche Qualification lediglich den Umständen seiner Geburt zu verdanken habe, wenn auch diesen Umständen ein wichtiger Einfluß auf die Entwickelung Seiner Excellenz gewiß zuerkannt werden muß.

> Denn es steht mit dem Dienst die Natur im ewigen Bunde,
> Was der eine verlangt, leistet die and're gewiß.

Wäre es aber überhaupt menschenmöglich und üblich, nach eigenen Wünschen und Ansichten in die Welt einzutreten, und nicht nackt, sondern in selbstgewähltem Anzug auf ihrem Theater zu debütiren, so fühlen wir uns im Sinne und Geist Seiner Excellenz des Generals zu der Erklärung ermächtigt, daß er seine Erzeugung auf Allerhöchsten Befehl und nach dienstlicher Vorschrift jeder anderen Methode unbedingt vorgezogen hätte, und nicht anders als in violetten Gamaschen mit gelben Kameelknöpfen erschienen sein würde. —

Wir gedenken hier noch mit kurzen Worten des militärischen Festmahls, welchem Seine Durchlaucht Höchstselbst an jenem denk=würdigen Tage zu präsidiren geruhten.

In dem ausführlichen Berichte des Hofhistoriographen Dr. Wedelschweif ist uns u. a. aufbewahrt, wie sorgfältig man die Dispositionen zum Geschützfeuer getroffen hatte, durch welches

der feierliche Toast auf den Landesherrn accompagnirt werden
sollte, und mit welcher Energie der Oberstwachtmeister von Pulver=
schleim, Commandeur der Artillerie, dieses Geschützfeuer wirklich
zum Ausbruch brachte.

Als nämlich der ehrwürdige Baron Hühnerbürzel Excellenz
sich mit gefülltem Pokal erhob und das Zeichen gab, welches
durch Pulverschleims Adjutanten und Ordonnanzen weiter tele=
graphirt wurde — als sich sodann Hühnerbürzel mehrmals ge=
räuspert hatte — und Alles still blieb — auch die Kanonen
vor dem Thor — da setzte sich Baron Hühnerbürzel wieder auf
seinen Stuhl. Er wartete mit großer Geistesgegenwart so lange,
bis Pulverschleim, der sofort enteilte, das Thor erreicht, drei
Kanoniere gefuchtelt und das erste Geschütz selber losgebrannt hatte.

Nun erhob sich Baron Hühnerbürzel abermals, und der Toast
traf jetzt auf's Genaueste mit dem rollenden Donner der Geschütze
zusammen! Der Text, welcher später auch von dem fürstlichen
Musikdirector Schellenbaum componirt worden ist, war nach einem
trefflichen Muster des Martin Opitz von Boberfeld angefertigt;
er enthält daher einige jetzt veraltete Imperative und lautet
u. a. also:

Schießt, Artolleristen, schießt
Aus manchem schweren Stück
Daß alle Welt es hören mag,
Daß Irenäus unser Glück.

Schießt, Winkelkrämer, schießt
Aus treuer Herzen Grund!
Schießt fromme Wünsche heiß empor
O Durchlaucht bleibe stets gesund!

Scheuß, stolzer Kriegsgott, scheuß
Mit deinem scharfen Speer
Auf jeden Feind von Winkelkram!
Geuß Ruhm auf unser herrlich Heer!

Wirf, hoher Kriegsherr, wirf!
Bei diesem Freudenmahl
Wirf deinem Knecht in's Angesicht
Des edlen Auges Gnadenstrahl!

Leider war dieses militärische Fest die letzte Erdenfreude
Seiner Excellenz des 99jährigen Generals Baron Hühnerbürzel.
Er starb drei Tage darauf an einer patriotischen Indigestion,
nur wenige Tage vor der Vollendung seines hundertsten Lebens=
jahres. Doch fand er bekanntlich einen würdigen Nachfolger in
der damals 80jährigen Excellenz des Freiherrn von Puterhahn.
Auch in Winkelkram ist Niemand durchaus unersetzlich.

Siebentes Capitel.

Ein eingeschobenes Stück über Jugend= und Kasernen=Poesie.

Die Redactions=Commission dieses hier vorliegenden Buches hat es nach Maßgabe der berühmtesten Schriftsteller für zuträglich erachtet, die eigentliche Entwickelungsgeschichte des Helden mit einer poetischen Einleitung zu verzieren, wobei, wie Herr Hauptmann Bürstlein sich ausdrückt, die Person des jungen Knopf mit der sogenannten „Poesie der Jugenderinnerung" leicht anzuhauchen sei, um dann bei einer ordonnanzmäßigen Bearbeitung desto blanker zu glänzen.

Da ein Dichter von Profession sich weder unter den Mitgliedern der Commission, noch dermalen überhaupt im oberfürstlichen Dienste befindet, so hat die Commission befohlen, daß Herr Lieutenant Streckebein als jüngstes Mitglied sich dieser Arbeit freiwillig zu unterziehen, und eine poetische Einleitung ohne ferneren Widerspruch anzufertigen habe.

In weiterem Anbetracht, daß, nach Mittheilung des Geheimenhofraths Pips, die Poesie der Jugenderinnerung in Grimms Kindermärchen und in Jean Pauls sämmtlichen Werken enthalten ist, wurde dem Herrn Lieutenant Streckebein aufgegeben, die rubricirte Poesie aus genanntem Grimm zu excerpiren und nach Jean Paulischer Methode zurecht zu machen.

Die nachfolgende Einleitung dürfte hiernach von Militär=Personen, insbesondere von Stabsoffizieren zu überschlagen sein; doch behauptet Streckebein selber, daß Damen sehr gerne diese seine poetischen Phrasen durchwandeln würden, weshalb er dieselben durch niedliche Gänsefüßchen bezeichnet und eingefaßt hat.

D. Red.=C.

„Wenn wir große Leute geworden sind, sehnen wir uns „nach unserer Jugend zurück. Es wird uns bisweilen angst in „der Wildniß des Lebens, wie jenen verirrten Kindern im Märchen, „nämlich dem Hansel und der Gretel, die der Vater im Walde „allein ließ."

„Wenn wir dann einsehen, was die Welt für eine gierige „alte Hexe ist, die uns ihre duftigen Pfannkuchen nur preisgibt, „um uns selber dafür zu fressen — oder uns in irgend einem „ihrer Käfige mit Süßigkeiten und Sünden zu mästen, bis wir „fett genug sind für ihre Gevattern, den Tod und den Teufel —

„dann flattern unfere voranftrebenden Gedanken wieder zurück
„und fuchen fehnfüchtig den Weg nach der Heimath, indem fie
„die Brofamen der Jugenderinnerung forgfältig aufpicken. Ja
„unfere ganze Seele wandelt rückwärts auf dem halb verwachfenen
„Pfade der Erinnerung und liest die bunten Steine der verlorenen
„Jugendfreuden wieder zufammen! Es treibt uns, aus der
„Wildniß des Lebens zurückzukehren und noch einmal unter das
„Dach des heimifchen Haufes zu treten, wo unfere Wiege von
„Mutteraugen bewacht war, wo der Traum unferer Kindheit
„geblüht hat.“

Streckebein.

Glücklicher Knopf! Solche Gedanken lagen dir fern.

Diefelbe Kaferne, die dich gebar, war und blieb der Schau-
platz deiner löblichen Entwickelung als Kind, Knabe, Jüngling,
Mann, bis zum alten Herrn und zum höchstverehrungswürdigen
Jubelgreis! Sie fah dich als Füfilier, Gefreiten, Corporal,
Fähndrich; als Lieutenant, Premier-Lieutenant, Capitän, Oberst-
wachtmeifter und Oberftlieutenant; als charakterifirten und wirklichen Oberften!

Ja daffelbe Pflafter deffelben Kafernenhofes, welches du
auch im zarteften Alter niemals verunreinigt haft, hat mit Stolz
deinen Tritt empfunden, da du als Excellenz und Regiments-
Inhaber zur Kafernen-Infpection darauf einherfchritteft!

„O trauliche Kafernen-Poefie! Von der Reveille und dem
„Frühfchnaps bis zur Abendmenage und dem Zapfenftreich um-
„fchwebft du verklärend das Leben und Treiben der in die
„Kaferne eingefchachtelten Krieger. Und auch in der Nacht
„wandelft du mit der einfamen Schildwache auf und nieder; du
„trittft ohne falfche Empfindlichkeit in die dunftige Wachtftube,
„wo der alte Tambour unmögliche Dinge erzählt. Auf den
„Wolken des ftärkften Tubacks umfchwebft du den Traum der
„fchnarchenden Krieger auf der hölzernen Pritfche; du würzeft
„ihnen beim Frühftück ihren Schnaps nebft Commißbrod!“ —

„Und mancher Poete hat aus deinem Borne gefchöpft! In
„der Kaferne entfprang ihm, wie auch mir, die kaftalifche Quelle.“

Achtes Capitel.
Von Knopfs erster Erziehung.

Aristoteles sagt: Von der Bildung der Jugend hängt das Schicksal der Reiche ab.

Dagegen bemerken Seine Erlaucht der Erbprinz Karl Albrecht von Hohenlohe, weiland Kaiserlicher Generalfeld=wachtmeister*:

„Der Soldat besteht aus drei verschiedenen Classen. Die „erste Art ist der Bauer, der vom Pfluge kömmt, zuweilen und „meistens weder lesen noch schreiben kann, die wahre Soldaten= „größe der Ehre nicht kennt und auch nicht lernen will, sondern „sich damit begnügt, daß sein Magen voll wird.“

„Die zweite Art sind Edelleute, Bürger oder sonst wohler= „zogene Kinder, so etwas erlernet haben, um ihr Glück im Kriege „zu machen.“

„Die dritte und höchste Art des Soldaten sind Königssöhne, „Fürsten und sonst großgeborene Herren, denen Gott durch die „Natur aus seinen unerforschlichen Absichten bereits in der „Wiege den Verstand aufgeklärt und ein tugendhaftes Herz ein= „verleibt hat.“ (Wörtliches Citat.)

Es ist billig zu verwundern, daß Seine Erlaucht nicht die im Kriegswesen selbst erzielten Kindlein als höchst schätzbaren Nach=wuchs in eine besondere Klasse gestellt haben.

Jedenfalls aber trafen für unseren Knopf die Meinungen von Aristoteles und Hohenlohe zusammen: er wurde sowohl durch die Geburt als durch die Erziehung in gleichem Maaße begünstigt, um eine Zierde seines Standes und eine Stütze des Reichs zu werden.

Die alte Stine hatte wenig Zeit und der alte Adam wenig Grund, unseren Leberecht zu prügeln, er war ein gehorsames Knäblein. Die sittliche Nothwendigkeit der Disciplin, der christlich=germanische Gedanke der inneren und äußeren Zucht ward ihm weniger durch das Gefühl, als durch Vermittelung seiner Augen und Ohren eingeflößt.

In sinniger Aufmerksamkeit pflegte er mit seinen Gespielen die Bank zu umringen, auf welcher das Ehrgefühl Winkelkramscher Füsiliere die erforderlichen Anregungen nicht ohne hörbares Wider=streben empfing.

* Kurze Anleitung zum Cavalerie-Dienst, combinirt mit dem k. k. Dienstreglement. Halle in Schwaben bei Messer. 1788. S. 3.

Der elastische Schwung, das unheimliche Pfeifen und wuchtige Niederklatschen des dienstlichen Haselstockes konnte seine Wirkung auf jugendliche Gemüther nicht verfehlen, wenn es fünfundzwanzig= mal rhythmisch wiederholt und von obligatem Wehegeheul begleitet wurde.

Ach, wo ist der gute alte Stock hin! —

> Man verwarf ihn viel zu eilig,
> England nur bewahrt ihn heilig,
> Freies Albion halte Stand!
> Auch der Herrscher aller Wenden
> Prügelt vielgetreue Lenden
> In dem Obotritenland.

Wir entnehmen diese Strophe, einem späteren Kapitel vor= greifend, dem Lehrgedicht „über die Disciplin" aus K..topfs literarischem Nachlaß.

„Ist Gehorsam im Gemüthe, ist die Liebe nicht mehr fern", sagt ungefähr Göthe irgendwo.

Wir dürfen behaupten, daß die Liebe zum Dienst sich schon so früh und so mächtig in unserem Leberecht entwickelt hatte, daß auch der leiseste Gedanke an einen Versuch zur Auflehnung gegen dienstliche Einrichtungen und Verordnungen in seinem Gemüthe niemals aufstieg. Nur gegen die leichtfertige Neuerungssucht hat er später auch in dienstlichen Dingen Opposition gemacht; als wahrer rocher de bronce stand er denen gegenüber, welche unter dem Vorwande der Reform den Umsturz des wahren Dienstes bezweckten.

Schützend umhegte ihn die Kaserne; in ihren geweihten Schranken sah er auch die unruhigsten Streblinge bändigen, die widersetzlichsten Wildfänge zähmen. Und der tiefere Zweck des Dienstes wurde ihm früh schon klar.

Ein verwirrter Kopf, nämlich der in unserem 27. Kapitel auftauchende Premierlieutnant von Streblich genannt Ver= geblich, hat später behauptet, das Kriegswesen habe keinen anderen Zweck, als den Krieg; Zucht, Ordnung, Disciplin seien nur die Mittel, um kriegerische Feld=Actionen mit Erfolg vorzu= bereiten, einzuüben und auszuführen. Bei den Uebungen könne man nicht die nackte Disciplin an sich als Lehrgegenstand behandeln, sondern dieselbe nur anwenden, um Dinge von einleuchtendem kriegerischem Zweck, wie z. B. Schießen und Fechten, Laufen und Springen, Wollen und Denken, Marschiren und Manövriren auf jedem Terrain mit der äußersten Präcision und Schnelligkeit aus= führen zu lassen. Die Leute würden dann vielleicht selber den

Nutzen der Ordnung begreifen und sich immer williger fügen, und um so klüger und selbstständiger Alles vollziehen ...

Knopf aber erkannte rechtzeitig, schon als Knabe, daß die militärische Zucht und Ordnung, wie jegliche Tugend, zunächst nicht um solcher Nebenzwecke, sondern um ihrer selbst willen gepflegt werden muß. Und dann kommt der wahre Erfolg von selber.

> Wenn die Rose selbst sich schmückt,
> Schmückt sie auch den Garten,
> Drillst du eifrig, stillbeglückt
> Kannst du Ruhm erwarten.

Sobald der Soldat stramm, straff, strack, drall und prall, sauber, adrett, nett, fett und gehorsam ist, werden auch die höheren Zwecke, nämlich eine musterhafte Dienstführung in der Kaserne, eine tadellose Haltung auf der Parade, ein fleißiger Garnisonsdienst und ein fehlerfreies Defiliren ganz sicher erreicht. In der ganzen Regierungszeit Irenäus XV. kam es nur dreimal vor, daß vor dem Offizier du jour zu spät ins Gewehr geschellt wurde! Dies ist eine Thatsache, deren historische Belege auf dem Büreau der historischen Abtheilung unseres Generalstabes zu Jedermanns Einsicht offen liegen, eine Thatsache, welche mehr wiegt, als aller moderne Reformschwindel.

Wie Leberechts Ansichten, so wurden auch seine Gefühle und sein Geschmack vor Abwegen bewahrt. Wuchs er doch in dem Schneiderzimmer Nr. 11 auf! In diesem Atelier des reinen militärischen Schönheitssinnes empfand er früh den geheimnißvollen Reiz einer wahrhaft correcten Adjustirung.

Auch ein ausübendes Talent war ihm nicht versagt. Es gelang ihm trefflich, aus den Abfällen der Hölle kleine Gamaschen, Cravatten und Krägen zu construiren. Bald hatte sein organisatorischer Eifer zwei Dutzend Kasernenknaben in uniformsähnliche Zustände versetzt und eine kleine Füsilier-Garde daraus geschaffen. Aber seine Soldatenspiele waren frei von den Ausschreitungen gewöhnlicher Knaben.

Nach genauester Revision pflegte er sein Corps in scharfer Richtung, guter Haltung, exactem Tritthalten und fleißigem Ausschnellen der Beine zu üben. Auch das Präsentiren und Schultern der hölzernen Flinten wurde betrieben, aber was darüber ging, war ihm vom Uebel. Am allerwenigsten ließ er sich jemals auf kriegerische Expeditionen gegen die höhnischen Straßenjungen ein — trat jemals ein solcher Zusammenstoß ein, so entfernte er sich rechtzeitig mit Abscheu, um seine Kameraden wegen Verderb der Montur bei den entsprechenden Vätern zur Anzeige zu bringen.

So war schon damals unser Knopf! Jeder Zoll ein Soldat! Und es war eine merkwürdige Zeit, in der er aufwuchs. Er hoffte noch auf die ersten Hosen, als Bonaparte zu seiner eignen Verwunderung die Schlacht von Marengo gewann. Knopfs kriegerische Carrière hat erst kurz nach der Schlacht von Waterloo begonnen; aber Alles, was zwischen Marengo und Waterloo liegt, hat er, wie sein Taufschein und Nationale beweisen, als wirklicher Zeitgenosse dieser großen Ereignisse erlebt.

Und die Wirkungen dieser Weltereignisse griffen tief in die Verhältnisse des Winkelkramschen Dienstes herein.

Neuntes Capitel.
Ein kurz zugreifendes Kapitel von allerlei Annexionen und von Seiner Majestät dem Kaiser Napoleon I.

Das fürstliche Cabinet hatte die Friedensschlüsse von Basel, Campoformio und Lüneville mit derselben reservirten Haltung beobachtet, wie alle Bataillen, die dazwischen lagen. Da man das ganze Stromgebiet der Winkelbach auf beiden Ufern unangefochten beherrschte, konnte man den Verlust des linken Rheinufers ruhig ertragen.

Aber seine Durchlaucht wurden lebhaft, als unter Frankreichs und Rußlands erhabenem Schutze die Reichdeputations-Hauptschlüsse mit patriotischem Eifer vollzogen wurden. Winkelkram ärndtete nun den reichsten Erfolg seiner Politik der freien Hand: es konnte zugreifen, und es griff zu.

Die uralten Dynastien der Grafen von Ehrenburg und Treuenfels wurden damals durch Irenäus XV. entthront, weil ihre Besitzungen nördlich des Winkelbachs in der Machtsphäre von Winkelkram gelegen waren. Dasselbe Schicksal ereilte die Reichsbarone von Lämmerschwanz und von Krötenbein, weil sie durch die unpassende Lage ihrer Besitzungen die Verbindung der alten und der neuen Provinzen unterbrochen haben würden. Auch machte die Regulirung der natürlichen Gränzen noch die Einverleibung der freien Reichsstädte Krähwinkel, Schilda und Riblingen erforderlich. Zur Bestreitung der Executionskosten, sowie zum Nutzen der Aufklärung, wurde dann noch die Annexion des fetten Bisthums Heiligenknochen und des

geiftlichen Stiftes Nonnenwinkel verfügt; und da man doch
eben daran war, annectirte man auch die Caffe der Landjudenfchaft
und einige andere corpora pia, evangelica atque catholica,
weil es in Einem hinging.

Die Gründe diefer Politik waren einleuchtend, ihre Be=
rechtigung fchlagend.

Zunächft hatten fich Seine Durchlaucht die Förderung
der Legitimität wie bei Dero fämmtlichen Regierungshand=
lungen zum Ziel gefetzt.

An der Legitimität aller jener Reichsftände, welche von Seiner
Durchlaucht fo ruhig wie ein Dutzend kleiner Leberklöschen ver=
fpeift wurden, hat man faft ebenfowenig jemals gezweifelt, als
an der Legitimität von Winkelkram felber.

Aber nichts ift vollkommen, und die Legitimität von Winkel=
kram war damals noch einer Steigerung fähig. Seine Durch=
laucht erzielten diefelbe, indem Sie 9 kleinere Legitimitäten in
Sich aufnahmen und fo gründlich ausfogen und verdauten, daß
diefelben gewiffermaßen in Allerhöchften succum et sanguinem
convertiret wurden — während fie bei fernerer ifolirter Exiftenz
gar manchen Schaden zum Nachtheil des großen Prinzips hätten
erleiden können. .

Vielleicht hätte man fich mit Ehrenburg und Treuenfels be=
gnügt, wenn diefe einen feriöfen Widerftand geleiftet hätten. Aber
es ging fo glatt, die dortigen Schloßgrenadiere benahmen fich fo
wegwerfend mit ihren Spießen und Gewehren, daß man erkennen
mußte, wie der parademäßige Anmarfch der Winkelkramfchen
Armee auch für weitere Annexionen genügen würde.

Es ift hier einzufchalten, daß die depoffedirten Dynaftieen
felber die obige Anfchauung jedenfalls vollkommen theilten, da
ihre Mitglieder noch bis auf den heutigen Tag als Mufter der
loyalften Winkelkramfchen Gefinnung bekannt find.* Sie haben
ftets der Regierung treu zur Seite geftanden, wenn es galt, deren
hohe Prärogative gegen die fogenannten deutfchen Einheitsbe=
ftrebungen und ähnliche Attaquen zu fchützen. Dafür durfte denn
auch der jetzige Graf von Treuenfels fein fchon über 1000 Jahre
geführtes und darum etwas abgetragenes Grafenthum mit dem
ganz neuen und glänzenden Titel eines „Oberfürftlich Winkel=
kramfchen Fürften" auf Grund des Verordnungsblattes Nr. 317
vom 1. April 1863 vertaufchen. —

---

* Keinem fiel es jemals ein, nach Wien oder Paris zu gehen und ein
befonderes Organ gegen Winkelkram dort herauszugeben zu laffen.

Militärisch besonders werthvoll war die Acquisition von Riblingen, dessen Reglement sich eines bewährten alten Rufes erfreut. Zwei treffliche Offiziere dieses Contingents wurden alsbald im Winkelkram'schen Kriegs = Collegio angestellt, und manche der scharfsinnigsten Einrichtungen des heutigen Kriegsministeriums sind von ihnen herzuleiten.

So weit war Alles gut — bis auf den großen Napoleon.

Zwar fühlte Er sich bewogen, unser Fürstenthum in Anbetracht seiner gesteigerten Legitimität zum Oberfürstenthum zu erheben, Seiner Durchlaucht den Charakter als Oberfürst Irenäus I. mit dem Prädicat als Großmächtliche Hoheit Allergnädigst zu verleihen und Dero alsbaldigen Beitritt zu dem Rheinbunde huldvollst zu verfügen.

Aber wir stehen hier an einem großen Wendepunkt unseres Kriegswesens. Die regelrechte militärische Weiterentwickelung wurde durch die bedauerlichen Einflüsse mehrerer Campagnen vielfach unterbrochen und abgelenkt. Das Conscriptionswesen kam auf und erschwerte die alte Zucht, indem es allerlei bürgerliche Marotten in die Armee brachte. Dennoch blieb und bleibt der innerste Kern und Gehalt unseres Heeres jener Winkelkram'sche Corpsgeist, den wir schon deutlich genug geschildert haben.

Der Winkelkram'sche Soldat bewährte sich stets als das sauberste Mitglied der großen Armee, und der große Kaiser selbst konnte sich diesem imposanten Eindruck nicht entziehen, insofern auch Er! die republikanischen Unordnungen des französischen Kriegswesens gründlich beseitigte, eine neue Kleiderordnung einführte und große Stücke auf schöne Uniformen hielt! —

Was unsere Truppen gegen Oesterreich und Preußen geleistet haben, ist jedem deutschen Patrioten bekannt und steht außerdem auf dem vaterländischen Denkmale zu lesen, welches der St. Helenische Eulen = Verein zu Winkelkram gegenüber dem Gasthof zum durstigen Veteranen errichtet hat. Ein herrlicher hellgrüner Monolith in Gestalt einer Feldflasche steht auf einem Piedestal von der Form einer Trommel. Auf dem Kalbfell, rings um den Boden der Flasche her, liegt ein Kartenspiel von steinernen Tafeln ausgebreitet, auf welchen die Namen von 32 Gefechten eingegraben sind, an denen Winkelkram'sche Krieger wirklich oder wenigstens beinahe theilgenommen haben.

Weniger bekannt ist die rührende Thatsache, daß von den 7 winkelkram'schen Füsilieren, welche als Rest des Leibgarde-Füsilier = Regiments aus der russischen Campagne zurückkehrten, noch drei mit ordonnanzmäßigen violetten Gamaschen versehen waren, an denen nur wenige Knöpfe fehlten.

Hierdurch war die Continuität des Regiments und seiner Geschichte im Interesse des Dienstes und der historischen Wissenschaft gerettet.

Zehntes Capitel.
Vom Sturze des corsischen Usurpators, von Deutschlands Wiedergeburt und von Winkelkrams hoher Politik anno 13 bis 15. — Puterhahn auf den Vogesen.

Die Theilnahme an der gloire des Kaiserreichs war für Winkelkram mit manchen Molesten verknüpft. Französische Offiziere und Civil = Commissaire pflegten kurzweg das Régime selber in die Hand zu nehmen, wenn die oberfürstliche Regierungsmaschine nicht rasch und glatt genug arbeitete, um die verlangten Recruten und Subsidien = Gelder rechtzeitig zu liefern.

Da kratzte sich der gemeine Mann hinter dem Ohre und wäre vielleicht widerspänstig geworden, wenn er die Zeit dazu gehabt hätte. Da Seine Großmächtliche Hoheit nichts dagegen einzuwenden hatten, daß die annectirten Dynasten auch noch etliche besondere Abgaben erhoben, vorausgesetzt, daß die Cabinets= Cassa das ihrige richtig erhielt, so begann der annectirte Bauer zu murren, er sei doppelt besteuert. Als nun aber die französischen Forderungen dazu kamen, wurde es selbst dem borniertesten Landmann klar, daß man auch dreifach besteuert werden kann, und er schwieg vor Verwunderung still.

Das Winkelkramsche Kabinet kam bei Allem dem nicht zu kurz. Man hatte früher kaum geahnt, wie schön sich das Budget durch zweckmäßige Construction der Finanzmaschine vermehren läßt. Nun lernte man dies von den Franzosen und behielt nach Befriedigung ihrer Forderungen immer noch ein Erkleckliches übrig. Ferner hatte man von den Franzosen gelernt, die großen Kosten der Anwerbung gänzlich zu ersparen, indem man die Landeskinder kurzer Hand aushob. Die Conscription ward übrigens mit der weisen Einschränkung verbunden, daß Leute von mehr als 5 Fuß 6 Zoll Länge vom etwaigen Freiloosen gänzlich ausgeschlossen wurden.

Anno 13 waren die Gefühle S. Gr. H. getheilt, und die Action des Cabinets eine lebhafte, der jeweiligen Situation entsprechend.

Als die Monarchen von Rußland, Preußen und Oesterreich die Wiedergeburt der deutschen Nation genehmigt und die berühmte Erhebung von 1813 befohlen hatten, und nunmehr immer näher gegen die Gränzen von Winkelkram heranrückten, erschien in der Hof= und Staats=Zeitung eine kräftige Erwiederung auf Steins Manifest, welche also begann: „Eine meuterische Rotte nähert sich unseren friedlichen Gränzen"...

Als dagegen nach der Katastrophe von Leipzig ein Frei=Corps deutscher Jünglinge im Gefolge von Baschkiren, Croaten, Kosacken und anderen deutschen Brüdern in Winkelkram einrückte, brachte die Hof= und Staats=Zeitung ein patriotisches Gedicht, welches durch weißgekleidete Jungfrauen an der Ehrenpforte vor dem Stadtthor überreicht wurde.

Die jüngste Tochter des Herrn Bürgermeisters beclamirte dasselbe und überreichte es sodann nebst einem Eichenkranz dem Commandanten der Avant=Garde, einem tapferen Baschkiren=Obersten, welcher den Kranz seinem Roß an den Hals hing, eine gestohlene Knackwurst in das Gedicht wickelte, und sodann dringend nach Schnaps rief!

Winkelkram trat alsbald mit gewahrter Integrität und Würde der Krone, sowie mit Gewährleistung seiner inneren Eigenthümlichkeit, insbesondere des Exercier=Reglements, zu der großen Allianz über.

Anno 14, als der halb überwundene Napoleon noch so merkwürdige strategische Sprünge machte, daß Schwarzenberg wieder hoffen durfte, Paris vor der Invasion zu retten, und die ganze erhabene Allianz wieder aus Frankreich hinaus zu manövriren — hätte nur der alte Blücher mehr Disciplin im Leibe gehabt! — damals also erging von einem Schwabenkönige größten Kalibers an den Oberfürsten Irenäus I. Gr. H. die vertrauliche Anfrage, ob es nicht angezeigt erscheine, im Rücken der Alliirten eine gemeinsame kleine Diversion für den großen Kaiser zu machen? —

Es fehlte nicht an zustimmenden Ansichten im Winkelkramschen Kabinet; S. Gr. H. beschlossen jedoch, nach Anhörung des geheimen Kriegs=Collegs, keine Uebereilung eintreten zu lassen. Wohl aber erhielt der Commandeur der Oberfürstlichen Brigade, der ehrwürdige und vielerfahrene (damals 94jährige) Baron von Puterhahn Excellenz, welcher im Elsaß mit der Requisition von Victualien beschäftigt war, die confidentielle Weisung:

„genau auf der Wafferscheide der Vogefen eine Position einzu= nehmen, welche geeignet wäre, das Gebiet des Oberrheins und der Rhone, sowie das Plateau der Champagne heimlich zu dominiren, um je nach Befehl nach den verschiedensten Rich= tungen Front machen zu können." (Archiv des Generalstabs Lit. M. IIa. Nr. 77889).

So ging denn auch der erste Parifer Friede für Winkelkram ohne Nachtheil vorüber. Und anno 15 bestand im Winkelkramschen Kabinet kein Zweifel mehr über die soliden Tendenzen des Wiener Congreffes; man schloß sich alfo begeistert der Executionsmacht gegen den gemeinschädlichen Ufurpator an, und rückte schon 14 Tage nach der Bataille von Waterloo gegen Frankreich aus, um an der Blokade der Gränzfestungen zu participiren. Auch unfer Knopf rückte aus.

Zilftes Capitel.
Von Adam Knopfs Heldentod und Leberechts Ausmarsch wider den Franzofen.

Die militärische Entwickelung unferes fechzehnjährigen Lebe= recht hatte damals schon die Höhe von 5 Fuß 11¹/₂ Zoll erreicht, so daß er zu den schönsten Hoffnungen auf 6 Fuß 2 Zoll be= rechtigte; seinem Eintritt in die Flügel=Compagnie des Leib= Garde=Füfilier=Regiments stand daher nichts entgegen, und seine vortreffliche Handschrift stellte ihm eine große Zukunft in Ausficht.

Dem alten Adam war es nicht mehr beschieden, seinen Lebe= recht in voller Montur zu fehen. Er war schon zwei Jahre vorher am gebrochnen Herzen gestorben.

Als durch Parole=Befehl von 1. Januar 1813 das Ab= schneiden aller Zöpfe plötzlich verfügt wurde, wirkte schon der Anblick der maffenhaften Amputation jener heiligen Symbole des Dienstes wahrhaft zerstörend auf Adams Gemüth.

Der Regimentsarzt erklärte auf Dienstpflicht, daß der Zopf des ehrwürdigen Regimentsschneiders nur durch eine Operation auf Leben und Tod zu beseitigen sei.

Der alte Adam empfand das selber am tiefsten, aber der Geist war stärker als das Fleisch. Man bot ihm eine längere Frist an, aber er dankte. „Befehl ist Befehl!" sprach er wie Leonidas bei den Thermopylen, bestellte sein Haus, ließ den Zopf amputiren, und starb in der Hoffnung, ihn jenseits wiederzufinden.

So blieb es denn jetzt der alten Stine überlassen, den scheidenden Sohn mit mütterlicher Hand zu wappnen und zu rüsten.

Die Red.-Commission ist der Ansicht, daß dies wieder eine poetische Episode sei, welche durch Herrn Lieutenant Streckebein nach einem geeigneten Schema bearbeitet werden müsse. Als ein solches Schema empfahl der Geh. Hofrath Pips den 19. Gesang der Iliade, wo Achilleus von seiner Mutter Thetis mit neuen Waffen gerüstet wird.

Herr Lieutenant Streckebein behauptete jedoch nach genommener Einsicht, daß mit dem alten Homer hier gar nichts anzufangen sei, wegen des allzugroßen Unterschiedes zwischen der damaligen und jetzigen Montirungs- und Rüstungs-Ordonnanz. Der Schild, welcher sich neuerdings gar nicht mehr als ein zweckmäßiges Ausrüstungsstück erprobt habe, werde im 18. Gesang mit unglaublicher Ausführlichkeit geschildert. Alle möglichen Dinge aus dem Gebiete der Himmelskunde, Geographie, Natur- und Sittengeschichte, ja selbst pflügende Bauern, sollen darauf zu sehen gewesen sein, aber kein vernünftiges Wappen. Jeder pflügende Ackerknecht soll nach Vers 545 an jedem Ende jeder gepflügten Furche sofort eine halbe Maß Wein erhalten haben, wodurch nur besoffene Bauern, aber keine guten Resultate der Landwirthschaft erzielt werden konnten.

Die Beschreibung der Beinschienen aber, an welche man diejenige der Gamaschen hätte poetisch anknüpfen können, wird in einem einzigen Verse abgethan:

„(613) Schuf ihm zuletzt auch Schienen, aus feinem Zinne gegossen"

wozu sich höchstens bemerken läßt, daß nur noch die Knöpfe an Leberechts Beinschienen aus feinem Zinne gegossen waren.

Endlich erschien es zweifelhaft, ob und wie die Frühschnapsnehmende Stine mit der berühmten Wassernire Thetis vergleichbar sei, weil die Anknüpfung der Kasernen-Waschküche an die gewölbte Grotte des Okeanos doch zu gewagt schien.

Zwölftes Capitel.
Leberechts Kriegsleben und Abancement vor dem Feind.

Daß Leberecht schon vermöge seiner Abstammung, als ein Regimentskind im gemüthlichsten Sinne des Wortes, einer besonderen Aufmerksamkeit seiner Kameraden und Vorgesetzten genoß, ist ebenso einleuchtend, als daß seine treffliche Dienstführung, seine musterhafte Propretät und seine Abneigung gegen Unordnungen jeder Art ihn dieser Aufmerksamkeit würdig machten, und dieselbe bis zum vollen Vertrauen steigerten.

Dies Vertrauen berief ihn gewöhnlich zum Gehülfen der Quartiermacher, wobei er zur Freude seiner Vorgesetzten eine eminente Begabung und Findigkeit, sowohl im Aufsuchen und Occupiren bequemer Quartiere für die Herren Offiziere, ihre Pferde und Bedienten, als in der geschmackvollen Auswahl und energischen Requisition von Speisen und Getränken entwickelte.

Er selber konnte stets darauf rechnen, im Quartier des Herrn Obersten Freiherrn Feintafler von Krebssuppe,* genannt Bauernfeind, mit untergebracht zu werden, da er sich in der mannichfaltigsten Hinsicht fast unentbehrlich zu machen wußte. Die Uniformen, Stiefel und Sporen, Degen, Ringkrägen und Czackos der Herren Offiziere vom Regimentsstab wurden unter seiner kundigen Leitung und Mitwirkung im brillantesten Zustande erhalten; er stopfte dem Herrn Obersten die Pfeifen und die Strümpfe, er schnitt ihm die Haare, die Schreibfedern und die Hühneraugen; er fütterte und kämmte ihm seinen Hund Bratenriecher, und ward von Bratenriecher dafür geliebt wie ein Bruder.

Alle diese Obliegenheiten führte Leberecht mit höchster Sauberkeit und Ordnung aus, und fand in willigem Diensteifer noch Zeit, seine schöne Handschrift mit hinlänglicher Orthographie auf dem Regimentsbüreau nützlich zu machen. Kurz, seine Qualification zu einer höheren militärischen Carrière stellte sich schon in den ersten Wochen der Campagne so unzweifelhaft heraus, daß nur sein jugendliches Alter der Beförderung zum Fähndrich vorläufig entgegenstand.

---

* Dieses Geschlecht ist von gutem k. k. Brief-Abel; über die etwaige Verwandtschaft mit dem berühmten brandenburgischen Geschlecht „genannt Wassersuppe" ist uns nichts bekannt, vielmehr scheint sich die principielle Verschiedenheit nord- und süddeutscher Nation hier auszusprechen. Wir empfehlen Herrn George Hesekiel für sein nächstes Werk die Beachtung unserer genealogischen Notizen.

Aber· auch dieses Bedenken mußte schwinden, als es ihm ge=
lang, die höchste Höhe der Auszeichnung vor dem Feinde in
folgender Weise zu ersteigen.

Das Regiment war im Juli Anno 15 zur Blokade von
Landau verwendet, und lag auf den Dörfern im Umkreis der
Festung. Der Feind hatte ein vor den Außenwerken gelegenes
Gehöfte nicht rasirt, sondern stark besetzt. Es galt, ihn daraus
zu vertreiben, und das Leib=Garde=Füsilier=Regiment erhielt den
ehrenvollen Auftrag, dies durch einen nächtlichen Ueberfall aus=
zuführen.

Leberechts Pflichtgefühl ließ ihn wünschen, während des Vor=
rückens des Regiments das allein zurückbleibende Gepäck des
Herrn Obersten zu beaufsichtigen. Aber sein Hauptmann hielt es
für zweckmäßiger, ihn bei dieser Gelegenheit als Füsilier der Flügel=
Compagnie mitwirken zu lassen.

Im Schweigen der Nacht rückte die Colonne vor — unbemerkt
gelangten ihre Spitzen an die feindlichen Posten, die rasch über=
wältigt wurden! Kaum waren die ersten Schüsse gefallen, als die
Lieutenants von Korkzieher und von Zeisig (die beide
eigentlich ein übles Renommée in der Garnison besaßen) an der
Tête der Flügelcompagnie in das feindliche Gehöfte einbrachen,
welches theils aus Wirthschaftsgebäuden, theils aus solideren
Häusern bestand.

Selbst in diesem höchst kritischen Momente war Leberechts
Pflichtgefühl so groß, daß er einen lebhaften Drang empfand,
nach dem schutzlos zurückgebliebenen Gepäck des Herrn Obersten
zu sehen, aber — eingekeilt in die Colonne, mitgerissen von allen
Seiten, konnte er solchen Gedanken nicht Raum geben, und war
mitten in der Melée, bevor er es denken konnte!

Die anderen Compagnien des Bataillons drangen rasch nach
in die Umzäunung der Höfe — man schrie und schoß in die
Häuser hinein, und aus den Häusern heraus — schon loderte
eine strohgedeckte Scheune in hellen Flammen auf und beleuchtete
die blutige Verwirrung! Dicht an Leberechts Seite wankt töbtlich
getroffen der Fahnenträger des Bataillons und drückt ihm sterbend
die Stange des Kameelbanners in die Hand — da drängen sich
drei Franzosen gierig heran im Getümmel — Leberecht aber, das
theure Banner als eine Springstange benutzend, entschwingt sich
mit drei mächtigen Sätzen, eines Preisturners oder berühmten
Akrobaten würdig, einem Riesenfrosch in Gamaschen vergleichbar!
Schon der vierte Sprung trug unseren Helden durch ein offenes

3*

Fenster in's bunkle Erdgeschoß eines nahen Gebäudes, welches vom Kampfe noch unberührt schien. . . . .

Seine Excellenz pflegten später diese Affaire als eclatantes Beispiel für die gänzliche Entbehrlichkeit des Turnunterrichts anzuführen: „Ich war so steif wie ein Geisbock", pflegten Seine Excellenz scherzhaft zu sagen, „aber als es galt, jenes verdammte Bauernhaus im Sturm zu nehmen, da sprang ich voran wie ein Rehbock, wenn die Hunde hinter ihm her sind! Mir nach Brüder! rief ich, und sprang direct in die zweite Etage, einem französischen Obersten wider den Bauch!"

So pflegten Seine Excellenz in übergroßer Bescheidenheit den ruhmvollen Sachverhalt durch einige herablassende Scherze zu maskiren. Es ist Thatsache, daß er zunächst in einen Raum des Erdgeschosses sprang, aber wir werden gleich sehen, daß er noch höher hinaufkam, als bis in die zweite Etage.

Gerade in diesem Hause nämlich hatte der feindliche Commandant, wie in einer Citadelle, den Kern seiner Mannschaft untergebracht. Er hatte als erfahrener Kriegsmann die Geistesgegenwart bei diesem Ueberfalle nicht verloren, und ordnete jetzt still und kaltblütig einen Theil seiner Mannschaft zum Ausfall, während die übrigen Leute hinter allen Fenstern gedeckte Aufstellungen suchten. Nur die Küche im Erdgeschoß war noch unbesetzt, die Köchin hatte sie verschlossen und war nicht zu finden.

Da hört man klirrend und prasselnd die Schüsseln zerbrechen — Leberecht war hereingesprungen — die Franzosen sprengen die Küchenthüre mit den Kolben und stürzen hinein — aber Leberecht ist in jener Gemüthsstimmung, die das Unglaubliche leistet

Das Unbeschreibliche, hier wird's gethan,
Das ewig Weibliche zieht uns hinan —   (Göthe)

Leberecht schien mit dem Kameelbanner zu einem unerfaßbaren, elastischen Ganzen verwachsen zu sein. Wenn, nach etwas unsicherer Nachricht, verfluchte alte Weiber auf ordinairen Besenstielen in des Teufels Namen durch den Schornstein hinaufgeritten sind, so kann es wohl nicht auffallen, wenn der von dem Bischof von Winkelkram feierlich eingesegnete Stiel des geweihten Kameelbanners für Leberecht eine ähnliche Kraft bewies.

Mit einem Satz war er auf dem Herde, ein Blick nach oben zeigte ihm den Stern des Ruhmes durch das Fernrohr einer schwarzen Kaminröhre — ein zweiter Schwung hob ihn so hoch in's Kamin empor, daß er, mit Rücken und Füßen angestemmt, die Action des Emporsteigens energisch fortsetzen konnte — und wahrlich, es war an der Zeit, denn die hereinstürmenden Franzosen stachen und schössen so rücksichtslos in die dunkle Röhre hinauf, daß Leberechts einundfünfzigjährige Dienst=Carrière momentan für unwahrscheinlich gehalten werden konnte.

Aber schon war der heftigste Kampf vor und in dem fraglichen Hause entbrannt — auch die Küche wurde erstürmt, vertheidigt und wieder erstürmt! Das Handgemenge zog sich über die Treppen und Vorplätze bis auf den Speicher empor, und der Tag brach schon an, als man die letzten Franzosen durch die Dachlucken hinauswarf.

Unterdeß waren Seine Excellenz der Generallieutenant von Puterhahn mit der Reserve näher an den Kampfplatz herangerückt. Das heftige Gewehrfeuer ließ die Erbitterung des Kampfes erkennen, und schon glaubten Seine Excellenz zur Degagirung des Leib=Garde=Füsilier=Regiments eingreifen zu müssen, da vergoldeten die ersten Strahlen der emporsteigenden Sonne die blinkende Spitze des stolzen Kameelbanners, als es aus dem Dach der feindlichen Citadelle siegreich emporwuchs, um freudig im Morgenwinde zu flattern — etwas zerrissen, etwas geschwärzt, aber nur desto imposanter!

Niemand ahnte, daß das fehlende Hintertheil des Kameels an einem Wursthaken hängen geblieben war.

„Wer ist der tapfere pulvergeschwärzte Füsilier, der auf schwindelnder Höhe des Dachs, mit der Linken den Schornstein umklammernd, in der Rechten das heimische Banner schwingt?!"

Wer mag die Gefühle schildern, die Leberechts Busen bewegten, als Alle emporsahen nach seinem erhabenen Standpunkte, und einige Füsiliere in der ersten Ueberraschung die Flinten auf ihn anlegten, weil sie ihn für einen auf's Dach geflüchteten Franzosen hielten — —

„Schießt nicht! ich bin die Taube!" rief es in Leberechts Herzen — aber das hätte Niemand verstanden, daher stieß er, mit der Kraft des stierbrüllenden Kriegsgottes, aus gepreßtem Busen das Feldgeschrei: „Kameel und Winkelkram!"

Donnernder Jubelruf antwortete — das herabgestiegene Regimentskind ward im Triumph davon getragen! Bärtige Füsiliere weinten dabei, wie die ältesten Waschweiber — und Leberecht ward noch auf dem Kampfplatz zum Fähndrich ernannt! —

Durch Nacht zum Licht! Durch den Schornstein zum Fähndrich! Niemand ist senkrechter wie er auf den Gipfel des Ruhmes emporgestiegen! —

Dreizehntes Capitel.
Leberechts Heimkehr und Equipirung. Lob der Montur.

Leberecht war mit den Lieutenants-Epauletten in Winkelkram
wieder einmarschirt.

Die alte Stine kaufte sich einen Hut, verließ ihren Wittwensitz
in der Kaserne, wo sie neben dem Waschen einen kleinen Victualien=
handel betrieben hatte, und etablirte sich als Offiziersmutter in
der Wohnung des jugendlichen Helden.

Die Ersparnisse des alten Adam gestatteten ihr einen be=
scheidenen Comfort, aber zugleich verlangten die Pflichten ihrer
neuen Würde so manche Entsagung. Noblesse oblige! Sie
fluchte mit Mäßigung, nahm nur noch heimlich einen kleinen
Frühschnaps und griff nie mehr zu der kurzen hölzernen Tabaks=
pfeife, die sie sonst wohl in Gesellschaft ehrwürdiger Unteroffiziere
bei militärwissenschaftlichen Unterhaltungen geschmaucht hatte. Sie
verlegte sich auf's Schnupfen, abonnirte auf die Frankfurter
Didaskalia und lud eines Tages die Frau Regiments-Quartier=
meisterin zum Kaffee ein.

Und Leberecht war ein guter Sohn, der sich seiner Mutter
auch dann nicht geschämt haben würde, wenn irgend eine ver=
nünftige Ursache dazu vorgelegen hätte. Nun fiel es aber der
wackeren alten Stine gar nicht ein, sich in ihrer neuen Stellung
lächerlich zu machen. Sie that nicht mehr und nicht weniger,
als das, was ihre Ansicht von militärischer Schicklichkeit für eine
Offiziersmutter vorschrieb. Sie blieb nach wie vor die ehrliche
und mannhafte alte Stine, die mit Stolz auf ihre reinigende
Vergangenheit als Waschfrau zurückblickte, aber von den höheren
Prätensionen einer heutigen Frau Feldwebelin noch keinen Begriff
hatte, also noch weniger daran dachte, mit den Toiletten und
Allüren der Offiziers=Gattinnen zu rivalisiren.

Die Regimentsschneiderin und Waschfrau ging ganz natürlich
und zwanglos in die Offiziersmutter über; sie zeigte, bei der
ungeahnten Entwickelung ihres Lieblings, durchaus nichts von
jener rührenden Verwunderung, von der nach dem Novellisten
M. M. und dem Professor N. N. das Gemüth jener Uräffin
ergriffen wurde, da sie ihren genialen Sohn, den ersten zweihän=
digen Menschen, geboren, und hierdurch die Erfindung des Schieß=
pulvers, der Eisenbahnen und der höheren Aesthetik ermöglicht hatte.

Mit allem Respect vor den Epauletten des Herrn Sohnes
wußte sie eine sorgliche mütterliche Beaufsichtigung seines Wandels
zu vereinigen. Und in der Hauptsache kamen ihr seine natürlichen

Neigungen und Fähigkeiten auf mehr als halbem Wege entgegen. Wir möchten sagen, daß die „Kleider-Ordnung", worunter man in besseren Zeiten den Inbegriff eines anständigen Benehmens verstand, sowohl in diesem weiteren, als in dem gewöhnlichen engeren Sinne, Leberechts eigentliche Seele war.

Das System der Equipirung oder Ausstattung eines Offiziers war damals tiefer durchdacht und reicher entfaltet wie jetzt, wo man in einem und demselben Waffenrock den Rapports, Paraden, Inspectionen und Begräbnissen, sowie den großen und kleinen Uebungen beiwohnen, ja auf die Wache ziehen, oder selbst vor Serenissimo auf dem Hofball erscheinen kann.

Zur vollständigen Montirung eines Infanterie-Offiziers gehörten damals, um von unten anzufangen: gewichste und lackirte Stiefel, und außerdem Schuhe mit gelben, weißen oder blauen Schnallen für bürgerliche, adlige und fürstliche Tanzgelegenheiten, wobei wollene, baumwollene oder seidene Strümpfe von der Regimentsfarbe zur Anwendung kamen; dann lange und kurze, blaue, graue, gelbe und weiße Hosen; offene Frackröcke mit Schwalbenschwänzen, angeknöpften Ravers, Rabatten und mancherlei Westen; Interims-Röcke und wirkliche Oberröcke; kleine, große und halbgroße Mäntel; Holzmützen; verschiedene Feld-, Wacht- und Exercier-Kappen; Commode-Czacko's von Wachstuch und Pappendeckel, und wirkliche Czackos mit oder ohne Flammen, Büsche, Pompons, Ketten, Schuppen, Kinnbänder und Fangschnüre; dreieckige Hüte für Hofbälle; Exercier-, Parade- und Hof-Cravatten, mit Halsstreifen verschiedener Kategorien. Und die Degen-Kuppel; Port'épées, Ringkrägen — und die vielen, vielen weißen Handschuhe von Bocks-, Hirsch- und Rattenleder. Und wie manches andere noch! —

Wie leicht war es damals, den wahrhaft braven und diensttüchtigen Offizier nicht nur an dem Grade der Propreté, sondern schon an der richtigen Wahl seiner Uniformstücke zu erkennen! Denn es gehörte eine tiefe und niemals erschlaffende, sondern beständig fortschreitende Dienstkenntniß dazu, bei den allerverschiedensten Anlässen stets die richtige, den Allerhöchsten Verordnungen entsprechende, und zugleich den neuesten Parole-, Divisions-, Brigade-, Regiments-, Bataillons- und Commandements-Befehlen Rechnung tragende Composition des ganzen Anzuges zu wählen und fehlerlos herzustellen.

Auch ziemlich gediegene Offiziere begingen in dieser Hinsicht mitunter einen Fehlgriff, wenn z. B. vier verschiedene dienstliche Functionen unmittelbar nach einander in vier verschiedenen An-

zügen versehen werden mußten. Es war eben nicht Jedem Lebe=
rechts geniale Begabung und technische Erziehung zu Theil
geworden.

Es konnte ihm nur ein einziges Mal nachgewiesen werden,
daß er als unsicheren Mittelweg g e l b e Hosen gewählt hatte,
weil er nicht wußte, ob w e i ß oder b l a u im wahren Sinne der
Vorschriften lag.

Die alte Stine hatte ein geerbtes Baumstück verkauft, um
die Kosten der Equipirung zu bestreiten; sie konnte daher mit
gutem Rechte verlangen, daß alle die kostbaren Ausrüstungsstücke,
für welche sie ihre Zwetschen= und Birnbäume und den freien
Bezug ihrer Winterkartoffeln geopfert hatte, nicht etwa leichtsinnig
ruinirt würden! Sie hätte nöthigenfalls die strengsten Hausgesetze
zum Schutz der Montirung proclamirt und als starke Executions=
macht aufrecht erhalten.

Aber Leberechts militärische Tugend, seine freie Liebe zur
Montur überbot alle gesetzlichen Forderungen der Mutter. Seine
Talente für Organisation, Verwaltung und künstlerisches Arrange=
ment zeigten sich schon in der Art, wie er den mannichfaltigen
Apparat seines militärischen Auftretens und Wirkens in Schränken,
Schubladen, Kisten und Schachteln sorglich unterzubringen, und
an Nägeln, Zapfen, Kleiderhaken und zweckmäßig construirten
Gestellen planvoll und übersichtlich zu disponiren wußte.

Und welche musterhafte Vollständigkeit, welche technische
Vollendung zeigte sich in Leberechts Putz= und Reinigungs=Apparat,
dessen Bürsten, Bürstchen, Büchschen, Fläschchen, Töpfe, Krüge,
Lappen, Knopfscheeren u. s. w. an die Einrichtung einer gut
revidirten Apotheke erinnerten.

Zwar wurden allmählich in allen Kategorien der Leberecht=
schen Montur und Ausrüstung neue Anschaffungen erforderlich,
aber dies gab Gelegenheit zur genauesten Classificirung jeder
Kategorie in sich: z. B. Blaue Hosen Nr. 1. a. ganz neu, für
große Inspectionen; blaue Hosen Nr. 1. b. für Wacht= und
Fenster=Paraden; dergl. Nr. 2. a. für Regiments=Exerciren;
Nr. 2. b. mit eigenhändig eingesetzten Kniestücken für den Dienst
bei Nacht u. s. w. Jedes einzelne Stück hing unveränderlich am
rechten Platz und trug eine Etikette, auf welcher auch die laufende
Nummer des Montirungs=Katalogs, das Datum der quittirten
Schneider=Rechnung u. s. w. zu ersehen war, und mit Hülfe dieser
Notizen war es leicht, die ganze Lebensgeschichte jedes einzelnen
Stückes in Leberechts 5 verschiedenen Privat=Montirungs=Journalen
und seinen sonstigen Acten nachzulesen. So bildete sich im Stillen

der künftige Verfasser unseres Montur = Gebahrungs = Reglements, um welches das Ausland uns heute beneidet.

Nur Uniformstücke der niederen Classen, von 2. a. abwärts, durfte Leberechts Diener, der Füsilier Putzlappen, unter der Aufsicht seines Herrn reinigen; sein Leben stand in Gefahr, als er sich einst unterstand, die Hosen Nr. 1. b. eigenmächtig auszuklopfen und den Rock Nr. 1. a. an einen anderen Nagel zu hängen.

Nur wer einen rechtgläubigen Russen in einer Regiments= Capelle vor einem Glaskasten mit einem abgelegten Höchstseligen grünen Frack des Kaisers Paul oder Nicolai auf dem Bauch liegen sah, vermag sich Leberechts Ehrfurcht vor seinen eignen, neu angeschafften Montirungsstücken annähernd zu versinnlichen. Der Cultus der Welfenhofe in Hannover ist nichts dagegen, wenn auch ein löbliches Streben sich darin ausspricht.

Denn wie die Kleidung überhaupt den Menschen vom Thier, so unterscheidet die Uniform den Soldaten vom Civilisten. Weil man aber diese Kluft nicht erweitern, sondern das gesammte Staatswesen durch Einflößung einer wahrhaft militärischen Ge= sinnung von außen nach innen regeneriren muß, so hat man als verbindende Mittelglieder zunächst die uniformirten Polizeidiener, Lakaien, Postillone, sowie die Hofnarren und die von vorn und hinten mit Gold gestickten Ambassadeurs, weiterhin aber in organischem Fortschritt die Uniformen sämmtlicher Civilbehörden geschaffen.

Es ist bis jetzt, trotz Lyell, Darwin und Vogt, nicht nach= gewiesen, daß irgend einer der auf Jahrmärkten gezeigten uni‹ formirten Affen (deren Existenz nicht bezweifelt werden kann, da sie von vielen Militärpersonen, sogar für halbes Entrée, gesehen worden sind) sich seine Kleider selbst verfertigt oder angeschafft habe. Würde es aber jemals gelingen, aus den Annalen der Vorzeit, aus einer eocänen Versteinerung, oder auch durch neuere Erziehungsresultate eines höher begabten Vierhänders ein der= artiges Factum nachzuweisen, so würden jene Forscher einen festen Boden gewinnen. Der Uebergang wäre erwiesen, wenn auch nur ein einziger fossiler Hosensteg an einem versteinerten Affenbeine vorgefunden würde; man könnte dann ohne Bedenken, nur mit der entsprechenden Einschränkung auf Solche, die es wünschen, eine ‹Genealogie anerkennen, welche in dem Kameelreiter des Winkel= ‹rieschen Wappens eine geheimnißvolle Andeutung findet.

Und wie die tiefsten staatsmännischen und wissenschaftlichen Probleme, so sind auch die zartesten Räthsel des menschlichen Gemüths auf's innigste mit dem Montirungswesen verknüpft.

Warum hat Aphrodite den Ares, Minna von Barnhelm den Major Tellheim, Thekla ihren Max, Chalotte Ackermann einen preußischen Werbeoffizier, und Katharine von Rußland mehr als 50 Grenadiere des Preobraschenskoi'schen Regiments geliebt? Lottens Werther trug wenigstens einen blauen Frack mit gelben Hosen, und Dortheens Hermann verspricht am Schlusse des Gedichts, die Montur anzuziehen und das Vaterland zu befreien, wenn nur Alle so dächten wie er.

Wir kennen eine Köchin, welche die gediegensten Werbungen eines reichen Wursthändlers zurückwies, um einem Corporal mit grünen Gamaschen zu huldigen, auf dessen Heirathsregister sie erst die dritte Stelle einnahm. Auch ist uns eine Bankierstochter bekannt, die zwei Millionäre ausschlug, um die Schulden eines Gardelieutenants mit gelbem Kragen und Aufschlägen bezahlen zu dürfen; und jeder unserer Leser wird eine ganze Reihe ähnlicher Beispiele citiren können, welche die überwältigende Einwirkung des farbigen Tuches auf das Frauengemüth außer Zweifel stellen.

Welches immense Feld des Studiums bietet die Montirung aller europäischen Heere! Wie lohnend ist es, in diese Forschungen einzutreten, ihnen die ganze Seele zu widmen!

Und so wird denn auch die Kenntniß und Pflege des Uniformswesens, als des eigentlichen Kerns der Militärwissen= schaft, schon bei der Prinzenerziehung so gründlich eingepflanzt, daß es für die ganze Regierungszeit haftet. Die Uniform eines Regiments=Inhabers wird höher geschätzt als der Purpur. Man nehme einem Fürsten die heiligsten Rechte der Krone und lasse ihm nur die souveraine Ausübung der Montirungs=Ordonnanz, so wird er sich in sein Schicksal zu finden wissen. —

Wir unterscheiden übrigens streng zwischen einer legalen und einer wilden Eleganz und Propretät. Auch zu Leberechts Zeiten gab es ordonnanzwidrige Leute, die bei aller Sauberkeit einen verwerflichen Mißbrauch mit den heiligen Attributen ihres Standes, besonders mit Cravatten, Fräcken und Hosen trieben. Der Haupt= mann von Wendehals, der Oberlieutenant von Spannebein und Lieutenant Magenwürger konnten dem Auge eines Laien durch eine anscheinend militärische Eleganz imponiren, aber jedes ächte Soldatenherz wendete sich mit Abscheu von solchen Erscheinungen, die kaum noch eine entfernte Aehnlichkeit mit den dienstlich vor= geschriebenen Formen und Abmessungen der Bekleidung darboten. Leberecht dagegen war so musterhaft ordonnanzmäßig, vom Schnitt des Haares und Backenbartes an bis zum inneren Hosenfutter und den Stegknöpfen, daß er die Anlegung des genauesten hölzernen

ober lebernen Maßstabs weber für seine Person noch für seine
Kleidung zu scheuen hatte.

Auch erlebte er die Befriedigung, daß berselbe Regiments=
befehl, welcher dem Lieutenant Magenwürger einen viertägigen
Wachtarrest bictirte — „wegen Tragens eines Rocks von vor=
schriftswibriger Kürze und Enge, woburch er sich einer Beschä=
bigung seiner Eingeweide und bes militärischen Anstands schulbig
machte" — unseren Leberecht als ein durchaus correctes Offiziers=
Muster bezeichnete und allen jungen Kameraden zur Vergleichung
und Nachahmung empfahl.

Magenwürger versuchte zwar, sich auf bem Wege bes Berichtes
zu vertheibigen, indem er dem oberfürstl. Regiments = Commando
die Frage stellte, wie er in einem weiteren Rock von ber Gage
leben, oder wie er biesen weiteren und längeren Rock bezahlen
solle, da ihm beibes schon bei bem engen und kurzen unmöglich,
und er schon längst baran gewöhnt sei, von Luft und Liebe,
Eleganz und Zuckerwasser zu existiren? — Aber der Erfolg bieses
Unternehmens war vorauszusehen: der Wachtarrest wurde ver=
boppelt.

„So ists recht!" sagte bie alte Stine, als Leberecht es ihr
erzählte. „Sei bu immer ein braver properer Offizier, der seinen
richtigen Viergroschen in der Tasche hat, aber kein so hungriger
Gassenglänzer und einbärmiger Schmachtriemen wie der ge=
schniegelte Magenwürger."

Vierzehntes Capitel.

Vom deutschen Bund.

Als Europas erhabenste Landesväter auf Anrathen des großen
Czaaren Alexander und der Frau v. Krübener, gebornen Vietinghoff,
die heilige Allianz abgeschlossen; als sie den zweiten Pariser
Frieden und die Wiener Congreß=Acte und die Wiener Schluß=
Acte gezeichnet; als sie sobann dem Fürsten Metternich den
Johannisberg, den Franzosen das Elsaß, den Kurhessen ihren
verlorenen Wilhelm, dem deutschen Volke den Bundestag, und
der Welt überhaupt die Segnungen des Friedens geschenkt hatten
— da öffneten sie gewissermaßen die goldnen Flügelthüren jenes

glücklichen halben Jahrhunderts, welches durch Leberecht Knopfs
fünfzigjährige Dienstleistung militärisch ausgefüllt und charakterisirt
wird.

Man konnte nun die Wiederherstellung und künstlerische
Organisation eines wahrhaft regelrechten Dienstganges wieder in
Angriff nehmen, ohne unzeitige Störungen zu befürchten.

Die ideale Friedens = Assecuranz = Gesellschaft der heiligen
Allianz schien durch die Errichtung ihrer deutschen Commandite
in der Eschenheimer Gasse die militärische Sicherheit und Ruhe
der deutschen Nation für alle Zeiten verbürgt zu haben. Wahrlich!
auch die unruhigsten Völker der Erde, geschweige denn die 37
Nationen Germaniens, würden unter der maß= und gemüthvollen
Verwaltung des Bundestags die Tugenden der Geduld und
Mäßigung still und sicher erlernt haben.

Auf 37 Special = Instructionen harrend, Keiner dem Anderen
einer übereilten Absicht verdächtig, Alle im gemeinsamen seligen
Gefühl des politischen Nirwana mit 10 bis 30 Thaler Diäten
per Tag, so saßen die Wächter unserer Wohlfahrt in olympischer
Ruhe am grünen Tisch, die 68 Stimmen des Plenums und die
17 Curialstimmen des engeren Rathes im stillen Busen verschließend.

Und wenn auch die Wogen der Zeit etwas rauschten und
murrten:

> Das Wasser rauscht', das Wasser schwoll,
> Was hat der Bund gethan?
> Er las die Acten ruhevoll
> Und schrieb ein Bundesprotokoll
> Kühl bis an's Herz hinan.

Ja, wenn es möglich und passend gewesen wäre, den traulichen
Cirkel der Stimm=Sessel auf dem Ringwall eines Vulkans zur Sitzung
zu etabliren, und wenn dann sämmtliche Curial=Gesandte die
kalten Blicke ihrer Glasaugen und diplomatischen Brillen con=
centrisch in den Abgrund des Kraters versenkt hätten — nimmer
wäre eine Eruption zu Stande gekommen!

Nun hatten sie aber in der Eschenheimer Gasse keinen glü=
henden Hexenkessel voll gährenden Drachengiftes zu überwachen —
sie hatten nur ein wenig Acht zu geben, daß die Milchsuppe
germanischer Denkungsart nicht überliefe! Ein paar Tropfen
Karlsbader Wasser genügten, um dies zu verhüten.

O furia tedesca! O Michael! Wärst du dennoch erwacht,
dich selber zum Krieg wider den Franzosen reizend — die Bundes=
kriegsverfassung hätte Dich zur Besinnung gebracht! Ungleich
dem Degen Loyola's, dessen Griff in Rom und dessen Spitze

überall war, war dein Reichsschwert eine Waffe, deren Griff sich in 34 Residenzen befand, und dessen Spitze unbekannt wo?

Denn — o Artikel 8! — „nach der grundgesetzlichen Gleich= heit der Rechte und Pflichten sollte selbst der Schein der Supre= matie von Preußen über Frankfurt a. M. vermieden werden!" und — o Artikel 7! — „auf die aus besonderen Verhältnissen der einzelnen Staaten hervorgehenden Interessen derselben war in soweit Rücksicht zu nehmen, als es mit den allgemeinen Zwecken vereinbar anerkannt ward." Und es ward mit den allgemeinen Zwecken vereinbar anerkannt, daß die souverainen Contingente der gemischten Armee=Corps einander so selbstständig gegenüber= standen, wie Russen, Türken und Holländer.

Und dann § 37 der näheren Bestimmungen der Kriegs= verfassung des germanischen Bundes.

„Damit den 34 Souverainen über die gleichmäßige Behandlung aller Theile des Bundesheeres volle Beruhigung verschafft werde", so sendet ein jeglicher zu jeglichem Armee=Corps in jegliches Hauptquartier einen höheren und einige tieferdenkende Offiziere, denen ins geheime Cabinet des Oberfeldherrn und in der Schlafzimmer der Corps=Commandanten freier Zutritt gebührt, auf daß sie die Interessen ihrer Dynastien und Contingente gebührend vertreten können.

Fast etwas allzu hitzig befiehlt der § 36, daß schon 4 Wochen nach dem Bundesbeschluß die Armee=Corps bereit sein sollen, sich möglicher Weise zu einem Bundesheer eventuell zu formiren — aber ein solcher Bundesbeschluß war vor wirklichem Ausbruch des Krieges kaum zu befürcht Uebereilung sehr scheinlich.

Si vis pacem, para bellum! Man erkenne den tieferen Sinn: Wer der Welt die Segnungen des Friedens erhalten will, der zerlege weislich seine Kriegskraft in viele Contingente, die zum Aerger der Demagogen, als Brutstätten und Herde wahrhaft militärischer Zucht und Gesinnung, als Brennpunkte corporativer und geregelter Humanität, als Hochschulen für brave Leute, legitim gesinnte Kutscher, orthographische Bürger= und treue Subalternbeamten — die Welt jenem Ziele ewigen Friedens entgegenführen, welches die heilige Allianz reiner Jugendzeit ernstlich erstrebte.

Wäre es dem Wiener Congreß nur möglich gewesen, auch dem unruhigen Gallien eine solche Organisation des bewaffneten Friedens zu schenken! Könnte man nur jetzt noch einen Bourbon für 20 Millionen Nordfranzosen nach Paris, einen Bonaparte für 10 Millionen Südfranzosen nach Lyon setzen, und für die übrigen 16 oder 17 Millionen Mittelfranzosen 32 der schönsten Grandseigneurs reactiviren, und die deutsche Bundesverfassung correct ins Französische übertragen.

Da nun dies freilich nicht anging, und der Franzos ein schlimmer Nachbar blieb, konnten die höheren Zwecke des deutschen Bundes nur dadurch gesichert werden, daß man den Gallier nicht reizte. Er ärgerte sich schon genug darüber, daß er die Pfalz und Rheinpreußen nicht auch wieder bekommen hatte, und nun waren ihm gar noch 80 Millionen Contribution zum Bau deutscher Gränzfestungen ausgepreßt worden!

Die Sache hätte bedenklich werden können, wenn man ohne weiteres diese Festungen gebaut hätte — siehe, da erbot sich Mauschel Goldschild, das gefährliche Geld in sicheren Gewahrsam zu nehmen, und hat er es doch behalten bis anno 40 — zu ain Procent!

Hätte man doch allseitig festgehalten an den ersten großen Grundprincipien des germanischen Bundes, die damals eine so schöne Zukunft verhießen! Welch trauliches Familienbild bot zu jener Zeit die heraldische Menagerie der großen und kleinen souverainen Deutschländer.

Auch das Winkelkramsche Kameel stand geehrt und zufrieden mitten zwischen dem einköpfigen und dem zweiköpfigen Adler, beide zugleich anwedelnd mit seinem heraldischen Doppelschwanz.

Fünfzehntes Capitel.
Drei Gefahren der Jugend.

Gegen Leberechts dienstliche Aufführung konnte selbst der Neid seiner minder begabten Kameraden nichts einwenden — sie war tabellos.

Das wußte die alte Stine, und es that ihrem Mutterherzen wohl; aber sie wußte auch, von welchen Gefahren und Versuchungen das Glück und die Tugend bedroht sind, und an welchen Klippen die Carrière junger Offiziere zu scheitern pflegt.

Und also redete sie in ihrer kräftigen Kasernensprache:

„Hüte dich vor drei Dingen, vor der Boutell, vor der Mamsell und vor der Manell",

wobei sie unter „Manell" nicht etwa die zu den Philippinen ge=
hörige Insel Manila, sondern die Spadille und Manille eines
gewissen Kartenspieles verstand, in welchem einige erfahrene ältere
Kameraden die Monatsgage der Jüngeren einzukassiren pflegten.

„Die Bouteil", sprach sie, „hat einen engen Hals und hat
doch schon Manchen, dessen Gurgel zu weit war, mit Haut und
Haar, mit Epauletten und Ringkragen verschlungen, daß er darin
zu Grund ging, wie der Molch im Spiritus."

„Gieb doch Acht, wie's zugeht, wenn Einer an's Trinken
geräth; erst trinken die Herren Kameraden mit; dann sitzen sie
nur noch dabei und lachen, so oft er's haben will; zuletzt gehen
sie heim und schlagen die Anciennetät nach und schreiben ihn in's
Eulenregister."

„Jedermann soll seinen richtigen Trunk haben, aber nach
Stand und Rang, nach Kraft und Vermögen, nach Gage und
Löhnung. Der Branntwein ist für junge Leute nicht gut, sondern
nur für gediente Männer und für Wäscherinnen, und für den
schwachen Magen und den feuchten Nebel Abends und Morgens,
und gegen die Krämpfe, dann muß es aber Wachholder sein."

„Ein Lieutenant kann keinen Dreigroschen=Wein trinken, er
ist nicht standesgemäß und für die Gage auch viel zu theuer;
er soll Morgens eine halbe Maß Wasser trinken und Abends
einen Schoppen Dünnbier, und soll jeden Tag im Jahre 3
Pfennige zurücklegen für die Flasche Champagner, die er an
dem Allerhöchsten Geburtstag trinkt!" —

„Was zweitens die Mamsell betrifft, so bin ich selber nie=
mals keine solche durchaus nicht gewesen, sondern erst eine ehrbare
Jungfer, die den Herrn Offiziers aus dem Wege ging, und dann
eine richtige Ehefrau, an der sich niemals keiner vergriffen hat.
Hänge dich niemals an kein solches Weibsbild nicht, denn es ist
ein Skandal, und mache ihr keine Präsente, denn deine Gage ist
12 Thaler, wenn die Montur und die Wittib und die Musik
und die Ehrensachen und die Jubiläums=Präsente und die Armen=
Cassa davon abgezogen sind."

„Und wie es bei der Manell zugeht, wirst du auch schon
selber gesehen haben. Wenn du deine paar Thaler verloren hast,
darfst du heimgehen und stillschweigen; und wenn du was ge=
wonnen hast, mußt du dableiben und wieder Alles verlieren, sonst
schreien sie nach Revanche und schimpfiren dich! Es ist wunder=
bar nobel!" —

„Wenn du auf der Wacht nichts zu thun hast, so flick deine
Handschuhe!" —

Frau Stine konnte sich über das Kartenspiel kurz fassen, denn sie wußte, daß an Leberechts Schädel die einnehmenden Organe weit besser entwickelt waren, als die ausgebenden, und daß der Zerstörungssinn gänzlich hinter dem Erhaltungs= und Aufbewahrungstrieb zurücktrat — oder vielmehr, sie wußte das nicht, weil sie von Galls Theorie auch nicht die leiseste Ahnung hatte, aber sie kannte ihren Leberecht dennoch. Er hatte sich bereits von ersparten Gage=Thalern eine kleine Münzsammlung angelegt und pflegte dieselben durch sorgfältiges Bürsten mit Trippel u. s. w. schön blank zu erhalten.

Noch weniger hielt es Frau Knopf, geb. Schnabelfeger, für nöthig, ihrer Predigt auch noch einen weiteren Abschnitt über eine vierte Gefahr der Jugend beizufügen, welche sich gleichfalls auf die Bouteil und die Mamsell reimt und durch beide mitunter veranlaßt wird, wir meinen das Duell. Wie sollte Leberecht dazu kommen? Und doch kam er dazu.

Sechszehntes Capitel.

Lips vom Rabenstein.

Von allen Offizieren des Leib=Garde=Füsilier=Regiments hatte seit längerer Zeit noch keiner einen Hausknecht getödtet, weil es durchaus nicht gewünscht wurde; auch das Kohlen=Oxyd=Gas und andere Narkotika fanden in der damaligen militärischen Praxis wenig oder gar keine Verwendung zum ritterlichen Kampfe gegen das schwache Geschlecht.

Aber der Hauptmann Baron Ehrenhold Lips von Dreibein auf Rabenstein hatte es dennoch verstanden, sich in und außer=halb des Leib=Garde=Füsilier=Regiments mit scheuer Ehrfurcht betrachten zu lassen.

Noch in der letzten Campagne hatte er bei mehreren Anlässen (wenn auch niemals den Bauern gegenüber) gewisse Regungen weicher Menschlichkeit an den Tag gelegt, die kaum vermuthen ließen, daß er sich mitten im Frieden zu so wilder Furchtbarkeit entwickeln werde. Aber wer hätte gewagt, ihn an solche Dinge zu erinnern? Ihn, den bestgesinnten Offizier, den Liebling der Vorgesetzten und der Damen, den kundigsten Richter in Duell=,

Tanz=, Weiber=, Wechsel=, Jagd=, Hunde=, Pferde=, Wein=, Ehren=
und Dienstangelegenheiten?

Nur ganz heimlich gingen unheimliche Reden über ihn von
Mund zu Ohr. Man sagte, er entstamme einem alten und streb=
samen, aber unglücklichen Geschlechte, dessen Mitglieder meist an
acuten Erstickungsanfällen in höheren Regionen gestorben seien.
Noch jetzt sehe der Wanderer mit scheuer Ehrfurcht nach den er=
habenen, balladenumtönten Trümmern, die der Familie Lips zum
bleibenden Denkmal dienen. Dort oben seien die Ur=Lipse und
alle folgenden zur Stiftsfähigkeit erforderlichen Rabensteinschen
Ahnen von einem einschnürenden Halsübel ergriffen worden, un=
mittelbar nachdem man sie im Namen des Landesherrn genöthigt
hatte, bis zu den höchsten Sprossen der Leiter emporzusteigen.

Solche unklare und bedenkliche Nachreden bezogen sich gern
auf das uralte Lips=Rabensteinsche Familienwappen. Dasselbe
zeigt einen Todtenschädel mit stark vortretendem Annexions=Sinn,
zwischen zwei hungrigen Raben; auch auf dem Turnierhelm sitzt
ein Rabe, der zwei silberne Löffel im Schnabel hält.

Hauptmann Lips hielt strenge auf die krystallene Reinheit
seines Wappenschildes, aber auf seinem Antlitz ruhte ein düsterer
Schatten, und auf seiner Jugendgeschichte ein gewisses Dunkel.
Er war groß und tief brünett; schlank bis zur Magerkeit; zähe,
gewandt, beweglich und doch von wahrhaft militärischem Exterieur.

Man sagte, er sei von Zigeunern vertauscht und nicht wieder
ausgewechselt worden; er habe im Auslande große Fußreisen ge=
macht und unterwegs das Fechten gelernt, worin er ein gefürchteter
Meister war. Bei der vielfachen Anknüpfung seiner Vorfahren
an die Denkmäler des heimischen Rechtsbewußtseins konnte ihm
ein Offiziers=Patent nicht versagt werden, und es war sein höchster
Stolz, seiner höchst empfindlichen Offiziers=Ehre nichts zu vergeben.

Er hatte bei Juden und Christen so viele Schulden contrahirt,
daß schon die rückständigen Zinses=Zinsen ein wünschenswerthes
Kapital repräsentirten; aber selbst der schlaueste Jude der Residenz,
der unentbehrliche Mauschel Katz, der stets eine interessante mili=
tärische Autographensammlung von Wechseln und schriftlich ver=
pfändeten Ehrenwörtern in seiner schmierigen Brieftasche herumtrug,
selbst er konnte sich nicht rühmen, von der Hand des Barons
Lips ein besseres Papier zu besitzen, als alle übrigen Juden.
Auch Katz hatte nur gewöhnliche Handscheine mit Verpfändung
des gesammten mobilen und immobilen, jetzigen und zukünftigen
Lips=Rabensteinschen Eigenthums. Solche Documente konnten
aber erfahrungsgemäß nichts anderes bewirken, als die Einweisung

des Gläubigers in den vierten Theil der Gage. Da nun Lips die gerichtliche Viertheilung, sowie die Pfändung in allen Formen und Stadien schon längst überstanden hatte, war ihm die Emission solcher Handscheine ebenso ungefährlich, als angenehm.

„Mauschel", sagte Veilchen Katz zu ihrem Manne, „warum hast du wieder geborgt dem Baron?"

„„Kann ich ihm doch nichts abschlagen, Veilchen, wann er mich ansieht mit seine rollende Augen — ist er doch ein gefähr= licher Mensch, Veilchen!""

Und Veilchen erwiederte höhnisch: „Bist du doch k a i n ge= fährlicher Mensch, Mauschel! Bist du doch eingewiesen in dem Würtel, und mußt du doch nur warten 72 Jahre, bis daß du kommst an die Reihe, zu kriegen dein Geld."

Des Barons unheimlich interessante Erscheinung war von magischem Einfluß auf das schöne Geschlecht. Er schritt von Sieg zu Sieg, und alle Stationen seines Lebensweges waren durch weinende Jungfrauen, verlassene Demoisellen und verwahr= loste Kinder bezeichnet. Aber auch die klügste unter allen diesen thörichten Jungfrauen hatte ein schriftliches Eheversprechen nicht aufzuweisen; auch waren die meisten nicht standesgemäß, und so strahlte denn das Rabensteinsche Wappenschild in ganz unver= mindertem Glanze! —

Zwar wurde auch von böswilliger Seite behauptet, der Baron unterhalte ein unerlaubtes Verhältniß mit der Ehegattin des hochgelehrten Winkelkramschen Geheime = Ober = Veterinär = Arztes Dr. Kuhspiegel; doch steht es völlig sicher, daß der Doctor durch= aus nichts derart bemerkte und sich mit aller Seelenruhe in seine wissenschaftlichen Arbeiten vertiefte, besonders in seine berühmten Untersuchungen über den Zusammenhang zwischen der häufig auf= tretenden Blindheit der hörnertragenden Thiere und der regel= widrigen Kreuzung der Racen.

Des Barons Stellung im Regiment war wie gesagt eine einflußreiche; man flüsterte unter sich, aber offen war Jedermann sein Freund und Verehrer, denn der zürnende Blick seiner rollen= den Augen hatte auch für die Herren Kameraden, ja selbst für die Herren Stabsoffiziere etwas unheimliches. Seine wirkliche Dienstführung schien mitunter nicht ganz mit seiner hohen Kenntniß des Dienstes zu harmoniren, aber sogar der höchst gestrenge Bataillons = Commandeur, Herr Major von Rollmantel, war für Lipsen kein Gegenstand des Schreckens, sondern ein ganz gemüth= licher lieber Kamerad, eine ehrliche alte Haut, mit der er im Wirthshaus u. s. w. wenig Umstände machte. Gewisse Schwächen des alten Herrn im Privatleben sollen für Lips ein Quelle des Einflusses geworden sein.

Es kann nicht auffallen, daß Baron Lips in allen Ehren=sachen als Autorität und als natürlicher Vormund der jüngeren Herren Kameraden angesehen wurde. Wenn er ausging, pflegte er das ganze Inventar seines mobilen Vermögens an sich und auf sich zu tragen, mit alleiniger Ausnahme des Geldbeutels, den er in der Regel vergessen hatte. Da kam es denn häufig vor, daß in den ersten Tagen nach dem Empfang der Gage ein jüngerer Kamerad der Ehre gewürdigt wurde, bei Spiel oder Trunk einen kleinen Vorschuß für den Herrn Hauptmann machen zu dürfen.

Auch unserem Leberecht hatte er diese Auszeichnung schon einigemal zugedacht, aber stets vergeblich, denn Lieutenant Knopf pflegte die Gage unmittelbar nach dem Empfang und unter Assistenz seiner Mutter in 17 Päckchen zu theilen, welche den einzelnen Büdgetposten entsprachen. Nur den legitimen Bier=groschen führte er bei sich, wenn er Abends, genau zehn Minuten vor sieben Uhr, in den Gasthof zum goldnen Ladestock ging.

In diesem bevorzugten Gasthofe hatte denn Leberecht auch an dem verhängnißvollen Abend, von dem wir jetzt reden müssen, seinen Schoppen mit Ueberlegung ausgetrunken.

Im Begriff, wegzugehen, stand er noch bei seinem Freunde, dem Lieutenant von Greifenklapp zu Klippklapp, der im Fach der Handgriffe mit der Muskete eine ähnliche Bildung und Autorität besaß, wie Leberecht hinsichtlich der Ordonnanz und des Montur=wesens. Im Hintergrund saßen noch 3 Offiziere, nämlich Haupt=mann Lips von Rabenstein mit den Premier=Lieutenants v. Kork=zieher und Kriegsgurgel, unter deren erprobter Mitwirkung er soeben die siebente Flasche eines feurigen Rheinweins geleert hatte.

Die Unterhaltung zwischen Knopf und Klippklapp wurde in aller Freundschaft etwas lebhaft und laut, weil eine Controverse über die Lage des Daumens beim ersten Griff des siebenten Tempos der blinden Chargirung zwischen den jungen Dienstkennern ausbrach. Knopf hatte im Eifer des Gespräches seine Hand auf die Schulter des Freundes gelegt; nun machte Klippklapp, gleich=falls im Eifer des Gespräches, eine lebhafte Wendung — da reißt und kracht etwas — und Knopf hält plötzlich die linke Epaulette des Freundes in der Hand, deren nicht allzu fest an=genähte Krappe gerissen war!

Schon war Knopf im Begriff, das corpus delicti unter einigen technischen Bemerkungen über Krappen, Haken, Schlingen, Seide und Doppelzwirn, provisorisch wieder an der Schulter des

Freundes zu befestigen — da rief Baron Lips ein donnerndes „Halt!" —

„Das geht zu weit meine Herren! Haben Sie jemals gehört oder gesehen, daß zwei Offiziere des Leib=Garde=Füsilier=Regiments sich einander die Epauletten vom Leibe gerissen haben!"

Korkzieher und Kriegsgurgel erklärten mit tiefster Entrüstung, daß sie dieß niemals zuvor gesehen oder gehört hätten.

„Hat man es jemals für möglich gehalten, mit Offizieren weiter zu dienen, die sich einander die Symbole der Ehre vom Leibe reißen?"

Korkzieher und Kriegsgurgel erklärten mit sittlichem Abscheu, man könne dies durchaus nicht für möglich halten, es sei denn, daß jeder der beiden jungen Herren sofort sechs Flaschen Rüdes= heimer — — —.

Aber Lips war in jener hohen Extase, die ihn ergriff, so oft der Dienst in Gefahr war. Er wollte von Rüdesheimer nichts hören, und erklärte die sofortige Anzeige des Vorfalls beim Regiments=Commando für nöthig, es sei denn, daß der Ehre des Regiments binnen 24 Stunden eine blutige Satisfaction garantirt würde.

Knopf und Klippklapp suchten vergeblich die natürliche Auf= klärung des Vorfalls geltend zu machen. Sie wurden nicht an= gehört und mußten schließlich eine große Güte und Nachsicht darin erkennen, daß der ehrenkundige Baron Lips so freundlich war, alles Nähere für das morgende Pistolen=Duell einzuleiten, indem er Kriegsgurgel und Korkzieher zu Secundanten, sich selbst aber zum Unparteiischen ernannte.

Siebzehntes Capitel.

Das Duell.

Man ist im Winkelkramschen Kriegs=Collegio immer der Ansicht gewesen, daß ein friedliches und wahrhaft kameradschaft= liches Zusammenwirken des Offizier=Corps den Interessen des Dienstes erwünscht und höchst förderlich sei. Man ist nicht der Meinung, daß jener k. k. Offizier die Kameradschaft richtig definirt habe, indem er sagte: „sie ist halt das einträchtige Zusammen= wirken; wenn Einer fort soll, schuben's Alle."

Um daher alle persönlichen Streitigkeiten und Ehrenhändel möglichst abzuschaffen, hat man bei uns wie auch anderwärts zwei wichtige Grundsätze aufgestellt, die sich gegenseitig ergänzen: 1) Wer ein Duell annimmt und ausführt, wird vor ein Kriegs= gericht gestellt und auf die Festung gesetzt. 2) Wer ein Duell ausschlägt, wird vor ein Ehrengericht gestellt und hat seinen Ab= schied zu nehmen.

Diese beiden weisen Bestimmungen haben ihre Wirkung nicht verfehlt, Duelle werden immer seltener. Die Herren Offiziers zanken sich immer weniger in den Weinhäusern und behandeln sich einander mit aller Ehrerbietung und Courtoisie. Dabei soll natürlich die Anwendung einer kräftigen Ausdrucksweise von oben nach unten, also von Vorgesetzten gegen Untergebene nicht allzu= sehr eingeschränkt werden; denn hierbei kommt ja der Point d'honneur bekanntlich gar nicht in Betracht. —

Der verhängnißvolle Tag der Knopf=Greifenklappschen Duell= Affaire war ein schöner Sonntag im Mai; neun Uhr Vormittags die festgesetzte Stunde; der Ort des Rendezvous ein lieblicher kleiner Wiesengrund, rings vom frischen Laub eines Buchwaldes umschlossen.

Welch ein Tag und welch ein Ort, um von dieser schönen Erde zu scheiden!

Aber am Ufer des rieselnden Baches, der sich durch die liebliche Wiese dahinschlängelt, stehen, harrend der Dinge die da kommen sollen, zwei bleiche Jünglinge in Uniform — Knopf und Greifenklapp — ja Greifenklapp und Knopf! —

> Zwei Marmorbilder stehn und sehn sich an:
> Was hab ich dir — was hast du mir gethan? —

Aber was half's, daß sie der versöhnlichsten Gesinnungen voll waren!

Denn wie der finstere Kriegsgott schrecklich heranwandelt über den grünen Teppich des Frühlings, den er durch Männer= mord blutig zu färben begehrt — also schritt Hauptmann Ehren= hold Lips vom Dreibein mit festen Schritten heran.

Düstere Befriedigung blitzte aus seinen Augen, aber sein dunkles Antlitz zeigte in jedem Zug jene vollendete Ruhe und kaltblütige Todesverachtung, die ihn niemals zu verlassen pflegte, wenn er andere Leute, und wären es auch seine nächsten Freunde gewesen, in allerhöchster Gefahr sah.

Rechts und links ihm zur Seite schritten Korkzieher und Kriegsgurgel, wie Deimos und Phobos, die Götter der Furcht

und des Grauens, die den männerwürgenden Ares begleiten.
Aus ihren Augen blitzte ein doppelter Frühschoppen; sie hatten
jeder eine Pistole in der Hand und waren zum Aeußersten bereit.

Lips warf den Mantel ab und erschien in voller Uniform;
er winkte die bleichen Jünglinge heran und redete also:

„Schön meine Herren! Es freut mich, daß Sie beide durch
rechtzeitiges Erscheinen Ihren festen Entschluß bethätigen, Ihre
und des Regiments gekränkte Ehre mit dem Blute des Gegners
zu sühnen!"

Nein, Herr Kapitain! schrie Greifenklapp mit erstickender
Stimme. Wir haben uns völlig ausgesöhnt, und sind daher fest
entschlossen —

„Ganz recht," unterbrach ihn Lips mit edler Wärme, „mit
zwei Loth Blei im Hirn oder in der Lunge fällt es oft schwer zu
reden, es ist dann zu spät zur Versöhnung. Sie haben daher in
ächt ritterlicher Weise diese Angelegenheit im Voraus erledigt,
und sind nun um so fester entschlossen, ein definitives Resultat
zu erzielen."

Nein Herr Kapitain! stotterte Leberecht — erlauben Sie doch—
wir wollten nicht verfehlen —

„Ich bin überzeugt, daß Sie nicht fehlen wollen, denn die
Sache muß ohnehin so lange fortgesetzt werden, bis wenigstens
e i n e Kugel richtig sitzt! Meine Herren Korkzieher und Kriegs=
gurgel, ich sehe, Sie sind mit dem Laden beschäftigt: nur schwache
Pulverladung, wenn ich bitten darf! Die Fehlschüsse werden in
der Regel durch allzustarke Ladungen verursacht. Wenig Pulver
und eine starke Kugel großen Kalibers ist auf so geringer Distanz
am zweckmäßigsten; man schießt dann weit genauer, und die
Percussionskraft ist auf 15 Schritte noch völlig genügend für
Uniformstuch und menschliche Körper. — Guter Greifenklapp!
Ich rathe Ihnen, hier diesen untersten Rockknopf Ihres Freundes
hübsch ruhig aufs Korn zu nehmen; Sie schießen dann nicht zu
hoch: fehlen Sie den Magen, so ist Ihnen die Lunge gewiß.
Auch Sie, lieber Knopf, werden gut daran thun, möglichst tief
abzukommen. — Und nun, meine Herren Secundanten, da
unsererseits der vorschriftsmäßige Versuch zur Versöhnung gemacht
und an der Hartnäckigkeit beider Combattanten gänzlich gescheitert
ist, kann es losgehen. A vos places, Messieurs, wenn ich bitten
darf! — Treten Sie vor, braver Knochensäger!" —

Es war auf eine effectvolle Steigerung der ganzen Situation
berechnet, daß erst jetzt der alte Stabschirurgus Knochensäger aus

dem Gebüsch trat; mit freundlicher Behendigkeit breitete er ein Tuch am Boden aus und belegte dasselbe, mörderisch lächelnd, mit den entsetzlichen Apparaten seiner Kunst.

Lips war fürchterlich in diesem Moment. Als er sich an= schickte, jedem der bleichen Jünglinge eine der scharf geladenen Todeswaffen graciös zu überreichen — wahrlich, da glich er in seiner glänzenden Paradeuniform dem schrecklich strahlenden Ares, wie er im 15. Gesange der Iliade von den Höhen des Olympos herabsteigt, um den verderblichen Männerstreit zu entfachen! —

Aber — so erzählt uns die Ilias — des Zeus Tochter Pallas Athene trat ihm rasch gegenüber, riß ihm den Helm vom Haupte, den Schild von der Schulter und den Speer aus der Hand, und fuhr den stürmenden Ares mit zürnenden Worten an: — — —

„Guten Morgen, Herr Hauptmann!" So schrie die alte Stine, aus ihrem Hinterhalt stürzend, entriß ihm beide Pistolen zugleich und warf sie in den Bach.

Frau Stine stand damals im 64sten Lebensjahre, aber sie war ein deutsches Kernweib und fühlte sich in ihren heiligsten Muttergefühlen verletzt. Es war jetzt nicht gegen sie aufzukommen; Lips erkannte dies; sie aber begann, mit eminenter Geläufigkeit, die folgende Predigt:

„Er Galgenbaron! Was haben ihm denn die zwei armen Würmer gethan, daß er sie umbringen will? Und am hellen Sonntag=Morgen unter der Kirche! Hört Er nicht die Glocken läuten?

„Wie sagt Sirach am 28sten? Der Gottlose verwirret gute Freunde und hetzet sie hintereinander. Aber wer den Anderen nachstellet, dem kommt's selber über seinen Hals, daß er nicht weiß woher! Die Hoffärtigen höhnen, aber die Rache lauert auf sie wie ein Löwe!"

Und die beiden Duellanten anredend, fuhr sie fort: „Wie sagt Sirach am zwölften? Ein falsch Herz ist wie ein Lockvogel auf dem Kloben, und lauert, wie er dich fahen möge! Denn was er siehet, das deutet er aufs Aergste. Hüte dich vor einem Solchen, daß er dir nicht eine Schande anhänge! Er stellet sich, als wollte er dir helfen, und fället dich meuchlings!"

Knochensäger war etwas näher getreten, doch, wie es schien, in keiner anderen Absicht, als in der eines psychologischen Be= obachters; er studirte mit Interesse die Symptome der Verlegenheit in Lipsens Angesicht. Leberecht und Greifenklapp waren plötzlich zu neuem Lebensmuth erwacht und schickten sich an, der würdigen

Frau nöthigenfalls ihren Beistand zu leisten. Daraus hätte sich nun ein mehrfaches Rencontre entwickeln können, denn auch Korkzieher und Kriegsgurgel hatten sich indessen genugsam von ihrem Schrecken erholt, um endlich dem verblüfften Kriegsgott zu Hülfe zu kommen.

Es würde unseren Begriffen von Pflicht und Würde einer dienstlichen Commission sehr wenig entsprechen, wenn wir uns scheuen wollten, offen zu bekennen, daß wir bei einer dunkelen Partie unsrer Geschichte angekommen sind; unsere sorgsamste eifrigste Forschung hat nicht genügt, den historischen Stoff dieses Kapitels wirklich zu sichten und aufzuhellen.

Wenn wir uns Frau Stine in ihrer damaligen Gemüths= erregung vorstellen, so taucht allerdings ein ergreifendes Bild vor uns auf! Aber dennoch können wir nicht glauben, daß sie wirklich den Hauptmann ergriffen respective sich an seiner Person ver= griffen habe. Wohl mögen die krallenden Finger der Amazone wie Enterhaken nach dem Halse des Gegners gezuckt haben — aber wir stellen entschieden in Abrede, daß sie ihm wirklich in die Cravatte gefahren sei, mit jenem Schraubengriff, der den alten Adam stets unfehlbar gebändigt hatte.

Nein! — es war das Schwert ihrer Zunge, womit sie den gottlosen Hauptmann in überraschender Weise bezwang. Die Dinge, die sie ihm jetzt vorwarf, waren so durchaus übler und so höchst bedenklicher Natur, daß es uns nicht möglich ist, auch nur die wichtigsten Punkte hier zu erwähnen und mit dem Namen eines Offiziers in Verbindung zu bringen. Und mit solcher Zu= versicht brachte Frau Stine eine Fülle von Beweismaterial und Drohungen vor, daß selbst Lipsens eherne Stirn erbleichte und den Stempel seiner moralischen Vernichtung deutlich erkennen ließ.

Von den Anwesenden konnte Keiner an der entsetzlichen Wahrheit dieser Enthüllungen zweifeln.

Korkzieher und Kriegsgurgel standen erstarrt und empfingen nunmehr die folgenden Vermahnungen aus Sirach:

„Wie sagt Sirach am neunzehnten? Sei kein Prasser und gewöhne dich nicht zum Schlemmen! Auf daß du nicht zum Bettler werdest und du dem Wucherer anheimfallest! Kennen Sie den Mauschel Katz, meine Herren?

„Und wie sagt Sirach ebendaselbst? Einer der sich voll säuft, der wird nicht reich, und wer ein Geringes nicht zu Rathe hält, der nimmt für und für ab. Ward nicht vorgestern die Gage ausgegeben? Wie viel habt ihr noch davon, ihr Blutmenschen?" —

Lips hatte sich indessen wieder etwas gefaßt; er sammelte einigen Athem und bemerkte verbindlich:

„Meine Herren — es scheint — daß diese originelle alte Dame — in ihren Gefühlen verletzt ist. Sie hat unsern un= schuldigen Scherz mit den beiden jungen Kameraden — irrig aufgefaßt — und glaubte nun auch ihrerseits in unserer kleinen Komödie mitwirken zu sollen. Es war auf Ehre köstlich! Aber Sie werden einsehen, daß wir uns Alle durch heiligstes Ehrenwort zum tiefsten Schweigen über diese ganze Affaire verpflichten müssen — um jeder irrigen Auffassung von Seiten des Publikums zu begegnen: Ich schlage vor, daß wir im nahen Forsthause einen kleinen Frühschoppen mit der verehrten Frau Feldwebelin ein= nehmen.“

Stine aber erwiederte: „Gehen Sie heim und kaufen Sie sich einen Bogen Papier, und kommen Sie um Ihren Abschied mit Charakter und Ehren ein. Heute und morgen gehts noch, denn ich will acht Tage lang stillschweigen, und auch für immer, wenn Sie glücklich fort sind, Herr Kapitain! Thun Sie's aber nicht, so sollen der Herr Oberst und andere Leute bald genug wissen, was die alte Stine von der Ihrigen Offiziersehre zu erzählen hat!“

Sprach's und zog ab, von Leberecht und Klippklapp escortirt. Auch Korkzieher und Kriegsgurgel, die zwischen sich und ihrem furchtbaren Meister das Band der Abhängigkeit plötzlich zerrissen sahen, folgten in einiger Entfernung, während Knochensäger mit dem Besteck unter'm Arm den Weg nach dem gastlichen Forsthause einschlug.

Lips blieb einsam zurück, fischte sich eine Pistole aus dem Bach und zog die Eventualität eines Selbstmordes in Erwägung.

Da jedoch das Pulver naß und die Welt noch so schön war, ging er heim und kaufte wirklich den besagten Bogen Papier. —

Sein plötzliches, aber äußerlich ehrenvolles Ausscheiden aus dem Dienste erregte allgemeine Sensation. Man sprach von einer Berufung nach Spanien oder Batavia oder Konstantinopel; drei Mamsellen und zwei Juden reisten ihm vergeblich 10 Meilen weit nach.

Sein ferneres Schicksal verliert sich in demselben Dunkel wie seine Jugendgeschichte. Man hörte später die verschiedensten Versionen über sein Ende; am glaubhaftesten schien es endlich, daß er entweder als Carlistischer General gefallen, oder zu Con= stantinopel in einem Serail erwürgt, oder zu Manchester als Chef einer Diebsbande gehenkt worden sei — nach dem englischen Gesetze: an seinen Hals bis er todt war.

Daß in Winkelkram wenig oder nichts von dem Verlauf des Duells an den Tag kam, ist fast wunderbar, aber dennoch erklärlich, da allen Betheiligten Schweigen nützlicher schien als Reden. Nur Knochensäger ließ hin und wieder die geheimnißvolle Andeutung fallen, daß Lieutenant Knopf einem kriegerischen Blut entstamme. Manche Kameraden vermutheten hiernach, daß die Entfernung des gefürchteten Barons in irgend welcher Weise einem energischen Benehmen unseres Leberecht zu verdanken sein möchte. Aber er schwieg, und es ist uns selber unbekannt, ob und in wieweit er jenes tapfere Einschreiten seiner Mutter veranlaßt hatte.

Einen überraschend günstigen Umschwung hatte die beschriebene Duell-Katastrophe in dem Lebenswandel der Herren Korkzieher und Kriegsgurgel zu Stande gebracht. Sie waren wirklich zur Besinnung gekommen, gingen in sich, ordneten ihre Finanzen und brauchten die damals neu aufgetauchte hydropathische Heilmethode.

Bald trugen sie ihre Namen nicht mehr mit Recht, und unterschieden sich hierdurch vortheilhaft von dem Schwein in der Raff'schen Naturgeschichte.

Achtzehntes Capitel.

Vom Garnisonsdienst.

Was geschieht denn eigentlich beim Garnisonsdienst? Wir sehen keine positive Leistung! So klagen die Neuerlinge, weil sie einestheils nicht wissen, was eine positive Leistung ist, und anderntheils nicht überlegen, wie viele ordnungswidrige Dinge durch den Garnisons-Dienst verhütet werden.

Ziehen wir zunächst nur in Betracht, daß der Soldat selber durch den Garnisons-Dienst von dem Besuche schlechter Wirths-häuser, den Spaziergängen mit weiblichen Dienstboten, den Schlägereien mit Handwerksgesellen und von vielen anderen Ver-suchungen des Müßiggangs möglichst abgehalten wird!

Erwägen wir ferner, wie, angesichts der Wachen und Posten, das ganze öffentliche Leben sich gewissermaßen unter den Augen des bewaffneten Gesetzes entwickelt; bedenken wir dann, wie sittlich erhebend es auf den Soldaten wirken muß, sich selbst als den sichtbaren Repräsentanten der Staatsgewalt und der öffentlichen Moral zu empfinden und zu respectiren, so brauchen wir kaum noch darauf hinzuweisen, daß die unbewachten Thore, Barriéren, Wacht- und Schilderhäuser jeder muthwilligen Beschädigung ausgesetzt sein würden, wenn man die dermaligen Wachen und Posten einziehen wollte.

Der hohe Werth eines Schilderhauses läßt sich aber daraus berechnen, daß die Unterhaltung einer Schildwache den Staat jährlich 225 Thaler kostet, wonach also — nur die letzten 50 Jahre gerechnet und von den Zinsen abgesehen — ein Kapital von 11,250 Thlr. in jeglichem Schilderhaus angelegt wurde, ganz abgesehen ferner von der Reparatur durch den Weißbinder. Nun gibt es aber schon allein in Winkelkram 99 Schilderhäuser, welche eine Summe von 1,113,750 Thlr. repräsentiren, wiederum ohne den Weißbinder. Sollte man ein so bedeutendes Kapital, einen so erheblichen Bestandtheil des Staatsvermögens dem öffentlichen Muthwillen preisgeben?

Um die hohe Wichtigkeit des Garnisons-Dienstes einzusehen, braucht man sich nur die Frage zu stellen, was denn überhaupt vom Dienst übrig bliebe, wenn der Garnisons-Dienst abgeschafft würde? Besonders im Winter, wo das Exerciren aufhört? Oder was aus der dienstlichen Ausbildung der jüngeren Herren Offiziere werden sollte, ohne die Thorwachen, woselbst man sie nicht nur als selbstständige Commandanten aufziehen, sondern auch als Arrestanten einsetzen lassen kann, je nachdem jene Ausbildung es erfordert.

Oder wie könnte man eine Wachtparade halten, ohne nachher auf Wache zu ziehen? Und welchen Zweck hätte dann noch die tägliche Ausgabe der Parole und des Feldgeschreis? Und was sollte denn der Platzmajor anfangen, wenn er keine Parole mehr auszugeben und kein Inventar mehr zu revidiren hätte? Oder wovon sollten denn Seine Excellenz der Herr Gouverneur und der Herr Commandant leben, welche doch ganz darauf angewiesen sind, an der Ueberwachung des Garnisons-Dienstes ihre Gagen zu verdienen, welche zusammen 7000 Thaler betragen?

Man sieht hieraus klar genug, wie alle Anträge auf Abschaffung des Garnisonsdienstes von einer gänzlichen Unkenntniß aller realen Factoren, insbesondere der militärischen und national-ökonomischen Verhältnisse ausgehen.

Die erziehende, militärisirende* Wirkung, welche der Garnisonsdienst auf die Menschheit ausübt, tritt am schönsten in der

---

* So muß es heißen! nicht „civilisiren", wenn von einem wirklichen Fortschritt der Menschheit die Rede sein soll.

Thatsache hervor, daß ein militärisches Einschreiten der Wachen und Posten, wenigstens bei uns in Winkelkram, gar nicht mehr nöthig ist und daher fast niemals mehr vorkommt; schon die bloße Existenz eines Garnisonsdienstes genügt jetzt, während in roheren Zeiten ein fortwährendes Eingreifen in das öffentliche Leben erfordert wurde.

In der That kann jetzt Jedermann bei Tag und bei Nacht nach Belieben aus= und einpassiren, da alle Sicherheitsmaßregeln bei Nacht nur gegen die Patrouillen und Runden, sowie bei Tag gegen die Ueberfälle des Platzmajors und des Stabsoffiziers du jour gerichtet sind.

Vom Civil hat man nichts mehr zu besorgen, es seien denn nächtliche Trunkenbolde, von denen jedoch in der Regel auch nichts zu besorgen ist, wenn man sie nicht reizt. Nur in Kriegs= oder Revolutions=Zeiten werden natürlich alle Wachen und Posten zu ihrer eigenen Sicherheit eingezogen, um Excesse und Conflicte zu vermeiden. Und es gehört zu den lieblichsten, freundlichsten, erfreulichsten Symptomen der wieder einkehrenden Ruhe und Ordnung, wenn alle Wachen und Posten wieder unbehelligt die öffentliche Sicherheit überwachen können.

Hatten wir nicht selber das Glück, einige Hundert oder auch ein Tausend einzelner Tage unseres Lebens in jenen beschaulichen Localen zuzubringen, wo nach richtiger Ueberlieferung der Wasser= flasche nebst Gläsern, und des Tintenfasses mit der Feder, sowie nach verantwortlicher Uebernahme des Wacht=Buchs, des ärarischen Stiefelknechts, der Feuerzange, des Besens und der verschiedenen Posten — ein 24 stündiges sinniges Stillleben eintritt — bis zur abermaligen Ueberlieferung aller genannten Dinge an den ablösenden Nachfolger! —

Damals wurde uns klar, wie der tiefere Sinn und der höhere Erfolg des Garnisons=Dienstes sich in zwei Worte zusammen= fassen läßt.

Was ist es, was der Füsilier dem Gefreiten, und der Cor= poral dem Lieutenant, und der Lieutenant dem Stabsoffizier du jour mit ernstem Pflichtgefühl zu vermelden hat? Was ist es, das die Runden und Patrouillen als sicherstes Resultat ihrer nächtlichen Wanderung mitbringen? Was steht auf den inhalt= schweren Zetteln, die von allen Seiten her in der Hauptwache sich concentriren, um dann bis zum Commandanten und Gouver= neur, ja bis zu serenissimo höchstselber emporzubringen?

Zwei Worte nenn ich Euch inhaltschwer,
Sie gehen von Munde zu Munde.
Man meldet und schreibt sie, man trägt sie umher,
Und es schultert der Posten sein Feuergewehr
Und vertraut sie der nächtlichen Runde.

  Schlimm denkende Menschen betrübe es sehr,
Treu fühlende Herzen erfreu' es:
Wir danken dem wachsamen herrlichen Heer,
Mein Land und mein Liebchen, was wollt ihr noch mehr?
Wir haben schon wieder: Nichts Neues!!!

War Winkelkram nicht glücklich, so lange es nichts Neues gab? Und ist nicht ein innerer Zusammenhang zwischen den neueren Zeitereignissen und der Vernachlässigung des Garnisons-Dienstes zu erkennen?

Leberecht war weit entfernt, den Garnisons-Dienst zu ver= nachlässigen. Nur ein einziges Mal trat eine schwere Versuchung an ihn heran, aus der ihn jedoch ein höchst wunderbares, ja entschieden fühlbares Eingreifen geheimnißvoller Mächte errettete.

Er befand sich in einer wilden stürmischen Novembernacht als Wacht=Commandant in dem uralten Thurme des nördlichen Thores von Winkelkram, in welches am einsamsten Ende der Stadt die alte Landstraße von Krähwinkel nach Winkelkram ein= mündet. Es heißt im Munde des Volkes das Hundethor.

Der getreue Greifenklapp saß als werther Gast Leberechten gegenüber in ehrwürdigem ledernem Sessel und rauchte gemüthlich ein Pfeiflein des allerbilligsten Rauchtabaks.

Während der Schneesturm brausend durch die Thorhalle fuhr und ängstlich im hohen Schornstein wimmerte, fühlten sich beide Jünglinge gar behaglich am alterthümlichen ärarischen Ofen, in welchem ein dampfender Topf mit Quellkartoffeln zum gemeinsamen Abendessen bereit stand.

So weit war Alles gut — aber es ist heute noch nicht auf= geklärt, wer von Beiden zuerst auf den ausschweifenden Plan gerieth, nach eingenommenem Mahle einen Grog im Kartoffeltopfe zu brauen!

Es geschah, und Leberechts Constitution war dem verderblichen Einfluß des Getränks nicht gewachsen.

Um 10 Uhr commandirte er noch richtig die Ablösung, aber um 12 Uhr, als Greifenklapp ihn schon längst wieder verlassen hatte, drängte sich ihm zum erstenmale in seiner dienstlichen Laufbahn der Gedanke auf, daß der Corporal auch allein die Ablösung besorgen werde, wie dies ja bei gar manchem Kameraden so häufig vorkam.

Leberecht lag mit schwerem Haupte auf dem alten ledernen
Feldbett, als er solches erwog, und dem Heulen des Sturmes
im Kamin mit schaurigem Behagen lauschte. Er lag mit dem
Gesichte gegen die Wand gekehrt und hatte drei Knöpfe an seinem
Uniformsrock geöffnet.

Da rief der Posten vor dem Gewehr — dann schlug die zum
Inventar des Wachtzimmers gehörige Wanduhr zwölfmal — und
mit jedem Schlage wuchs in Leberechts träumender Seele der
Entschluß, ruhig liegen zu bleiben.

Entsetzlich! — Mit dem zwölften Schlage der Uhr empfing
er auf die Rückseite seiner dienstvergessenen Persönlichkeit einen
scharfen Hieb — ein Mittelding zwischen einer elektrischen Er-
schütterung und einem elastischen Schlag, der brennend schmerzte! —

Er rafft sich auf und dreht sich bebend um — und siehe! —
beim Schein der verlöschenden Lampe erkennt er seinen Vater,
den alten Adam, welcher steif am Lager des Sohnes steht, ganz
wie er leibte und lebte — in der Rechten hält er den abge-
schnittenen Zopf, dessen Hieb soeben den Sprößling traf — und
nun schreitet das Gespenst langsam hinüber, deutet mit besagtem
Zopfe drohend auf die Zeiger der Wanduhr, und verschwindet
mit Hinterlassung eines leichten Fuselgeruches, während Leberecht
halb bewußtlos auf sein hartes Lager zurücksinkt!

Er hat nie wieder die Ablösung versäumt! —

Die nächsten Tage nach dem Ereigniß ging er träumend
einher, selbst der Mutter Alles verschweigend. Doch als ihn
Frau Stine streng in's Verhör nahm, war es ihm eine wahre
Erleichterung, das Entsetzliche zu beichten.

„Ach Mutter," sprach er am Schlusse seiner Bekenntnisse,
„Ihr könnt Euch gar nicht vorstellen, wie schrecklich der Alte
ausgesehen hat. Ihr würdet selber erschrecken, wenn er hierher
käme und Euch erschiene!"

„Er wird sich hüten," sagte Frau Stine.

Neunzehntes Capitel.
Knopfs Liebe, Vermählung und Ehestand.
Ein fast durchaus poetisches Mittelstück mit mehreren Absätzen.

Nach Herrn Geheimehofrath Pipsens sachkundiger Angabe ist
es bei der erklärenden Bearbeitung edler Dichter (und großer

Männer überhaupt?) üblich, dieselben gewissermaßen in drei Haupt=
theile zu zerlegen, nämlich:

1) der große Dichter in seiner Stellung zum Vaterlande;
2) der große Dichter in seiner Beziehung zur Natur;
3) der große Dichter in seiner Verwicklung mit Liebe, Ehe=
stand und anderen menschlichen Geschäften.

Dieses Schema ist allerdings auch für große Militärpersonen
und speciell für Winkelkramsche Generale und Stabsoffiziere an=
wendbar, wenn man ad 1) die oberfürstliche Staatsregierung an
die Stelle des Vaterlandes, und ad 2) den oberfürstlichen Dienst
an die Stelle der Natur setzt, wonach die sub 3 rubricirten
menschlichen Geschäfte quasi als Appendix in aller Kürze abzu=
thun sind.

Aber es hat uns doch nicht gelingen wollen, Seine Excellenz
Knopf nach diesem Schema rund zu kriegen, was eben daher
kommt, daß er, als ein Repräsentant unserer schätzbarsten Eigen=
thümlichkeiten, mancherlei nationale Winkel und Ecken an sich hat.

Major von Schweinsleder bemerkt mit Recht, daß es bei
Excellenz Knopf unmöglich sei, sein Wirken für den Dienst von
seinem Streben für die oberfürstliche Staatsregierung zu trennen
und abgesondert zu behandeln, da beides mit der vaterländischen
Geschichte gleich innig verwachsen und verwurzelt sei.

Herr Lieutenant Streckebein deutet darauf hin, daß Seine
Excellenz Knopf, wie der literarische Nachlaß erweise, auch ein
Dichter gewesen, und daß es hiernach angezeigt sei, die Liebe als
ein poetisches Haupt= und Mittelstück so recht in den Brennpunkt
der Knopf'schen Biographie hineinzustellen.

Herr Premierlieutenant von Tintenfisch weist diese Auf=
fassung entschieden zurück, insofern dadurch den Knopf'schen Liebes=
und Ehestands=Affairen eine dominirende Position im Centro der
ganzen Charakterentwickelung zugestanden würde; ist aber anderer=
seits der Meinung, daß besagten Affairen insofern eine ernste
Aufmerksamkeit zu widmen sei, als Knopfs Verehelichung ihn mit
hohen Geschlechtern des einheimischen Militär=Adels, insbesondere
mit dem Freiherrn von Pinkelkram, in enge Beziehung gebracht
habe, und zugleich auf seine dienstliche Carrière von ebenso un=
verkennbarem als legitimem Einfluß gewesen sei.

Die Commission beschließt hierauf:

1) Knopfs Liebe nebst allem Zugehör ist sofort in einem
einzigen Capitel zu behandeln, worin überhaupt seine
nichtmilitärischen Beziehungen bis zu seinem Tode kurz zu
entwickeln und abzuthun sind.

2) Dieses Kapitel darf länger sein, als die übrigen, hat jedoch den Umfang von 3⅝ Acten=Bogen des vorschriftmäßigen Formats nicht zu überschreiten.

3) Herr Lieutenant Streckebein hat dieses Capitel auf seine Verantwortung abzufassen; er darf sich dabei einer poetischen Prosa mit Anstand und Mäßigung bedienen, auch einige gereimte Verse dazwischen anbringen, aber höchstens 20 Zeilen, von welchen er indessen nicht mehr als die Hälfte selber anfertigen und die anderen aus guten Büchern citiren soll. Ausländischen Citaten muß eine winkeldeutsche Uebersetzung in margine beigegeben sein.

4) Herr Premier=Lieutenant Tintenfisch als Genealoge und Heraldiker von Fach hat die Einfügung desfallsiger Notizen zu fördern, zu überwachen und wahrzunehmen.

D. Red.=C.

Das Residenzschloß von Winkelkram, oder die neue Winkelburg, wie sie von Irenäus XV. in den Jahren 1807 bis 1810 erbaut wurde, imponirt dem Beschauer weniger durch stolze Höhe, graues Alterthum oder absonderlichen Styl, als vielmehr durch genaueste Regelmäßigkeit und einfachste Reinheit des architektonischen Geschmacks. Die Winkelburg erhebt sich nur in zwei Stockwerken, mit einem Kniestock dazwischen und freundlichen Mansarden darüber, als ein durchaus geschlossenes, glattes und exactes Quadrat.

Der einfache und schöne Grundgedanke des Architekten, welcher ein Bataillons=Carrée in Stein zu versinnlichen gedachte, wird dem militärischen Gefühl augenblicklich klar. Für Civilisten wird das Verständniß durch einen Fries in Basrelief erleichtert, welcher sich längs des Kniestocks, nur durch die Fenster unterbrochen, rings um das ganze Viereck zieht.

Diese Basreliefs in Stuck repräsentiren nämlich auf jeder Seite die Front einer Compagnie Garde=Füsiliere, die sich in tadelloser Haltung und mit geschultertem Gewehr aneinander reihen. Noch vor zwanzig Jahren war die Montur dieser Stuck=Füsiliere ganz regelrecht mit Oelfarbe colorirt, wie denn sinnige Architekten aller Zeiten auf eine maßvolle Mitwirkung malerischer Effecte bedacht waren.

Aber auch heute, da man Alles weiß übertüncht hat, ist wenigstens der imposante Gesammteindruck des mächtigen Bauwerks geblieben. Es ist der Stolz jedes Winkelkrämers, daß man auch bei der sorgfältigsten Betrachtung der Schloß=Façaden nicht im Stande ist, eine dieser vier Fronten durch irgend eine Abweichung von den drei übrigen unterscheiden zu können.

Nur nach dem Stande der Sonne, oder indem man sich umwendet, und die gegenüber liegenden Häuser betrachtet, kann man erkennen, vor welcher von den vier Seiten man sich befindet. Denn die vollendetste Symmetrie herrscht von den Keller-lucken bis zu den Schornsteinen und Wetterfahnen.

In der Mitte eines jeglichen Flügels öffnet sich das gleiche Portal, mit den gleichen Schilderhäusern davor, und dem gleichen Kameelwappen darüber.

Die taktische Grundidee des Carrées läßt sich auch im Innern des Schlosses erkennen. Sowie das Bataillons-Viereck den Major, die Offiziersbedienten, eventuell auch die Lebensmittel, das Gepäck und andere kostbare aber hülflose Gegenstände schützend umschließt, so umfaßt hier die neue Winkelburg, nach allen Seiten gegen die Stürme der Zeit Front machend, viele kostbare und nöthige Dinge, viele ehrwürdige Reste heimischer Vorzeit.

Inmitten des viereckigen, mit Kies planirten Schloßhofes erhebt sich nämlich, von uralten schönen Lindenbäumen umgeben, ein compacter Kern ehrwürdiger Baulichkeiten verschiedenen Styls, Reste des alten Schlosses, die man bei jenem Neubau verschont und zu einem kleinen Viereck verbunden hat. Dieses etwas enge und winklige, aber hohe und pittoreske Bauwerk bildet den Eingang zu den alten Schloßkellern und enthält außerdem einige Wohnungen für Lakaien, Kammerherrn, Hofdamen und deren Zofen, sowie nicht minder die gewölbten Räume der Schloßwache, mit dem uralten Schloßbrunnen davor.

Und hier war Leberecht Knopf, der inzwischen zum Premier-Lieutenant avancirte, am 21. August 1825 genau um die Mittags-stunde als Wacht-Commandant aufgezogen, um bis zur gleichen Stunde des folgenden Tages, wenn auch nicht Serenissimum Höchstselber, doch das Residenzschloß zu bewachen. Hier war es, wo Knopfs minnigliches Abenteuer gegen 7 Uhr Abends begann, um schon des anderen Morgens um 10 Uhr siegreich zu enden.

Seine Großm. Hoheit Irenäus II. waren damals auf den Jagdschlössern zu Hirschbraten, Rehziemer und Eber-kopf mit den Ergebnissen des Waidwerks beschäftigt; der Dienst auf der Hauptwache war daher in mancher Hinsicht etwas vereinfacht, er genügte nicht zur völligen Ausfüllung der Knopfschen Zeit und der Knopfschen Seele — kurz es entstand darin ein leerer Raum, in welchen die Liebe durch plötzlichen Ueberfall einbrang!

— O Liebe! — Ist es denn wirklich so schwer, über dich, die uralte aber ewig neue Göttin — etwas Neues zu sagen? Können die Lebenden, von deinen Wonnen und Wundern beseligt, dich nur mit den Worten verstorbener Poeten preisen?

Du ewig Veränderliche in Reiz und Gestalt! Weckst du im neuen Geschlechte keine wirklich neuen Gedanken? Müssen wir, um dich würdig zu loben, zurückgreifen zu den klassischen Liedern unserer Väter und Urväter, welche doch, im Vertrauen gesagt, vermodert und von deinen Flammen jetzt gänzlich gekühlt sind? ja deren Seelen sich gern befreit fühlen mögen von deiner süßen Qual, o Entsetzliche! —

So schmäh' ich dich denn schon, da ich kaum begann, dich zu preisen — ich verabscheue dich und küsse den Saum deines Gewandes — aber auch diese Idee ist bereits sehr alt und des abermaligen Zusammenreimens nicht werth.

Drum will ich mein kostbares Recht auf zehn eigene originelle Verszeilen mir noch zurückhalten, bis du mächtige Thaten an unserem Knopf thun wirst. Dann erwacht dir vielleicht ein wahr= haft neuer zehnzeiliger Lobhymnus in der Seele des Knopfschen Biographen.

Also auf ihn, herrliche Göttin! 'ran an den Feind mit deinen feurigen Pfeilen! —

Und schon seh' ich die feurigen Pfeile fliegen — aus den blitzenden Augen der schönen Isidora von Mayenlust, ersten Hofdame Ihrer Großm. Hoheit der Oberfürstin Theodolinde.

Die erhabene Landesmutter war durch eine Migraine im Residenzschloß zurückgehalten; sie befand sich jetzt nicht in der Stimmung, die Gesellschaft der höchst angeregten und anregenden schönen Hofdame huldvoll ertragen zu können, aber doch mußte die Arme gleichfalls im Schlosse zurückbleiben, statt mit den ober= fürstlichen Hof = Cavalieren die Freuden der Jagd = Saison zu genießen.

So saß sie denn gegen Abend am offnen Fenster im gothischen Erker des Damenbaues neben der Hauptwache; von einer Linde leicht beschattet, kühle Herbstluft athmend, stützte sie das zarte Köpfchen in beide Hände und sah mit den goldbraunen Augen starr vor sich hin; nur manchmal schüttelte sie kurz und wild ihre lichtbrünetten Locken — sie ennüirte sich bis zum Zorn.

Dicht hinter ihr stand die getreue Zofe, die runde, blonde Adele; ihre hellblauen Augen blickten mit sehr mäßigem Interesse über die Schulter der Herrin nach der Hauptwache hinunter. Ihr voller Busen athmete ruhig, aber sie schien doch irgend einen Gegenstand auf dem Korn zu haben, aus dessen Beobachtung, wenigstens in dieser äußersten Rathlosigkeit, eine Art von Unterhaltung für sie und ihre Herrin erwachsen konnte.

Es war Leberecht, der vor der Hauptwache am Schloßbrunnen unter der Linde stand.

Nicht zum erstenmale blickte er nach diesem braungelockten Wunder der Residenz, nach dieser schlanken Fee des Hofes von Winkelkram. Schon gar manchmal, wenn er auf dem Hofball pünktlich erschienen war, um sein befohlenes Tanzvergnügen mit vorschriftsmäßig bekleideten und chaussirten Beinen gewissenhaft abzuleisten — ja schon manchmal hatte er dann verstohlen mit seinen neutral-grauen Augen nach Isidoren gezielt.

Aber er war lange nicht hoffähig genug, um einer solchen Hof-Fee den Hof zu machen. Für solch lieblichen Dienst waren andere Leute da, nämlich die Flügel-Adjutanten, Attaché's, Kammerjunker und die hochgebornen Kameraden von der Reiterei, z. B. der schöne Rittmeister Baron van der Bombe, Adjutant S. H. des Prinzen Reinhardt, ja man sprach von dem Prinzen selber, dem Bruder des regierenden Herrn.

Prinz Reinhardt, der erste Cavalier seiner Zeit, war übrigens der Verehrer und Abgott sämmtlicher Damen und Frauenzimmer. Geboren 1775 als zweiter Sohn Irenäus I., stand er zu jener Zeit, als ein frischer Fünfziger, im Zenith seines Ruhmes; die Früchte der Weisheit waren ihm schon sämmtlich gereift, die Blüthen der Jugend noch nicht alle verwelkt. Im Kriegs- und Minne-Dienst viel versirt, war er auch den Künsten und Wissenschaften hold; seine Seele war der Oper und dem Ballet nicht minder zugeneigt, als den lateinischen Classikern, die er graciös zu citiren wußte. Er war ein gar weltkluger und liebenswürdiger Herr, ja Einige hielten ihn sogar für noch charmanter und klüger, als seinen schönen und schlauen Adjutanten, wenn auch dieser seinen Meister zu durchschauen und in der Tasche zu haben vermeinte. Gern widmen wir diese Zeilen dem Gedächtniß des trefflichen Prinzen, der 1847 gestorben ist. Doch wir müssen auf unseren Knopf zurückkommen.

Leberecht Knopf gehörte damals zu den „Herren, welche tanzen wollen" d. h. zu denjenigen Offizieren, welche als Menschen bei Hof unmöglich sind, und nur als Besitzer von Tanzbeinen das allerhöchste Parket betreten, um Damen, welche auf die rettende Thätigkeit dieser Beine angewiesen sind, nach dem Takt der Musik in Bewegung zu setzen. Auch kommt es wohl vor, daß eine ältliche fette Excellenza, der es beim Sitzen zu heiß wird, sich durch den Hofmarschall ein paar solche Tanzbeine heranwinken läßt.

Ist doch der gemeine Infanterie=Offizier überhaupt einem Tänzer von Fach und Beruf insofern zu vergleichen, als beide nur auf die Leistung ihrer Beine engagirt sind; werden die Marschier= und Tanz=Beine steif, so ist dieß für die Besitzer der=selben weit schlimmer, als ein Leiden unter dem Helm; sie haben ihren Lohn dahin.

Solche Dinge erwog vielleicht unser Held, als er halb träumend an dem uralten Schloßbrunnen unter der Linde stand. Am rieselnden Brunnen unter der Linde!

Wahrlich, wer ganz in süße Minne versinken will, braucht sich nur an einen Brunnen unter eine Linde zu stellen. Alle leidvolle Wonne der Liebe muß dort über ihn kömmen, denn die rieselnde Welle erzählt von der schönen Isolde und ihrem viel=getreuen Tristan, und von so mancher anderen wehmüthigen Buhlschaft vergangener Tage.

> Es quoll ein Brunnen in des Hofes Mitte,
> Aus dem die römischen Männer schon getrunken —
> Schon war das Mauerwerk halb eingesunken,
> Doch standen rings uralte Lindenbäume,
> Die ihren Schatten warfen in die Schäume.

Auch an diese Verse des weiland königl. bayerischen Lieu=tenants a. D.* Grafen August von Platen hätte Knopf etwa denken können, da sie schon damals gedichtet waren; aber sie waren auf dienstlichem Wege noch nicht zu Leberechts Kenntniß gekommen.

Mich aber, als den ordentlichen Specialreferenten für Poesie und Liebe, soll dennoch Niemand verhindern, in dem vorliegenden Falle anzunehmen, daß Leberecht ebenso wie Platens Herzog Udalrich durch die Ahnung wunderbarer Seligkeiten zu jenes Schloßbrunnens heiliger Tiefe hingezogen wurde; und als oben im Erker Isidorens lichte Schönheit erschien, dem Geiste räthselhaft, dem Auge klar,

> Trat er zum Born, sich freuend ihrer Helle
> Dort oben und hier unten in der Welle.

Es war nur einer der vielen Einfälle, mit welchen die

---

* Wenn schon bayerische Lieutenants a. D. solche Verse machen können, so möchte ich erst einmal die sämmtlichen poetischen Werke eines wirklichen Gene=rals der Infanterie lesen!　　　　　　　　　　　Streckebein.

schöne Hofdame ihre Zeit zu tödten beliebte, daß sie heute Nach=
mittag verschiedene Toiletten probirt und schließlich ein schon
etwas veraltetes, aber prachtvoll schimmerndes carmoisinrothes
Sammetkleid angelegt hatte, welches zu ihren brünetten Reizen
wundersam paßte. So strahlte sie siegreich im Spiegel des
Schloßbrunnens und in Leberechts Seele. Ihn lockte schon die
carmoisinrothe Regimentsfarbe, die er selber am Kragen trug,
mit magischer Kraft; dazu kam nun der reiche tiefsatte Glanz des
prächtigen Stoffes, den er als feiner Kenner von theuren Schnitt=
waaren völlig zu schätzen und zu tariren wußte.

„Er macht wieder Augen“, sagte Adele etwas schläfrig, fast
ohne Hoffnung, die Aufmerksamkeit ihrer Herrin zu wecken.

Isidora aber warf plötzlich die wallenden Locken zurück wie
ein eigensinniges Kind, und murmelte grimmig zwischen den schönen
Zähnen:

„Ich will auch Augen machen.“ Dann drehte sie sich lang=
sam nach dem Jüngling um und neigte ihr Köpfchen ein weniges
nach dem Brunnen hin, indem sie die dunkelen Wimpern träumerisch
sinken ließ — aber nur, um sie plötzlich wieder zu heben, wie die
Blendungen zweier mächtigen Geschütze — und aus den beiden
goldbraunen Augen zugleich schoß ein zündender Doppelblitz in
Leberechts Busen.

Ihm erging es in der That wie manchen vom Blitz ge=
troffenen Menschen und Gebäuden, die äußerlich scheinbar ganz
unverletzt, doch im Inneren schrecklich zerstört und zerrüttet sind.
Starr und gerade blieb er stehen, aber die ganze Registratur
seiner dienstlichen Seele war durcheinander geworfen und brannte!

Nichts desto weniger feuerte die grausame Feindin noch eine
zweite Salve auf ihn ab, indem sie — deutlich genug! — die
weiße Hand zu den schwellenden Lippen erhob und in leicht
grüßender Bewegung auf's Herz legte.

Leberecht zuckte zusammen — Absatz an Absatz geklemmt, die
Kniee gestreckt, den kleinen Finger der linken Hand an der Hosen=
nath, Leib hinein, Brust heraus, die Rechte vorschriftsmäßig salu=
tirend am Czacko=Schild — — — — so stand er noch fünfund=
zwanzig Minuten später unbeweglich da; ein wildes Stöhnen
entrang sich seiner Brust, während Isidore zwar noch silberhell
lachte, aber nicht mehr über ihn, den vergessenen Posten, sondern
über ihren niedlichen Seidenpintscher Piccolo, den sie aus einer
alten Tabatière der Oberhofmeisterin schnupfen ließ; statt ihrer
stand jetzt Adele am Fenster, ganz unschuldig die Blumen be=
gießend und auf den Fenstergesimsen ordnend. Aber die Zofe

erwog nun gar mancherlei im stillen Busen und sah nicht ohne
Mitgefühl auf Isidorens versteinerten stattlichen Anbeter hinab.

Ja da stand er noch, als ein eleganter Cavalier in Jagd=
Joppe und Tyroler=Hut ihm freundlich auf die Schulter klopfte
und ihm zugleich drohend in's Ohr sagte: „Sie Don=Juan!"

Leberecht fuhr auf und wurde seiner Glieder mächtig, doch
ehe er noch antworten konnte, war er wieder allein.

Der schöne Rittmeister Eugen van der Bombe, der ihn aus
seinem Starrkrampfe geweckt hatte, erstieg bereits mit elastischem
Schritt die steinerne Wendeltreppe des Damenbau's. —

In Isidorens weichstem Fauteuil hatte der schöne Mann sich
jetzt hingegossen; angenehm überrascht stand sie vor ihm, die Er=
klärung seines plötzlichen Kommens erwartend.

„Wir haben jetzt ebenfalls die Migraine", sagte der Ritt=
meister endlich; „Wir liegen zu Bett und haben seit gestern Unseren
getreuen van der Bombe nicht vorgelassen."

O die allerhöchste Migraine! seufzte Isidore.

„Sie hat uns getrennt und vereint uns wieder", sagte Eugen
zärtlich; „die Migraine der Fürstin hält dich gefangen in diesem
vertrackten Jungfernthurm, während ich in fernen Waldschlössern
meine Verzweiflung mit Hirschbraten dämpfe und mich mit Reh=
braten zu Tod füttern lasse. Aber Heil mir! mein Prinz verträgt
es noch schlechter als ich; aus einer Indigestion hat sich eine hohe
Migraine entwickelt, die bis zum tic douloureux steigen und
meinen geliebten Herrn noch zwei Tage in's Bett bannen wird.
So bin ich denn rasch von Eberkopf herüber geritten, sage ge=
ritten", wiederholte der schöne Eugen mit unverkennbarem Mitleid
gegen sich selber und dehnte sich mit wehmüthiger Grazie im
Sessel aus. Einen Brief aus dem Portefeuille nehmend, fügte
er dann noch bei: „Uebrigens bringe ich hier auch ein höchstes
Handbillet meines Prinzen an deine Oberfürstin, wahrscheinlich
ein Recept gegen die Migraine — der Kammerdiener hatte die
Expedition durch den Hof=Courier versäumt, er bat mich noch im
letzten Moment, es mitzunehmen und an Dich, meine Gnädigste,
zur dienstlichen Beförderung abzugeben — Du kannst es noch
heute überreichen lassen. Voilà tout." (Hierzu bemerke ich,
Streckebein: Armer, schlauer Eugen!)

Isidore nahm das Handbillet in Empfang und blickte ganz
vergnügt und weich auf ihren Gast hin, indem sie mit Adelens
Hülfe den Theetisch arrangirte.

„Aber kleine Adele", bemerkte der Baron mit mildem Vor=
wurf, „was hast Du da unten angestellt, oder vielmehr angeknöpft?

Ist es auch erlaubt, den bravsten Infanterie=Offizier von Winkel=kram Angesichts seiner Untergebenen zum Narren zu machen? Bei Dianas Strumpfband! Ich sah keinen Hühnerhund — meinen unerreichbaren Feberigo natürlich ausgenommen — ein Stück Geflügel so unbeweglich stehen, wie Knopf Dich stand, meine kleine Adele. Aber er stöhnte dabei wie ein Stier. Du hast das Un=mögliche geleistet: Knopf ist verliebt, nein das genügt nicht, er ist mit non plus ultra behaftet. Du hast den ungesalzensten Menschen zur Salzsäule gemacht."

„Ei", sagte Adele schnippisch, „bin ich wohl zu gering, als daß ein braver Offizier in guten Absichten nach mir sehen dürfte? Oder ist er vielleicht kein braver Offizier?" fügte sie in steigendem Trotz hinzu: „Ich sage, daß er ein braver, sauberer Mensch ist, und eine ehrliche Frau verdient, Herr Rittmeister. Er hat auch anno 15 eine Zündatelle erobert; und daß mein Vater Registrator war, weiß die ganze Stadt. Seine Hoheit der Prinz werden es schon einsehen."

Eugen und Isidore sahen sich plötzlich bedeutsam an — ein gemeinsamer glücklicher Gedanke glänzte in ihren Augen.

„Nun warum denn nicht?", sagte Eugen freundlich, und das Gesicht der Kammerjungfer ging von wahrhaft drohendem Aus=druck in stille Verklärung über.

Alle Drei schwiegen, und es war, als wenn ein geflügelter Hymen durch's Zimmer flöge. —

Auf Grund sorgfältigster Quellenforschung sieht sich Referent zu der Annahme berechtigt, daß Adelens Stellung zu Isidoren, Eugen und dem Prinzen einer gewissen tieferen Begründung nicht ermangelte, so daß man weniger auf eine Abfindung, als vielmehr auf eine dauernde Verpflichtung, kurz auf eine an=genehme und sichere Versorgung der treuen Zofe bedacht sein mußte.

Nun hatte ihr Herz gesprochen, zwar plötzlich und unerwarteter Weise, aber ihr Eigensinn war längst als unwiderstehlich erkannt. Isidore und Eugen sahen, Jedes von seinem Standpunkte, ein, daß eine conditio sine qua non ihres eigenen künftigen Eheglücks zu erfüllen war.

Ein diplomatischer Thee brachte den Plan zur Reise, nachdem Eugen den wahren Hergang des Knopf'schen Abenteuers erfahren hatte. Als er endlich gegangen war, griff Isidore nach dem an=vertrauten Briefe des Prinzen an die Fürstin, betrachtete ihn scharf und öffnete ihn dann so ruhig, als wenn er an sie selber ge=

richtet gewesen wäre. Dann wechselte sie kurze bedeutsame Worte
mit der Jungfer. —

* * *

Leberecht hatte um 10 Uhr die Ablösung commandirt, und
zwar zum Staunen des Feldwebels' in sehr unsicherer Weise.
Er saß nun auf dem ledernen Feldbett in der gewölbten Wacht=
stube; die feine Abendkost aus der Schloßküche, die er unter
normalen Umständen mit ehrfurchtsvollstem Danke verzehrt haben
würde, stand noch unberührt auf dem Tisch. In seinem Inneren
gohr eine wirre Welt von unheimlichen Gedanken; er fing an zu
glauben, daß es dennoch einige wichtige Dinge zwischen Himmel
und Erde geben könne, die im oberfürstlichen Dienstreglement
nicht vorgesehen seien — er fühlte sich am Seile einer fremden
Gewalt, die er nicht begriff, die ihn aber voran riß zu unwahr=
scheinlichem Beginnen — —

So traf ihn Eugen, als er, von Isidoren kommend, mit
seltener Herablassung bei ihm eintrat und auf dem ledernen
Sopha kameradschaftlich Platz nahm, wonach er mit ernstem Tone
begann:

Aber wissen Sie auch, mein Lieber, daß Sie die junge Dame
wirklich compromittirt haben, und zwar unmittelbar unter den
allerhöchsten Augen J. G. H. der Oberfürstin, welche dort gegen=
über am Fenster des allerhöchsten Schlafzimmers zu sitzen geruhte?
Wissen Sie auch, daß es sich um eine junge Dame von Familie,
ja, ich sage von Familie, handelt?

„Das allergnädigste Fräulein von Mayenlust“ — stammelte
Leberecht.

Allerdings, mein verwegener Knopf, Sie hätten bedenken
müssen, daß Ihr Angriff das gnädige Fräulein und dessen hohe
Familie immerhin schmerzlich berührt — aber nennen wir keinen
Namen, keinen Namen, wenn ich bitten darf! Sagen wir die
Dame des Erkers, um jede officielle Benennung zu meiden und
die Würde des allerhöchsten Hofdienstes ganz aus dem Spiele zu
lassen.

„Ich sah nur so hinauf, Herr Rittmeister“ —

Kenne das, guter Knopf. Lenardo sah hin und Blandine
sah her — auch haben Sie furchtbare Töne von sich gegeben,
fast wie ein Hirsch in der Brunst — — aber es ist jetzt geschehen.

Lassen Sie mich die Sache richtig bezeichnen: Sie haben
Angesichts einer allerhöchsten Dame und mehrerer Hof=Officianten,
direct vor dem Dienstlocal und vor der Mannschaft der Schloß=

wache, der Tochter eines hochverdienten Staatsmannes, oder Staatsdieners, wenn Sie das lieber wollen, unter dumpfem Liebesgebrüll einen pantomimischen Antrag gemacht, und zwar, wie ich leider sagen muß, mit Mißbrauch einer dienstlichen Stellung in doppeltem Sinne! — Versuch zur listigen Compromittirung einer ehrbaren Dame im Dienst, fügte der Rittmeister kopfschüttelnd und murmelnd bei, als sei dies etwa der Betreff, unter welchem alle Acten des Criminalfalles demnächst zu registriren sein würden.

Wir sagen mit wahrer Verehrung, daß Knopf, eben weil er für den Dienst und nur für diesen geschaffen war, im Strudel fremder geistiger Strömungen eine rührende und hochachtbare Hülflosigkeit zeigte, anders und doch ähnlich wie manche berühmte germanische Stubengelehrten, die zwar in grundlosen idealen Gewässern ganz sicher einherschwimmen, aber durch naive Hülflosigkeit unser Herz gewinnen, sobald sie ihren Weibern oder Haushälterinnen im Schlafrock entlaufen und in praktische Lebensgebiete hereingerathen.

Zu der Liebe, die ihn ohnehin mit brennendem Feuer vorantrieb, gesellte sich jetzt noch die Furie der Angst, die ihn nach rascher Sühnung seines Vergehens ächzen ließ. Er war mürbe und reif, überreif für den schönen Eugen, der ihm den sichersten Weg zeigte, wie er aus der Hand der Dame des Erkers die Rose der Liebe zugleich mit der Palme der Sühne und Rettung empfangen könne.

Der edle Rittmeister zeigte sich als Freund in der Noth; er instruirte unsern Knopf auf's Genaueste über einen Brief, den er abzufassen, und über ein weiteres Verfahren, welches er am nächsten Morgen genau 10 Minuten vor 10 Uhr einzuschlagen habe. Erst nach Erfüllung dieser Freundespflicht begab sich der schöne Eugen in ein gewisses Hinterzimmer des Gasthauses zum goldnen Würfel, wo eine feine Bowle im engeren Zirkel ihn erwartete.

*   *   *

Mitternacht war vorüber, aber die Finsterniß wuchs noch. Ein schwarzes Gewölk stieg auf, Mond und Sterne verschlingend, und ein wüster Regensturm umtobte die Winkelburg wie ein allzueiliger Vorbote des Herbstes.

Leberecht hatte nach vollzogener Ablösung seine Runde bei allen Posten gemacht und war so naß wie ein Scheuerlappen am

Sonnabend. Nicht die Rücksicht auf Leib und Seele, aber das Mitleid mit der Montur hätte ihn jetzt in die warme Wachtstube zurückgetrieben — doch horch! — da knarrt im Winde die offen= stehende Thüre des Damenbau's, dieselbe Thüre, welche seit 11 Uhr pünktlich geschlossen sein sollte.

Pflicht und Liebe zugleich drängten ihn hinein; tastend und horchend schlich er die dunkele steinerne Wendeltreppe hinan wie ein triefendes Wassergespenst. Nun blickte er in den gewölbten Gang, der vor Isidorens und Adelens Zimmern hinlief, schwach erhellt von der erlöschenden Wandlaterne am anderen Ende der Halle. Wo die Wendeltreppe diese Halle erreicht, befindet sich eine Nische, in der eine kleine Bank steht. Ist es zu verwundern, wenn Leberecht sich darauf setzte und eine gewisse Zimmerthür mit den Augen bewachte?

Die Winkelburg hat keine weiße Frau, aber einen kleinen braunen Mann. Es ist bekannt, daß der angestammte heraldische Kameelreiter in dem alten Damenbau umgeht. Dieser gespenstige Affe in Uniform, über dessen Ursprung die tiefsinnigsten archäo= logischen Meinungen bestehen, pflegt seinen Sitz auf dem Rücken des Wappenkameels zum Behufe des Spuckens zu Fuß nur dann — aber dann auch sicher — zu verlassen, wenn eine wichtige Aenderung in der Montirungs=Ordonnanz von Winkelkram be= vorsteht.

Eine solche Aenderung stand damals nicht bevor, Leberechts Furcht war daher mäßig und konnte neben der Liebe ohnehin nicht zur Herrschaft kommen; aber eine große geistige Erschöpfung kam plötzlich über ihn; ein Fieberfrost schüttelte ihn in der nassen Montur, sein Haupt lehnte sich rückwärts an die kalte Steinwand und ein wirrer traumähnlicher Zustand umfing ihn.

Wie immer in solchen Fällen, konnte er nicht wissen, wie lange er sich in jenem Zustand befunden hatte, als das Geräusch leichter Schritte ihn halb zum Bewußtsein rief.

Die bewegliche Gestalt eines kleinen Mannes in braunem Mantel oder Ueberwurf, der ohne Zweifel die Uniform des Ge= spenstes verdeckte, näherte sich rasch und blieb einen Moment neben Leberecht stehen, bevor sie die Treppe hinabstieg.

Schlotternd, aber unbemerkt von dem Geiste, saß Leberecht auf seiner Bank und hörte nun deutlich, wie das Gespenst mit sich selber redete, während draußen der Sturm an den Fenstern heulte:

Quam juvat, immites ventos audire cubantem
Et dominam tenero detinuisse sinu.*

Also murmelte das Gespenst, wie es schien, nicht ohne Be=
friedigung.

„Wisse si nu? Wissen Sie nun? Nein, ich weiß gar
nichts," sprach Leberecht verwirrt, „und doch könnte es neue
Krägen geben," fügte er schaudernd bei, während das Gespenst
die Treppe hinabhuschte, um sich im Schatten der Nacht und
der sturmgeschüttelten Linden zu verlieren.

Zugleich rief der Posten vor dem Gewehr die Wache heraus
zur Ablösung. Es war 2 Uhr, und der Herr Premier=Lieutenant
kam gerade noch recht, um den Degen zu ziehen und das Com=
mando zu übernehmen. —

Dieses abermalige Hereinragen der Geisterwelt in das Gebiet
des Knopsschen Wachdienstes hatte gerade noch gefehlt, um die
klare Dienstseele unseres Freundes vollends zu umnachten.

Von herzverzehrender Minnegluth fiebernd und von katarrha=
lischem Froste geschüttelt, sah er neben dem dämonischen Glanze
des rothen Sammets den braunen Geistermantel gespenstig flattern;
immer wieder empfand er die stechenden Pfeile aus Isidorens
Feueraugen im Herzen, und dabei klangs ihm in den Ohren:
Wissen Sie nun?

Wenn Leberecht in dieser schrecklichen Nacht etwa um 2 Uhr
in aller Form überschnappte, so war er vollkommen entschuldigt;
er that es nicht, sondern versah seinen Dienst weiter und erlebte
den Morgen — aber man frage nicht, wie!

*　　*　　*

(Streckebeins Morgenseufzer.)

„O Morgenkaffee, trefflicher Seelentrost!

„Wie manchmal schon ergriff mich tiefe Betrübniß beim Er=
„wachen. Die milde Nacht mit ihren lieblichen Traumkindern
„war entwichen, und dort im Osten, dicht hinter dem goldnen
„Wagen des Phöbos, sah ich schon wieder in grauem Geschwader
„emporsteigen alle die 77 großen und kleinen Sorgen und Sünden,
„die ich theils geerbt, theils mir erworben und angequält habe,
„von denen ich aber keine verläugnen darf. Sie wollen mir

---

* Anm. vom Pr.=Lt. v. Tintenfisch. Streckebein hat natürlich die befohlene Uebersetzung vergessen; ich will aber die Hände davon lassen. Er scheint mir hier nicht ohne Grund die Gänse=füßchen unterdrückt zu haben.

„auch heute wieder die Mühe ersparen, über diesen sonnigen
„Erdentag eigenmächtig zu verfügen; ja sie werden sich auf mich
„und an mich heften, und werden auf den Zeigern meiner
„Standuhr reiten und auf ihrem Perpendikel hin= und herschaukeln
„und mir jede Minute zumessen! —

„Ist es mir denn da übel zu nehmen, wenn ich weder Lust
„noch Muth zum Aufstehen habe; wenn ich störrig im Bett bleibe
„und den Kampf mit dem Leben nicht annehmen will?

„Aber siehe — wer schwebt vor dem Wagen des Gottes?
„Eine Jungfrau, noch lieblicher als Guido Reni die holde Eos gemalt
„hat, trägt in hochgeschwungener Rechten die zierliche Kanne und
„gießt im Bogen den braunen Nektar des Orients in die
„dampfende Tasse, welche sie in der Linken trägt. Und neben
„ihr her flattert ein allerliebster kleiner Dämon, der die duftende
„Cigarre mir überbringen will.

„Und ich lasse mich abermals verführen, zum Kaffee, zum
„Nicotin und zum Leben! — —"

Auch Leberecht war etwas gestärkt durch den Morgenkaffee
und den ächten Wachholder=Frühschnaps, den ihm Frau Stine
in Erwägung des Wachedienstes bei feuchtem Wetter aus mütter=
licher Sorge überschickt hatte.

Der getreue Füsilier Putzlappen hatte dieses bewährte Ar=
canum mitgebracht, als er zu seiner größten Verwunderung nach
Hause detachirt worden war, um des Herrn Premier=Lieutenants
Rock und Hosen Nr. 1, a, auf die Wache zu holen.

Zu seiner nicht minderen Verwunderung hatte er Punkt
8 Uhr ein Schreiben im Dienstformat mit der Aufschrift „An die
Dame des Erkers, Hochwohlgeboren im Damenbau" an die
Kammerzofe der Fräulein von Mayenlust abzugeben. So hatte
van der Bombe es anbefohlen; er hatte auch den Inhalt des
Schreibens aufgesetzt, von welchem wir übrigens eine nähere
Kenntniß nicht erlangen konnten.

Es war Leberechten nicht unangenehm, daß der Zeitpunkt
des persönlichen Angriffs auf 9 Uhr 50 Minuten befohlen war,
denn um 10 Uhr mußte er ja doch jedenfalls wieder unten bei
der Ablösung sein, die ganze Entscheidung seiner Zukunft war
also durch das Schicksal selber auf 10 Minuten zusammengedrängt.

Als der große Zeiger der Schloßuhr den ersehnten und ge=
fürchteten Punkt erreicht hatte, fühlte er sich der Führung seines
Geschickes wie einer fremden Gewalt anheimgegeben. Er wieder=
holte im Geiste die Instructionen des Rittmeisters, warf alle

dienſtlichen Bedenken über Bord und ließ den tollſten Hoffnungen die Zügel ſchießen.

So wie ihn einſt die Laune des Kriegsgottes durch den Schornſtein emportrieb, ſo hetzte ihn jetzt Aphroditens Gewalt auf ſteiler Wendeltreppe zu den Wonnen der Liebe hinan.

Wohl ſtand er einige Minuten lang pochenden Herzens vor der Thüre, an welcher er pochen ſollte! Aber zuletzt pochte er dennoch — und als ein glockenhelles „Herein" ertönte, da war es nicht der alltägliche ſchüchterne Knopf, der in Iſidorens Empfangszimmer trat, ſondern ein ſiegestrunkener Amandus, d. h. ein Jüngling, welcher geliebt werden will, ſoll und muß — auch wirklich geliebt werden wird! —

Denn als er die Holdſelige mit abgewandtem Köpfchen auf dem ſchwellenden Divan ſitzen ſah — ſie trug das magiſche Sammetkleid, doch die Friſur war in koſtbarem ſchwarzem Spitzen= tuche verhüllt, und ſie deckte das zarte Angeſicht mit beiden Händen — auf ihrem Schooße lag Leberechts großer Brief — da beſann er ſich keinen Moment, ſondern ſprang mit zwei Sätzen gegen ſein Ziel und warf ſich mit ſolcher Gewalt auf die Kniee, daß die Hoſen Nr. 1, a, noch an demſelben Tage in die Claſſe 3, b, verſetzt werden mußten.

Von der Decke des darunter befindlichen Zimmers löſte ſich durch den Stoß ein 7 Pfund ſchweres Stück der Stuccaturbeklei= dung, und erſchlug im Fallen die Katze der Hofſilberverwalterin, dicht vor den Füßen ihrer Herrin.

Knopf handelte ebenſowohl nach van der Bombens Inſtruction, als nach eigenem Inſtinct, indem er beim Kniefall zugleich die ſammtne Taille des angebeteten Weſens ſtürmiſch umſchlang und ſein erhitztes Haupt an ihrem Buſen barg, wobei er ſtammelte: „Ewig Dein!"

Aber Herr Lieutenant! rief die blonde Adele wirklich er= ſchrocken, ich muß ja um Hülfe rufen. Aber ſie rief nicht. Als Leberecht erſchrocken aufſprang, ſprang auch ſie empor, doch nur um ſofort ihre weiche Geſtalt auf den Angreifer hinſinken zu laſſen. Schwankend und Hülfe ſuchend, von Ohnmacht ergriffen, ergriff ſie unwillkürlich ihren mächtigen Gegner, ſchlang beide Arme um ſeinen Hals und murmelte hinſinkend, ſchluchzend: „mein Vater war Regiſtrator, aber er iſt todt; ſprechen Sie mit meiner Mutter." —

Qui nunquam senſit amoris vim aut lapis est aut bestia hat der berühmte Pabſt Aeneas Sylvius geſagt, und das geliebte Sammetkleid mit ſeinem warmen lebendigen Inhalt war zur Ab=

kühlung des liebeglühenden Jünglings doch kaum geeignet, wenn
es auch nur verwechslungsweise an ihm hing.

Dieß war dein Wunderwerk Frau Minne, und ich preise
dich dafür im allerlieblichsten Tone Herrn Wolframs von Eschenbach:

> Durch den glänzend weichen wunderschönen Sammet
> Hast Du Knopfs Gemüthe angelockt, verwirret und entflammet;
> Doch der Kern des prächtigen Gewandes,
> Isidora selber raubte ihm den Rest noch des Verstandes.
> Auf der Wendeltreppe nach dem hohen Erker
> Stürmt der junge Recke nach dem Sammetkleid wie ein Berserker!
> Braune Fee, die ihn nicht nehmen konnte,
> War dem Sammt entschlüpfet, eingeschlüpft war eine weiche Blonde.
> Nicht umsonst erglühte Knopfens Minnefeuer
> Durch ein rasches Wunder liebt er nun die Blonde ungeheuer.
> In des Purpursammts geliebten Falten
> Glaubt er all sein Sehnen reich erfüllt in seinem Arm zu halten!

Ja wahrlich, klein erscheint aller Menschenwitz, wo deine
Göttermacht eingreift, Frau Minne.

Wie sonderbar kam sich Eugen vor, als er mit Isidoren
verabredeter Maßen hereintrat, um den überraschten Knopf, den
gefangnen Knopf, den zerknirschten Knopf in ein unliebsames
Joch zu zwingen, welches den glücklichen Knopf, den seligen
Knopf bereits als die lieblichste Rosenkette umschlang! Isidora
im braunen Seidenkleid war ihm nichts mehr gegen Adele im
Sammet.

Isidora und Eugen konnten von ihren schlauen Arrangements
nur wenig Gebrauch machen; sie sahen sich genöthigt, so kurz als
möglich über die planmäßige Ueberraschung und Entrüstung hin=
weg zur segnenden Schlußscene überzugehen.

Aber, nicht genug damit, daß seine eigne Erscheinung nicht
überraschend wirkte, ward dem schönen Eugen selber durch eine
andere Erscheinung eine wirkliche Ueberraschung zu Theil.

Prinz Reinhardts zierliche Gestalt war leise hereingeglitten;
huldvoll, aber fragend sah des Prinzen lebendiges Auge bald
auf die immer noch umschlungenen Liebenden, bald auf den
Adjutanten und die Hofdame.

Isidora zeigte alle üblichen Symptome des Erstaunens und
der Verlegenheit, während Adele wieder zu sich kam und sich von
Leberechten ablöste, der in die ordonnanzmäßige Stellung überging.

Eugen erholte und besann sich schnell; wie ein Blitz ward
es ihm klar, daß er jetzt das Eisen schmieden müsse, um seinem
feinen Meister den lange ersehnten Schatz durch Ueberraschung
zu entreißen. (O schlauer Eugen! — Armer schlauer Eugen!)
Denn in seiner Ueberzeugung stand es ja fest, daß der ältliche

hohe Herr mit Neid auf den glücklichen Schüler sehe, der Isi=
borens Gemüth so völlig erobert und gegen alle prinzliche Werbung
gepanzert habe!

Nun durfte zwar der Adjutant über des kranken Prinzen
Erscheinung, zu dieser Zeit und an diesem Orte, billig ebenso
verwundert sein, als dieser über die seinige; aber es konnte kein
Zweifel darüber obwalten, wer von beiden Herren seine Anwesen=
heit zu erklären, zu entschuldigen habe.

Mit richtigem Takt machte Eugen sich zunächst zum Für=
sprecher des verstummten Kameraden. Erst als Knopf mit gnä=
bigen Worten entlassen war — obgleich er die Ablösung dennoch
versäumt hatte! — erst dann knüpfte der Rittmeister an die
beredte Vertheidigung des unbesonnenen Jünglings und seiner
empfindsamen Zofe die glühendste Apologie der eignen Liebe und
die ebenso ehrfurchtsvolle als unwiderstehliche Bitte um gnädige
Verzeihung und huldreiche Genehmigung seines Glücks!

Und Prinz Reinhardt war niemals von Stein — er selbst
legte die Hand der züchtig erröthenden Isidora in die des stür=
mischen Werbers und bemerkte dazu mit sinniger Wärme: Man
wird alt, aber das Herz bleibt jung, wenn es sich am Glücke
Anderer zu erfreuen und zu erwärmen weiß. Nehmen Sie ihn
hin den guten Jungen, den ich zum edlen Minnedienst heranzog;
gern sieht sich der Lehrer vom eignen Schüler besiegt. Ja nehmen
Sie ihn hin und sein Sie glücklich, denn er hat wohl seine
Fehler, und ist ein gar schlauer Geselle, aber doch nicht so
schlimm, als es manchmal scheinen könnte.

* * *

„Also ein Kammermensch", sagte Frau Stine, als Leberecht
ihre Einwilligung erbat, und sie wollte nichts Ungebührliches
über ihre künftige Schwiegertochter sagen, indem sie sich dieses
an sich ganz unverfänglichen, aber jetzt veralteten Ausdrucks be=
biente, der noch im vorigen Jahrhunderte der officiellen Hof=
sprache angehörte.

„Ich habe recht brave Kammermenscher gekannt", fuhr sie
fort, „aber was hat sie …? hat ein Bett und das Weiß=
zeug dazu?"

Sie hat ein carme…rothes Sammetkleid, erwiederte Lebe=
recht noch etwas im Taumel.

Aber noch desselben Tages kam Alles in's Reine. Leberecht
brachte seine Adele, dann begab man sich zu der Frau Registra=
torin, und es stellte sich bald heraus, daß die liebliche Braut

zwei Betten, vieles Weißzeug, eine ganze Garderobe von wenig gebrauchten Kleidern und einen schönen Sparpfennig besaß, nebst der Aussicht auf dauerndes Wohlwollen ihrer Herrschaft, ja des Prinzen und Serenissimi selber. Und sie war die Tochter eines Staatsdieners, wenn auch nur der siebenten Rangklasse.

Die Eigenschaft einer standesgemäßen Partie konnte übrigens der braven Adele Schönbein um so weniger abgesprochen werden, als sie selber den Rang einer oberfürstlichen dramatischen Künstlerin (welche in Winkelkram den geheimen Commissionsräthinnen gleich= gestellt sind) schon in zarter Jugend nahezu erstiegen hatte. Vor ihrer Condition als Kammerjungfer hatte sie nämlich einen er= folgreichen Acceß an der Balletschule des oberfürstlichen Hoftheaters durchgemacht; sie war freilich noch nicht in Solo=Partieen öffent= lich aufgetreten, aber man hatte sie bereits dazu bestimmt und vorbereitet. Als sie ihre künstlerische Laufbahn mit dem Hofdienste vertauschte, war es schon bis zu Privatproben mit ihr gekommen, und der Geheime=Ober=Ballet=Intendant Baron Knickebein van der Kuppel stellte ihr gern ein amtliches Zeugniß aus, wonach sie damals die künstlerischen Absichten der Ober=Intendanz rasch verstanden und · denselben völlig genügt, also die Qualification einer selbstständigen Künstlerin hinlänglich gezeigt hatte.

*　　*　　*

(Zusätze von Premier=Lieutenant v. Tintenfisch.)

Was die Hochzeit betrifft, so fand sie zwei Monate später in traulichem Kreise statt. Adele hatte sich sonderbarer Weise in den Kopf gesetzt, daß S. H. der Prinz Reinhardt dieses Fest durch seine Anwesenheit verherrlichen müsse, und es ist als einer der vielen Züge edler Herablassung in der Biographie des Prinzen erwähnt, daß Er wirklich auf besagter Hochzeit erschien; freilich nur auf 5 Minuten, aber diese Zeit genügte, um alle Anwesenden mit huldvoller Rede zu bezaubern und auf das Herz der alten Stine einen unverlöschlichen Eindruck zu machen.

Und es dauerte nicht lange bis die jungen Gatten einen Be= weis des besonderen Vertrauens erhielten, welches der Prinz ihnen schenkte. Seine Hoheit führten nämlich die Obervormundschaft über den jungen Baron Reinhold von Hinkelkram, einen hoffnungs= vollen Edelmann, der im zarten Alter von drei Jahren, als der erste seines edlen Geschlechtes, noch ganz allein in der Welt stand.

Die scharfe Menschenkenntniß, die den Prinzen auszeichnete, ließ ihn Frau Adele Knopf als diejenige Dame erkennen, welche dem fraglichen kleinen Baron ohne Zweifel eine wahrhaft mütterliche Liebe zuwenden würde, während die militärische Erziehung des jungen Cavaliers in keine besseren Hände als in diejenigen Leberechts gelegt werden konnte.

Was Eugens und Isidorens Hochzeit betrifft, so ward dieselbe etwa 8 Tage später in höchsten Kreisen gefeiert. Isidora brauchte sich nicht in den Kopf zu setzen, daß S. H. der Prinz Reinhardt dieses Fest durch seine Anwesenheit verherrlichen müsse, denn dies verstand sich von selber. Er erschien auf 5 Stunden, aber diese Zeit genügte noch nicht, um alle die Schätze von Geist, Witz und Liebenswürdigkeit zu erschöpfen, die er speciell für diese Gelegenheit in Bereitschaft hatte.

Noch im Weggehen und auf der Treppe strömte der prinzliche Mund von den feinsten bon-mots über.

Und es dauerte nicht lange, bis auch diese jungen Gatten einen Beweis des besonderen Vertrauens erhielten, welches der Prinz ihnen schenkte. Seine Hoheit führten nämlich auch die Obervormundschaft über den jungen Baron Rainer von Pinkelkram, einen hoffnungsvollen Edelmann, der im zarten Alter von zwei Jahren, als der erste seines edlen Geschlechtes, noch ganz allein in der Welt stand.

Die scharfe Menschenkenntniß, die den Prinzen auszeichnete, ließ ihn Frau Isidora van der Bombe als diejenige Dame erkennen, welche dem fraglichen kleinen Baron ohne Zweifel eine wahrhaft mütterliche Liebe zuwenden würde, während die Erziehung des jungen Cavaliers für den Hofdienst in keine besseren Hände, als in diejenigen Eugens gelegt werden konnte. — —

Die militärische Bedeutung des Knopf-Schönbeinschen Ehebundes fand ihren praktischen Ausdruck in Leberechts Avancement zum Hauptmann; die Erhebung in den erblichen Freiherrnstand des Oberfürstenthums folgte unmittelbar darauf. Die weitere militärische Carrière unseres Helden ist aus den folgenden Kapiteln ersichtlich.

Bezüglich seines Freundes van der Bombe verfehlen wir nicht, die Notiz zu geben, daß er sich der Hof-Carrière gänzlich widmete und noch heute als Oberhofmarschall fungirt.

Als Oberhofmeisterin wirkt segensreich an seiner Seite die würdige Gattin, Baronin Isidora Excellenz. Sie ist jetzt freilich verändert, aber in der allerschonendsten Weise: selbst die Zeit war galant gegen sie und hat ihr bei zunehmenden Jahren weniger genommen als gegeben; das Alter hat ihre fast allzuschlanke Gestalt in einige Schichten blühenden Zellgewebe freundlich eingehüllt.

In treuer Freundschaft verbunden blieb ihr stets die Baronin
Adele Knopf Excellenz, welche noch heute eine Zierde des Hofes
sein würde, wenn sie nicht, wie am Schluße dieses Buches ersichtlich,
für einige Zeit in Wittwentrauer versenkt wäre. Sie ist freilich
verändert, aber in der allerschönendsten Weise: selbst die Zeit
war galant gegen sie und hat ihr bei zunehmenden Jahren weniger
gegeben als genommen; das Alter hat ihre fast allzu runde
Gestalt um einige Schichten blühender Zellgewebe freundlich
erleichtert.

Baron Reinhold von Hinkelkram, der am Sarg seines Adoptiv=
Vaters heiße Thränen vergoß, ist der Universalerbe und zärtlichste
Sohn seiner Mutter Adele, deren Ehe ihm keine Geschwister brachte.
Er commandirte bekanntlich als Oberst das Garde = Füsilier = Leib=
Regiment während der letzten Campagne wie noch jetzt.

Baron Rainer von Pinkelkram, der nach menschlicher Berech=
nung dereinst am Sarge seines Adoptiv=Vaters heiße Thränen
vergießen wird, ist der zärtlichste Sohn seiner Mutter, deren Ehe
ihm jedoch sechs theure Brüder brachte, welche in dem Hof= und
Militär=Kalender pro 1867 sämmtlich enthalten sind. Er arran=
girte bekanntlich den letzten Hofball in seiner Eigenschaft als
wirklicher Kammerherr und Vice=Ober=Ceremonienmeister.

Daß die Ehe des Freiherrn Leberecht vom Knopfe sehr
glücklich und auf disciplinarische Grundsätze begründet war, geht
aus dem 32. Kapitel hervor.

Wir haben hier noch ausdrücklich zu erwähnen, daß die
verläumberischen Gerüchte, welche sich, wie an Geburt und Tod
unseres Helden, so auch an seine ehelichen Verhältnisse geheftet
haben, einer Erwähnung durchaus unwürdig sind.

Dahin gehört besonders die schändliche Insinuation, es habe
ihn überhaupt Niemand, weder bei Tag noch bei Nacht, je anders
als in Uniform gesehen; sein innerster Gehalt sei deshalb zweifel=
haft geblieben. Er habe sich zum Behufe des Schlafens in einen
Kleiderschrank gestellt, oder mit der Rockschleife an einem Haken
aufgehangen, und was dergleichen fabelhafte Erfindungen mehr sind.

Der Gipfel böswilliger Bornirtheit zeigte sich in dem albernen
Gerüchte, Frau Adele habe sich geweigert, einen ganz kleinen aber
schon mit der vollständigen Regimentsuniform bekleideten Sohn
anzuerkennen, welchen ihr Gatte ohne weibliche Hülfe in seinem
geheimen Schneider=Bureau selbst construirt haben sollte! Man
sollte nicht meinen, daß man im 19. Jahrhundert lebt! — Aber
der Aberglaube geht Hand in Hand mit dem Materialismus un=
serer Tage.

Zwanzigstes Capitel.*

Personen: Ein Verleger.
Dr. Analytikus Rosensohn, Corrector und aesthetischer Rathgeber.

(Mittags gegen ein Uhr auf dem Comptoir des Verlegers.)

Verleger: Na, da sind Sie ja endlich, Doctor. Dachte schon, Sie wären ganz verduftet, nachdem Sie mich da hinein= geritten in die verdammte Geschichte da! (er schlägt auf die vor ihm liegenden Aushängebogen der neunzehn ersten Kapitel dieses Romans.)

A. R.: Werthester Gönner! Nach der —

V.: (streng) Lassen Sie mich ausreden! Wie komm ich dazu, dieses Ding zu verlegen? Nun, ich hatte eben keine Zeit, es selber zu lesen, gebe Ihnen deßhalb das Manuscript zum Gut= achten, zum gründlichen, motivirten Gutachten à 5 Thlr. 10 Sgr. Sie bringen es wieder und sind ganz entzückt, haben es angeblich analysirt und ganz rosig gefunden —

A. R.: Werthester Gönner! Nach —

V.: Wollen Sie mich ausreden lassen? Ich sage, Sie haben es analysirt und vortrefflich gefunden — bahnbrechend für die neue Aera der humoristischen deutschen Literatur, für deren An= bruch meine Firma wirkt; nicht epigonenhaft, sondern neu, groß, allgemein ansprechend, mit einem Wort in 10,000 Exemplaren abzuziehen für die erste Auflage! Ja, so sagten Sie mir — (er setzt seine Brille auf und fixirt den Doctor schärfstens) — so sagte mir dieser Mann, der seit 15 Jahren mein Brod ißt und meine Cigarren raucht! Und nun, da 19 Kapitel abgezogen und satinirt sind, und das zwanzigste schon im Satz steht — nun führt mein guter Genius meinen Neffen, den Hauptmann Storchschrittler aus Schievelbein, zu mir. Ich zeige ihm das Ding — wir lesen es

---

* Hier sei dem Herausgeber ein Wort verstattet. Es ist kein übler Einfall des Verfassers, die nächstfolgenden Kapitel der Knopfschen Biographie, welche die langweiligsten Partieen des Stoffes enthalten, nur in kritischem Auszug mit= zutheilen. Die Art jedoch, wie diese kritische Besprechung einem ganz imaginären Verleger und seinem fingirten Corrector in den Mund gelegt wird, scheint mir von der geringen Geschäftserfahrung des Verfassers und von seinem krankhaft gesteigerten Selbstgefühl Zeugniß zu geben. Meines Erachtens sollte auch der Verf. den strengen Maßstab des Romans nicht überall an seine Arbeit anlegen, weil dieselbe doch offenbar eine Satyre in biographischer Form ist, welche nur den Charakter des einen Helden völlig entwickelt. Einige Bemerkungen über lebende Schriftsteller habe ich kurzer Hand gestrichen.
Dr. L. S.

6*

zusammen — wir erschrecken beide, und er sagt mir: Onkelchen, Sie sind eine ruinirte Firma! Nun kann ich 60,000 Bogen ein= stampfen, von Satz und Druck nicht zu reden —

A. R.: (rasch redend) Werthester Gönner! Nach der Palme höherer Gesittung ringend —

B.: Halt, Unglücklicher! Ich kenne die Palme. Unterfangen Sie sich nicht, mir jetzt die Palme vorzutragen; denn ich weiß diese Ihre Rede Nr. 7 bereits Wort für Wort auswendig, bis zu dem Vorschuß von zwanzig Thalern, den Sie am Schlusse im Namen der höheren Gesittung zu verlangen pflegen. Und noch dazu vor Tisch! — Aber ich durchschaue Sie! Sie haben nicht gefrühstückt! Schweigen Sie, ich sehe es Ihnen an. Gehen Sie sofort hinauf in meine Wohnung und erwarten Sie mich oben zu Tisch. Sagen Sie meiner Frau, daß ich Sie eingeladen habe und gießen Sie einstweilen Ihr analytisches Rosenwasser über die alte Tante, bis ich mein Comptoir schließe und nachkomme. Nach Tisch sind Sie hoffentlich besser als jetzt im Stande, sich zu ver= antworten.

A. R.: Auch Sie, mein werthester Gönner, werden nach Tisch besser disponirt sein, um die Palme —

B.: Wollen Sie wohl schweigen? (A. R. ab.)

(Nach Tisch beim Kaffee. Die beiden Vorigen und die alte Tante Emmarentia, die sich für schöne Literatur interessirt.)

A. R.: Na, sehen Sie jetzt, alter Gönner, die Sache sieht sich weit besser an, wie Sie glaubten. Sie geben selber zu, daß dieser Roman eine Seele, Sie geben zu, daß er Hände und Füße, Anfang, Mittel und Ende hat. Und von gefährlichen Tendenzen keine Spur! — Nach der Palme höchster Gesittung ringend, wächst der wahre Humor über das Gebiet der persönlichen Anzüglichkeiten hinaus und wiegt sich harmlos im milden Rosenlichte der Poesie, hoch über dem Bereich der Censoren und Staatsanwälte. Doch gehen wir jetzt Ihrem Wunsche gemäß an die kritische Ausscheidung der etwa entbehrlichen Abschnitte, um die äußeren Dimensionen des ganzen Kunstwerks einer maßvollen Eingränzung in den prä= destinirten Umfang von höchstens vierzehn Druckbogen zu unter= werfen. Ich beginne mit der ästhetischen Analyse der nächsten vier Kapitel, welche den Zeitraum von 1825 bis 1836 umfassen.

E.: Dieses ästhetische Frauenzimmer kommt in den Aushänge= bogen nicht vor.

B.: Still, Alte! Es geht jetzt an's Geschäft. Fangen Sie an, Doctor!

A. R.: (mit dem Manuscript in der Hand) Da hätten wir also zunächst das

Ein und zwanzigste Kapitel

und ich gestehe da von vornherein, daß ich es preisgebe, obgleich es einige immerhin schätzbare kulturhistorische Aufschlüsse zu enthalten scheint. Es wird uns in diesem langen Kapitel gezeigt, wie die göttliche Kunst des Schreibens, durch welche sich schon die Urmenschheit nach der Palme höherer Gesittung emporzuringen strebte, eine immer steigende Uebung, Anerkennung und Bedeutung in dem Winkelkram'schen Kriegswesen erlangte, bis endlich die ganze Armee, von den Excellenzen und geheimen Kriegsregistratoren an bis herunter zu den Corporälen und gemeinen Kriegsknechten, fast nur noch schrieb, schrieb, schrieb. Den älteren Herren in der Armee ward das Ding anfangs sauer. Sie beriefen sich darauf, daß vaterländische Helden der jüngsten Vergangenheit sich gar nicht damit befaßt hatten. Von der Excellenz Hühnerbürzel, welche 1799 im 6. Kapitel verstarb, ist es in der That bekannt, daß sie sich desselben Verfahrens bediente, wie weiland Dietrich von Bern, welcher nach sicheren Zeugnissen eine Blechschablone besaß, um seinen „Theodorich, Rex" unter jede Cabinets=Ordre pinseln zu können.

Aber wir sehen die höhere Gesittung siegen, und bald schon verhält sich das wirkliche Winkelkram zu dem papiernen, im umgekehrten Maßstabe der Generalstabskarte, wie 1 : 50,000.

Das landgräfliche Ober = Kriegs = Colleg, welches in früheren Zeiten alljährlich 3 Buch Conceptpapier, 1 Buch Schreibpapier, 6 blaue Actendeckel, 24 Federn und 2 Stangen Siegellack verbraucht hatte, erwuchs nunmehr, wie ein riesenhaftes imposantes Haupt auf dem Rumpf eines Pygmäen, zu einem hochlöblichen Oberfürstlichen Kriegsministerium, für dessen Bedarf das „Papier ohne Ende" erfunden, und die Tinte in Stückfässern abgelagert wurde.

Verzeihen Sie, werther Gönner und werthes Fräulein, wenn es mir nicht recht gelingen will, Unendliches in wenige Worte zu fassen.

Das alte Kriegs=Colleg arbeitete nur nach vier Hauptrubriken: Gesinnung, Verrechnung, Montirung, und Artollerie nebst Schießpulver. (NB. der Pulvermüller und die Kriegsräthe waren vereidigt und eingeschworen auf das Recept zur Erzeugung wirklichen Schießpulvers, wie jetzt die Preußen auf ihre Pille.)

Im neuen Kriegs = Ministerio war aus jeder Rubrik eine Section erwachsen, und jede Section zerfiel in 2 Abtheilungen, deren jede zwei Schreibstuben und eine Registratur besaß, ja, noch heute besitzt!

Rechnen Sie hierzu noch alle untergebenen Militär=Behörden und Commandostellen mit ihren Registraturen und Schreibstuben, so wird die Blüthe der vaterländischen Papier=Industrie und die Prämie für den Import ausländischer Lumpen mehr als begreif= lich. Und die eine Hälfte des Winkelkramschen Heeres lief beständig mit Rapporten, Dienstschreiben, Ordrebüchern und blechernen Aktenkästen (Blech in Blech) umher, während die andere Hälfte mit Federnschneiden, Dictiren und Registriren beschäftigt war. Verzeihen Sie diese Metapher, in welcher ich als Laie den Inhalt dieses Kapitels kurz zusammenfassen möchte.

Zwar der damalige Kriegsminister selbst, Generalmajor Freiherr Feintafler von Krebssuppe (den wir im 10. Kapitel als Knopfs Commandeur und Gönner kennen gelernt haben), war der edlen Schreibkunst für seine Person nicht allzu geneigt und hinterließ anno 48 nur sein berühmtes Punschrecept in eigenhändiger Aufzeichnung. Aber um so rastloser wirkten als Sectionschefs die würdigen Obersten von Rollmantel (siehe Kapitel 14) und von Schweinsleder, sowie die damaligen Oberstlieutenants van der Bürste und von Tintenfisch, deren würdige Söhne uns im zweiten Kapitel dieses Buches als Mitglieder des Redactions=Comités gegenübertreten.

Verleger: Na hören Sie mal, dieses Kapitel mit all seinen Rückbeziehungen auf die anderen Kapitel ist geradezu ennüyant für den heutigen Leser.

Emmarentia: Und auch die Seele der Leserin schwebt unbefriedigt über allen diesen Acten — noch ein Täßchen, lieber Doctor!

Dr. Rosensohn: Zu Befehl mein Fräulein. Ich habe jene Rückbeziehungen nur erwähnt, um zu zeigen, daß unser Autor seinen Roman zu organisiren weiß. Er lebt mit der Poesie nicht in wilder Ehe —

Emmarentia: Pfui! —

Dr. Rosensohn: — erzielt vielmehr mit jener himmlischen Dame nur legitime, lebensfähige Kinder und Enkel, die er auch ordentlich im Auge behält und groß zieht. Ungleich gewissen Romanschreibern, schafft er keine Creaturen des Augenblicks, die schon im nächsten Kapitel unter den Tisch fallen ohne vermißt zu werden. Als ein kluger Regisseur engagirt er keine Lückenbüßer

und nur wenige Statisten für die Bühne seines Romans. Ja
— nach der Palme der inneren Vollendung ringend — hält er
sein ganzes Personal im festgewirkten symmetrischen Netz der
Composition wohlgeordnet zusammen, so daß auch im Nebensäch=
lichen und Einzelnen das gemeinsam Große und Bedeutungsvolle
sich tiefsinnig und maßgerecht, reich aber leicht überschaulich und
in gefälliger Eingränzung darbietet, durch ruhige Wechselwirkung
erfreuend.

    Emmarentia: Göthe! Düntzer! —

    Verleger: Das folgende Kapitel, Doctor.

    Dr. Rosensohn: Eben dieses

Zwei und zwanzigste Capitel

ist ein neuer Beweis für die Richtigkeit meines analytischen
Resultats. Schon im zwölften Kapitel erscheint ein Lieutenant
von Zeisig, der sich neben Korkzieher im Gefecht auszeichnet,
obgleich sich beide, wie es dort heißt, ein übles Renommée als
Garnisonsoffiziere erworben hatten. Ueber Korkzieher sind wir
seit Kapitel 17 im Reinen; wir sehen dort klar voraus, wie er
aus dem Wein immer tiefer in's Wasser geräth, um tugendhaft,
aber kühl und ruhmlos zu enden.

    Ganz anders unser Zeisig, der sich jetzt als ein klagender
Singvogel vernehmen läßt — um sich im Käfig des Winkel=
kramschen Kriegswesens zu Tode zu flattern!

    Emmarentia: Der arme Mensch! Er trank also nicht?

    Dr. Rosensohn: Ja — er trank — er trank wirklich.
Aber, mein Fräulein! Bachus hat mancherlei Jünger. Zwischen
dem gierigen Schwelger und dem raffinirten Genußmenschen sitzt
der Verzweifelnde vor dem rebenumkränzten Faße und greift
sehnsüchtig nach dem lockenden Becher der Betäubung. Auch des
verkannten Dichters göttlicher Sturm und Drang treibt ihn zum
Taumelkelche des Bachus, wenn nicht barmherzige Genien ihn
halten und retten —

    Emmarentia: Sie werden doch nicht —

    Dr. Rosensohn: Oscar von Zeisig hatte an der kastalischen
Quelle geruht und mit dem gesangeskundigen Sohne des Zeus
auf das Wohl der neun Göttinnen getrunken — er hatte die
Leier des Musagetes berührt und den goldnen Bogen des Fern=
hintreffers gespannt, ewige Geschosse versendend — glauben Sie
nun, daß er dem brummenden Kalbfell eines winkelkramschen
Tambours mit Inbrunst nachlaufen, oder einen Tornister revi=

diren, oder eine winkelkramsche Muskete kunstgerecht schultern konnte? — Klagend rief er seinen göttlichen Meister an, ihn nach dem Helikon zu entrücken, oder zu tödten —

"Wehe! im Kasernendienst hienieden, auf Paraden ist für mich kein Heil,
"Triff mich lieber wie die Niobiden Fernhintreffer mit dem goldnen Pfeil!"

Nach der Palme —
Verleger: Machen Sie's kurz.
Dr. Rosensohn: Aus dem vorliegenden Berichte des Redactionsausschusses geht hervor, daß Oscar von Zeisig durch mehrere Bataillons- und Regiments-Ordres, und schließlich auch durch allerhöchstes Rescript für ein gefährliches Subject erklärt und entsprechend gemaßregelt wurde. Er war ein langer, blonder, etwas unbeholfener und immer schlecht adjustirter Jüngling mit einer ordonnanzwidrigen Nase und einem widersetzlichen Ausdruck des Mundes. Im Gefechte war er wie toll vorangelaufen, zur Wachtparade kam er regelmäßig zu spät. Er entfernte sich häufig ohne Urlaub aus der Garnison, um in Bergen und Wäldern umherzuschweifen, ward deshalb oftmals auf das Hundethor eingesetzt und schmiedete daselbst scharfe Verse gegen seine Vorgesetzten.

Zur Warnung und Belehrung der Nachkommen gibt uns das löbliche Redactions-Comité eine tabellarische Uebersicht des Zeisigschen Strafregisters, mit Beifügung der wichtigsten incriminirten Verse. Ich führe daraus Folgendes an:

Vier Tage Zimmerarrest auf Regimentsbefehl, für das folgende Epigramm "über den Dienstverstand":

Ziehst du den Dienstverstand bedächtig aus der Scheide —
So glänzt in deiner Hand ein Schwert von langer aber stumpfer Schneide.

Während dieses Zimmerarrestes verfaßte er noch die folgenden Distichen, wofür er durch Brigadebefehl acht Tage Wachtarrest auf dem Hundethor zu verbüßen hatte:

Trotzigen Muthes, voll Kraft, selbstständigen Sinns war ein Jüngling —
Unglückseliger! nie lernest und liebst du den Dienst.
Kein fürsichtiger Staat hegt giftige Schlangen im Busen,
Solche Subjecte wie du sind nur in Kriegen erlaubt.

Auf dem Hundethor steigerte sich sodann seine üble Gesinnung bis zu dem folgenden Klagelied, welches durch pflichtschuldige Anzeige des Premier-Lieutenants von Spannebein der höchsten Behörde zur Kenntniß gebracht und von dieser zur Grundlage eines kriegsgerichtlichen Verfahrens für geeignet erkannt wurde.

Dem Fürsten, meinem Herrn, zu dienen,
Für ihn in Wehr und Waffen steh'n,
War mir als schönstes Loos erschienen,
Das sich ein Mann mag auserseh'n.

Man kann auf Ruhm und Lohn verzichten,
Ich liebte ehmals meinen Dienst,
Im Herzen trug ich meine Pflichten
Und im Gewissen den Gewinnst.

Doch euren Dienst, ihr edlen Geister,
Die ihr mit Inbrunst Griffe zählt,
Ihr storchschrittkundigen Schneidermeister,
Der Dienst, den ihr euch eingequält —

Den wußt' ich nimmer anzupreisen
Als eines Edelmannes Pflicht,
Gern will ich Fürstendiener heißen —
Lakai und Leibknecht bin ich nicht.

Mich ekelt die Gesinnungstreue,
Wie ihr sie schamlos ausgestellt,
Kein Hund verdient, daß man ihn scheue,
Der niemals biß und immer bellt.

Verleger: Dieses ganze Kapitel erkläre ich hiermit für definitiv gestrichen, doch mögen Sie immerhin auch noch über den Schluß referiren.

Dr. R.: Der Dichter kam diesmal mit zweimonatlichem einfachem Festungsarrest durch, den er auf der annectirten Citadelle von Riblingen anno 1829 verbüßte. Ich gestehe, daß er jetzt immerhin einige Ursache gehabt hätte, etwas in sich zu gehen und einen anderen Cours einzuschlagen, denn er war nunmehr ein Jüngling von 34 Jahren, seit 15 Jahren Unterlieutenant und schon siebenmal im Avancement übergangen.

Aber, leider! — er dichtete, schwärmte, gerieth Nachts in schlechte Gesellschaft und soll zuletzt, wie das Redactionscomité angiebt, mit Demagogen in Verbindung gestanden haben. Ich bin freilich, auf Grund der mitgetheilten Acten, zu einer anderen Ansicht gelangt. Unser Zeisig scheint mehr für deutsche Kunst und Volkspoesie, als für die gewaltsame Einigung der 34 Vaterländer geschwärmt zu haben. Er sammelte Volkslieder auf seinen Ausflügen im Gebirg, correspondirte vielleicht mit Arnim und Brentano, und wer weiß, ob er nicht schätzbare Beiträge zu dem „Wunderhorn" geliefert hat. Wenigstens scheint mir eine solche Richtung deutlich hervorzutreten in einem Gedicht von 1832, welches in den Acten des Untersuchungsrichters unter den Be-

weisen seiner Mitschuld an dem Frankfurter Attentat eine wichtige
Stelle einnimmt.

Ich will Ihnen ein paar Verse daraus vorlesen:

Geh aus mein Herz und such ein Lied
Auf freien Bergeswegen,
Wenn hier die Sangeslust dich flieht,
Dort kommt sie dir entgegen.

So such ich denn in Schlucht und Wald
Die lieb gewordenen Gänge,
Und in dem Herzen regt sichs bald
Wie werbende Gesänge.

Denn in dem goldnen Morgenglanz
Auf blauer Bergeszinne
Da steht in einem grünen Kranz
Die Jungfrau, die ich minne.

Gott grüß dich Fräulein frisch und zart
Mit blauen Augensternen,
Du bist von einer edlen Art
Und hast mich singen lernen.

Wie spielt der kühle Morgenwind
In deinen gelben Haaren
Du bist und bleibst ein jung frisch Kind
Seit manchen Hundert Jahren.

Emmarentia: Himmlisch! o frischer Waldesduft! —

Dr. R.: Du bist die freie Liederkunst
Der alten deutschen Gaue
In Treuen such ich deine Gunst,
Du dreimal süße Fraue.

In dieser Strophe glaubte die Untersuchungs = Commission
einen Aufruf zur Anschaffung des verbotenen Commersbuches der
deutschen Burschenschaft und zum Eintritt in diese staatsgefährliche
Verbindung erkennen zu müssen. Daß der Autor selbst dieser
Conspiration schon längere Zeit angehört habe, wurde aus der
folgenden Strophe geschlossen:

Wie oft, wie oft! in froher Zeit
Bin ich dir nachgegangen,
Wie fest, wie fest in Lust und Leid
Hab ich dir angehangen.

Die Schlußstrophen des Gedichtes, in welchen die Volkspoesie
ihrem Jünger antwortet, erscheinen dem Redactions=Comité als
eine verkappte Schilderung der weitverzweigten wühlerischen Thä=

tigkeit jenes Geheimbundes, der sich hauptsächlich die politische Verführung des Landvolkes zum Ziel gesetzt habe.

> Ich bin die beste Sängerin
> Die Poesie im Volke
> Ich fahr am hohen Himmel hin
> Auf einer Silberwolke.
>
> Kein Ding in meiner Berge Rund
> Das meinem Blick sich hehle!
> Ich zähl' im weichen Wiesengrund
> Die fließenden Juwele.
>
> Es grüßen mich im Waldgewand
> Die alten Felsengipfel,
> Und wink ich mit der weißen Hand
> So rauschen alle Wipfel.

Emmarentia: Himmlisch! Putliß! O mein Gustav!
Verleger: Nein, Alte; hier ist mehr als Putliß.

Dr. R.: Mich kennen tief im Eichrevier
> Die flinken braunen Rehe
> Und alle Kinder rufen mir
> Wenn ich durchs Dörflein gehe.
>
> Ich helf der Magd am kühlen Quell
> Auf ihren Liebsten warten,
> Wir sungen von den Sternlein hell
> Von Röselein im Garten.
>
> Der Braut wind ich das Myrthenreis
> Mit Singen in die Haare;
> Mein Klaggesang umzittert leis
> Der todten Jungfrau Bahre.

Unter der Braut soll die damals so übel berüchtigte Germania, und unter der todten Jungfrau die deutsche Freiheit verstanden worden sein. Bedenklich ist allerdings die letzte Strophe:

> O deutsches Land! o deutsches Lied!
> Ihr liegt mir im Gemüthe;
> Ich sterbe — doch die Zukunft sieht
> Germaniens neue Blüthe.

Genug, er wurde einer der vom allerdurchlauchtigsten Bunde damals errichteten hohen Untersuchungs=Commissionen überwiesen und fand in fünfjähriger Haft die beste Gelegenheit, seine Muse von allen bachantischen Anregungen zu emancipiren. Es läßt sich also annehmen, daß seine Seele sich zu höherer Reinheit geläutert hatte, als er wegen Kränklichkeit seiner Haft entlassen und vierzehn Tage später bürgerlich begraben wurde.

Verleger: Ein anderes Bild.

Dr. R.: Wir widmen ihm eine Zähre und greifen zum

Drei und zwanzigsten Capitel.

welches jedoch ebenso wie das vorige mehr die planvolle allseitige Entwickelung des Stoffes als das Voranschreiten der äußeren Handlung fördert. Zweierlei müssen wir unserem Autor zu gut halten. Erstens hat er zwischen den Jahren 1835 bis 1848 sein militärisches Narrenschiff durch ein gar seichtes Fahrwasser zu lootsen; in der Windstille des langen Friedens hängt das Kameelbanner schlaff am Maste herunter, kein frischer Wind schwellt die Segel, und der Pegasus geht ächzend auf dem Leinpfade voran, indem er jenes denkwürdige Schiff hinter sich nachschleppt. So lange die äußeren Conflicte fehlen, ist die Satyre gelähmt durch die innerste Nichtigkeit ihres Stoffes; erst im „tollen Jahre" wird auch das Kameel von Winkelkram wieder zu genialen Sprüngen begeistert werden. Zunächst aber ist eine Zeit der Intermezzo's, der Episoden und der beschaulichen Nebensarten eingetreten.

Und zweitens! Wen konnte sich unser Autor zum Muster nehmen, wenn nicht den alten Cervantes? Auch Immermann und Dickens haben die Freiheit des spanischen Meisters ergriffen und mancherlei Interpolationen so wunderlich eingewebt, daß Zettel und Einschlag der Composition fast verwirrt und verloren scheinen — aber im fertigen Bilde des ganzen Gewebes ist dennoch eine jede Arabeske an ihrem Platz. Komme ich mir doch jetzt selber schon vor, als würd' ich hineingewebt in den tollen Roman, nach der Palme höherer Vollendung ringend —

Verleger: Halt! — die Episoden möchten schon zulässig sein, aber die eingeschobenen Verse werden mir doch zu viel. Wenn der Mann ein sauberes Bändchen Gedichte, Miniatur-Ausgabe mit Goldschnitt und gepreßtem Deckel, herausgeben wollte — ei warum denn nicht? daß er aber seine sämmtlichen poetischen Werke nur so setzenweise in die Löcher und Ritzen seines Romanes hineinstopft, wird ihm von Kritikern übel vermerkt werden.

Dr. R.: Ich fürchte, daß ich mich selber in einem unserer höheren aesthetischen Organe in ähnlichem Sinne äußern müßte. Aber eines bleibt immerhin zu bedenken, mein werthester Gönner.

Es gibt nämlich zwei Arten von Versen: schlechte und gute. Es widerstreitet der Kunst, zu viele Trüffeln in eine Pastete zu stopfen, man findet sie aber doch lieber darin, als Zwiebeln.

Zur Sache. Unser Kapitel enthält die Porträts einiger merkwürdiger Zeitgenossen und Kameraden unseres unvergleichlichen Knopfes. Ich gebe Ihnen als Probe das Bild eines „Anrauchers", nämlich des

Hauptmanns Stillfriß.

„Es war einmal ein kleines weißes Ungeheuer, etwa einen Finger lang, aber sehr sorgfältig ausgeschnitten und sehr merkwürdig anzusehen. Es war aus Meerschaum angefertigt und stellte einen Drachen mit offnem Maule vor; er hatte kurze zackige Flügel, ein Schuppenkleid, schöne Krallen, einen geringelten Schwanz und ein verlängertes Hintertheil von Bernstein.

Es war die höhere Bestimmung und der glühende Wunsch dieses Ungeheuers, braun zu werden, aber ganz allmählich und kunstgerecht. Zu diesem Zwecke waren regelmäßige Brandopfer erforderlich, nämlich Cigarren, von denen täglich 6 bis 8 Stück eine nach der anderen in dem Drachenmaule verbrennen mußten. Diese Cigarren durften aber nicht zu wohlfeil und zu schlecht sein, auch mußten sie mit Vorsicht und Verständniß und in anständiger Gesellschaft heruntergebrannt werden, wenn sie wirklich die ganz kunstgerechte Färbung und Schattirung des weißen Ungeheuers, vom zartesten Gelb bis ins tiefste Kastanienbraun richtig bewirken sollten."

Emmarentia. Andersen! —

Dr. R. Nein, Streckebein.

„Zu dem weißen Ungeheuer gehörte also nebenbei auch ein Mensch mit unsterblicher Seele, ein Mann, ein rauchender Mann von gutem Charakter und anständiger Familie, der sich dem Dienste des Drachen, als seinem höheren Lebensberufe, in passenden Localen widmen konnte, kunstgerecht saugend an dem Hintertheile von Bernstein.

Dieser Mann war der winkelkramsche Hauptmann Baron Stillfriß von Alfanzara, genannt Halbschöppler, der seinem Priesterdienste mit stillem Ernste oblag, und zwar mit mathematischer Regelmäßigkeit Vormittags von elf bis ein Uhr im „silbernen Würfel" und Abends halb sechs bis des anderen Morgens halb ein Uhr im „goldnen Ladestock", allmorgenblich vier und allnächtlich acht Cigarren vertilgend, und zwischen je-

zwei Cigarren einen halben Schoppen des säuerlichen Viergroschen=
weins mit unfehlbarer Sicherheit eingießend.

Für den aufmerksamen Kellner genügten stumme Winke, um
diesen Geschäftsbetrieb in regelmäßigem Gange zu erhalten;
Hauptmann Halbschöppler sah sich also fast niemals in der Lage,
irgend etwas zu bemerken, und galt allgemein für einen trefflichen
Gesellschafter, einen biederen Kameraden und einen soliden Offizier
wie er sein soll.

Kein Wunder, daß er sich geduldig und sicher emporschwieg
bis zu den höchsten Würden des Winkelkramschen Kriegswesens,
wie er denn noch heute als Excellenz und Generallieutenant das
Gouvernement der Haupt= und Residenzstadt mit stiller Energie
verwaltet.“

Es folgt noch eine merkwürdige Gallerie von militärischen
Charakterköpfen, die mir im Ganzen den Eindruck machen, als
ob Niemand ungestraft Jahrzehnte oder gar halbe Jahrhunderte
lang auf Excercir= und Paradeplätzen und in Kasernengängen
umherwandeln könne. Denn die sonderbarsten Verquickungen der
unsterblichen Menschenseele pflegten damals fast unfehlbar an den
meisten Offizieren hervorzutreten, welche ihrem Stande länger als
zehn Jahre angehörten, ohne durch Schulden oder Weiber zu
Grunde zu gehen.

Wir schweigen hier von allen rein dienstlichen Narrheiten,
z. B. von der unter allen Abtheilungs-Commandanten verbreiteten
firen Idee, daß in ihrer Schwadron, Compagnie oder Brigade
ein besonderer Geist herrsche oder eine besondere Methode zur
Anwendung komme, während doch factisch alle dienstliche Leistung
über den alten Leisten geschlagen wird. Es soll hier nur von
den außerdienstlichen Verrücktheiten gehandelt werden.

Da gab es Leute, deren außerdienstliche höhere Interessen
sich ganz auf Pappdeckel und Laubsäge, oder auf Hunde oder
Whistkarten, oder auf Rehbockstangen und Jagdgewehre, oder auf
Stammbäume und Militär=Kalender, oder auf Stiefel und Cra=
vatten, oder auf Schürzen und Unterröcke oder auf Blumenzucht
concentrirten.

Reichlich vertreten war auch die Gattung der Ordnungssimpel
oder Gewohnheitsfexe, in den verschiedenen Richtungen auf Montur,
Registratur, Haushaltung, bestimmte Spaziergänge und Wirths=
häuser u. s. w. Andererseits fehlte es nicht an auffallenden Zügen
menschlicher Milde und Weichheit bei einzelnen Persönlichkeiten,
die im Dienst wahrhaft entsetzlich erschienen. Der gefürchtete
Sectionschef des Kriegsministeriums Oberst von Schweinsleder

soll (nach einer Anmerkung Streckebeins) noch als Major ganz
treffliche Stickereien in Wolle und Seidestramin angefertigt haben.

Ein noch eblerer Zug liegt aus dem Privatleben des gleich=
falls im Dienst so gefürchteten Obersten von Rollmantel vor.
Seine Frau war eines Abends ausgegangen, ihm die Sorge für
das jüngste Kind übertragend. Dieser zarte Sprößling war aber
daran gewöhnt, nur im Arme seiner Mutter einzuschlafen, nachdem
er zuvor eine Zeit lang mit den Bändern ihrer Nachthaube gespielt
hatte. „Was wollte ich machen?" sagte der Oberst einem ver=
trauten Freunde, „es ging nicht anders, wenn ich die kleine
Krabbe zum Schweigen bringen wollte. Ich setzte die Nachthaube
meiner Frau auf und legte mich um 8 Uhr Abends mit dem
armen Würmchen ins Bett, und es schlief mir ganz herrlich ein." —
Emmarentia. Ein lieber Mann!

Dr. R. Hauptmann von Basewitz scheint ebenfalls ein
lieber Mann gewesen zu sein. Er hatte sich die gewissenhafteste
Erforschung der Stadtneuigkeiten zur Lebensaufgabe gestellt, und
trug daher den traulichen Zunamen „die Frau Geheime=Com=
missions=Räthin", den er sich auch mit gutmüthigem Lächeln ge=
fallen ließ, bis die folgenden anonymen Verse über ihn circulirten.

Die Commissionsräthin.

1. Weil Gott der Herr doch nicht allein
   Die ganze Stadt kann überwachen,
   So muß sie ihm behülflich sein,
   Und hilft ihm alles richtig machen.

2. Was morgen in der Residenz
   Gesprochen wird, erfährt sie heute,
   In ihrem edlen Busen brennt
   Von Mitgefühl für alle Leute.

3. Weil man doch selber niemals weiß,
   Was man zu thun hat, und warum,
   So überleget sie's mit Fleiß
   Mit dem verehrten Publikum.

4. Was man gedacht hat und gewollt
   Kann man unmöglich selbst begreifen.
   Bevor es in der Räthin Sold
   Die Spatzen von den Dächern pfeifen.

5. Und was sie spricht, das ist kein Wahn,
   Ein Thor nur kann es Lüge schelten,
   Sie sieht dem Huhn am Schnabel an,
   Was nächstes Jahr die Eier gelten.

6. Die stärksten Thüren, Wände, Mauern
   Durchdringet ihres Auges Blitz,
   Und Jedermann bekennt mit Schauern:
   Du bist allwissend Basen=Witz!

Nun verbat sich unser Hauptmann alle ferneren Anzüglich=
keiten, und als dies nicht half, schritt das Regiments=Commando
ein und bestimmte durch Befehl vom 27. Juli 1835, daß jeder
Offizier, welcher von nun an den Herrn v. Basewitz als generis
feminini behandeln oder gar als Commissionsräthin anreden
würde, wegen unziemlicher Vermischung der Geschlechter mit
Arrest zu bestrafen sei. Dies fruchtete.

Emmarentia. Pfui! —

Dr. R. Auch zum Priester an Thaliens Tempel bildete
mancher gediente Offizier sich aus. Zwar ein jedes Soldatengemüth
fühlt sich unwiderstehlich angezogen von den Brettern, welche die
Welt bedeuten, ein jeder Offizier empfindet aufs tiefste die sittliche
Bedeutung der Bühne als eines National=Instituts, sobald eine
höhere dramatische Idee durch ein paar Dutzend weibliche Beine
auf jenen Brettern zur Darstellung kommt.“

„Aber nicht jedem Sterblichen ist es vergönnt, durch lang=
jährige treue Anhänglichkeit an das höhere Kunstinstitut und seine
Angehörigen das Vertrauen des gesammten weiblichen Personals
in so hohem Grade zu gewinnen, daß er schließlich als ein all=
gemeiner Theater=Onkel oder zärtlich verehrter Bühnenvater, mit
dem Charakter und den Functionen eines wirklichen geheimen
Ober=Claqueurs und dirigirenden Coulissen=Ministers, sowie eines
privilegirten Oberkranzwerfers und Nachhauseführers betraut wird.“

„Dieses glänzende Ziel hatte in Winkelkram der pensionirte
Oberstlieutenant Baron Flips von Flatterhanns glücklich erreicht.
Wir sahen ihn im vierten Kapitel, etwa in den achtziger Jahren
des vorigen Jahrhunderts, als leichtsinnigen Gardelieutenant auf=
tauchen. Jetzt, d. h. in den dreißiger Jahren, tritt er uns als
ein stark zusammengeschrumpfter, aber noch ziemlich beweglicher
Siebziger mit blankem Schädel und einer frischen Rose im Knopf=
loch entgegen.“

„Seine immer noch jugendliche und liebebedürftige Seele
fühlte sich in ihrer irdischen Hülle wie in einem verdorrten
Futteral, gefangen und eingeengt, er ertrug aber diese Beschränkung
mit der liebenswürdigsten Resignation, welche von Seiten seiner
Clientinnen, deren Großmüttern er schon gehuldigt hatte, mit
kindlicher Zuneigung erwiedert wurde.

Sein Platz im Parket war so fest und unantastbar, wie seine
Stellung in allen Angelegenheiten des Hof= und Nationaltheaters
überhaupt. Sein Wille, Wink und Rath waren allmächtig und
unfehlbar, und besonders für Debütantinnen geradezu entscheidend.
Gegen seine künstlerische und kritische Autorität hätte sich Niemand

aufgelehnt, ohne sofort moralisch vernichtet zu werden. Selbst der Intendant, Baron Knickebein, wagte es nicht.

Verleger: Nicht so übel, dieses Capitelchen.

Emmarentia: Höhere Gesichtspunkte werden schmerzlich vermißt.

Dr. R.: Ich stimme Ihnen bei, mein Fräulein, und werde Ihren höheren Ansprüchen sofort Genüge leisten durch das nun folgende treffliche Capitel, welches Sie mir erlauben müssen Ihnen unverkürzt in Streckebeins Fassung vorzulesen.

Vierundzwanzigstes Capitel.
Knopf als plastischer Künstler,
oder die Veredlung der Schillerköpfe.
(Bearbeitet von Lieutenant v. Streckebein.)

Nur zagend, o Leser, gehe ich an dieses Capitel. Denn ich empfinde und erkenne, daß es das schönste des ganzen Buches werden müßte, wenn die Hand eines Meisters diesen herrlichen Stoff ergreifen und gestalten würde.

Mich aber beklemmt die Fülle der Gedanken, die Knopf als plastischer Künstler in mir anregt — ich muß die meisten bei mir behalten, um für einige die rechte Form zu gewinnen.

Knopf gehört zu denjenigen Erscheinungen, deren Werth sich nicht in vielseitiger Mannichfaltigkeit, sondern nach einer einzigen klaren Richtung hin, in heroischer Größe entwickelt hat.

Wäre dem nicht so und müßten wir allerlei Grünes zusammen= suchen, um seinen Ehrenkranz daraus zu flechten, so wäre es uns wahrlich nicht schwer, ihn auf Grund dessen, was jetzt erzählt werden soll, auch in die Zunft der plastischen Künstler als ordentliches Mitglied einzurangiren. Zwischen Phidias und Fern= korn, zwischen Rauch und den nürnbergischen Künstlern, welche unsere Kinder entzücken, ist viel Platz; Knopf könnte wahrlich irgendwo dazwischen geschoben werden, so gut als Tilly in die Walhalla oder Luther auf den Vorplatz.

Doch wir könnten ja Knopf auf Grund seines dichterischen Nachlasses auch ebensogut in die Ruhmeshalle deutscher Poeten versetzen — wenn er in dem Museum berühmter militärischer Excellenzen entbehrlich wäre. Aber dies ist keineswegs der Fall, und eben deßhalb haben wir ganz der Wahrheit gemäß die beiden künstlerischen Richtungen des seltenen Mannes, sowohl die poetische als die plastische, nicht als selbstständige Functionen mit besonderen Zwecken, sondern nur als eigenthümliche Aeußerungen eines rein dienstlichen Genies erkannt und geschildert.

Von der Gewalt des Knopfischen Diensteifers erfaßt, wurde Bewegliches starr, Hartes weich, Rundes eckig, die Ordonnanz zur Natur, und die Natur zur Ordonnanz. —

Wem ein Blick in die innersten Gemächer hoher und höchster Herren vergönnt war, dem kann eine herrliche Zierde dieser Gemächer nicht entgangen sein. Unter gläsernen Gehäusen stehen gar lieblich anzuschauen die Statuetten trefflicher Krieger. Nicht etwa kleine steinerne oder eherne Nachbildungen der Standbilder großer Feldherren, sondern völlig bekleidete und ausgerüstete etwa zwölf Zoll hohe Soldaten gewisser Regimenter, deren Inhaber, Commandeur oder Kriegsherr man ist.

Was als geheimnißvoller Trieb in der reinen Seele der Kindheit liegt, das sehen wir hier zu bewußter Erkenntniß heranreifen und den männlichen Geist hoher Krieger erfüllen. Und diese schöne Steigerung eines innersten Seelenprozesses drückt sich in den plastischen Symbolen wohlthuend aus.

Dem dunkelen Instinkt und Drang des kindlichen Herzens genügt anfangs der einfachste nürnberger Holz- oder Blei-Soldat, der zu zwei guten Groschen das Dutzend nebst Offizier und Tambour erworben wird, und den naiven Anforderungen eines jungen Gemüthes entspricht, sowie die ersten Anfänge religiöser oder kirchlicher Plastik dem Cultus eines unverdorbenen Naturvolkes, z. B. der Botokuden oder irgend welcher Concordats-Bauern genügen.

Aber wie ein heranreifendes Culturvolk seine Anforderungen an die Sculptur immer höher steigert, so legt auch der heranwachsende Knabe eine immer schärfere Kritik an sein eingeschachteltes Militär: der höhere Zinnsoldat, welchen er jetzt verlangt, muß in Kleidung und Ausrüstung ziemlich genau mit dem ordonnanzmäßigen Original übereinstimmen.

Wie aber, wenn es sich darum handelt, für das Cabinet eines Herrschers oder eines hohen Feldherrn jene kleinen Kunstwerke zu schaffen, welche als genaue Modelle der verschiedenen Kriegergattungen zu Roß und zu Fuß auch dem kundigsten Auge nur reinen Genuß, und selbst bei schärfster Revision keinen Anlaß zum Tadel gewähren sollen?

Hier muß die Kunst zu neuen Stoffen und Mitteln greifen und die verschiedensten Kräfte zusammenfassen. Ein Papiermaché-

Fabrikant, der auf der Höhe seiner Kunst steht, muß mit einem
gewandten Modelleur (etwa einem erfahrenen Conditor), sowie mit
einem feinen Lederarbeiter, einem gebildeten Puppenschneider, einem
Lackierer und nicht minder einem geschickten Mechanikus oder Zinn=
gießer zusammenwirken — und alle diese Künstler müssen unter
competenter militärischer Leitung stehen, wenn es gilt z. B. einen
dem — ischen — ten Garde = Cürassier = Regiment angehörigen
Reiter in ⅕ oder ⅙ der natürlichen Größe so trefflich darzu=
stellen, daß auch nicht das kleinste Knöpfchen, Riemchen oder
Schnällchen an Mann oder Pferd als unordonnanzmäßig be=
zeichnet werden könnte!

Ein Herrscher der Gegenwart suchte diesen Gedanken noch
großartiger zu entwickeln, indem er bei einem ethnographischen
Congreß die verschiedensten Völkerschaften seines weiten Reiches
in lebensgroßen plastischen Darstellungen zur Anschauung brachte.
Einige dieser getreuen Unterthanen waren sogar mit Uhr=
werken versehen und konnten einen Baum besteigen oder sich auf
den Bauch niederwerfen.

Wir wagen es übrigens nicht, auch diese mechanischen Ein=
richtungen als einen wahrhaft künstlerischen Fortschritt zu be=
zeichnen, denn schon Detmold (in seiner Anleitung binnen 8 Tagen
ein Kunstkenner zu werden) warnt vor solchen plastischen Werken,
welche den Kopf oder die Glieder bewegen; man soll sich hüten,
sie in Gegenwart anderer Kunstkenner zu loben, oder gar klassisch
zu nennen, während dies bei Gegenständen, welche aus Erz oder
carrarischem Marmor bestehen, und sich nicht bewegen, meist ohne
Bedenken geschehen kann. Pygmalions Aphrodite, sowie die
Marmorbraut im Zampa und der Commandeur im Don Juan
sind besondere Ausnahmen, für welche durch mythologische,
musikalische und dramatische Einflüsse besondere kritische Stand=
punkte bedingt werden.

Aber auch die oft so interessanten Wachs=Figuren=Cabinette,
welche gleichfalls lebensgroße Kunstwerke, oft militärischen Cha=
rakters, enthalten, können um des berührten Umstandes willen,
sowie wegen Ungenauigkeit der Kostüme, noch weniger als jenes
ethnographische Museum einem reinen Fortschritte dienen.

Noch wäre freilich auf manche verwandte Erscheinung hinzu=
weisen: z. B. auf Rüstungen, die man auf hölzerne Pferde gesetzt
und mit hölzernen Gesichtern versehen hat; auf berühmte Ver=
brecher, Wilddiebe und Neger, die für Kunstsammlungen ausge=
stopft wurden; oder auf die ausgebalgten Türkenhäute, die der
Wladika von Montenegro in seinem Staatsschatze aufbewahrt.

7*

Aber das Alles schmälert in keiner Art die Verdienste, welche Knopfs originelle Schöpferkraft ihm erwarb, als eine große Aufgabe an ihn herantrat.

Irenäus II. faßte am 18. October 1836, Abends um 6 Uhr, unmittelbar nach der Tafel, den Entschluß, ein kriegshistorisches Museum zu begründen.

Als eigentliche Seele der zu diesem Behufe ernannten Commission dürfen wir den Hauptmann Freiherrn Leberecht vom Knopfe bezeichnen.

Von ihm ging der Gedanke aus, zwölf der berühmtesten Winkelkramschen Generale, Stabs- und Oberoffiziere, zwischen den genau numerirten und regisirirten Trophäen von Montirungs- und Ausrüstungsstücken der drei letzten Jahrhunderte, in lebensgroßen ordonnanzmäßig-plastischen Nachbildungen aufzustellen.

Die Uniformen konnten theilweise noch in Originalstücken beschafft, theils auf Grund alter Bilder, Beschreibungen, Denkmäler und Montirungs-Vorschriften sachkundig ergänzt werden.

Auch die Herstellung der Körper war für Knopfs Genie nicht schwer. Er schlug in richtigem militärischem Gefühl gerade den entgegengesetzten Weg ein, wie gewöhnliche Bildhauer, denen es oft so schwer hielt, die Draperie der Gewandung mit dem anatomischen Bau des Körpers in Einklang zu bringen, daß sie lieber zur Darstellung nackter Gestalten übergingen.

Für Knopf, wie für den Dienst überhaupt, war die Montur das maßgebende starke Princip, in welches das schwache Fleisch sich zu fügen hat, wie ja stets die ganze Dressur des Soldaten darauf gerichtet ist, die menschliche Unruhe und Regellosigkeit durch militärische Haltung und Richtung zu bändigen, das gewöhnliche Gehen durch das Marschiren mit horizontal ausgeschnelltem Bein zu ersetzen, und überhaupt jedes eigenmächtige naturalistische Element zu beseitigen.

Da er es nun bei der Herstellung seiner zwölf Kunstwerke nicht mit den Gestalten von Rekruten oder jungen Lieutenants, sondern mit den Figuren gedienter Männer zu thun hatte, in welchen die anatomische Umwandlung sich ganz vollzogen und der Gedanke des Dienstes sich völlig verkörpert hatte, so entsprach es nur der historischen Wahrheit, wenn der künstlerisch componirende Knopf von außen nach innen, von der Schaale gegen den Kern hin operirte.

Von den Contouren der militärischen Schönheit, also von einer genau vorschriftsmäßigen Form und Wattirung sämmtlicher

Montirungsstücke ausgehend, erzielte er den plastischen Eindruck, der ja ohnehin immer auswendig und nicht inwendig zu suchen ist.

Die Anforderungen an den Knochenbau wurden hierdurch in eminenter Weise vereinfacht; an die Stelle des complicirten Skeletts trat mit organischer Nothwendigkeit die erprobte Construction des hölzernen Kleiderstocks, dessen massiver Fuß jedoch durch zwei, den militärischen Beinen entsprechende Grundpfeiler ersetzt war.

Die Vermittelung zwischen der äußeren militärischen Schön=heitslinie und dem inneren Holzkern war durch Einfüllen von Schaafwolle, Papierschnitzeln, Gänsefedern und Ochsenhaaren leicht herzustellen.

Aber nun die Köpfe, die Gesichter! —

Auch für diese gab es schätzbares historisches Material in Bildern, ganz abgesehen von der lebendigen Tradition, welche z. B. von der spitzen Nase und den stechenden schwarzen Augen des verewigten Barons Hühnerbürzel genau zu berichten wußte.

Aber nachdem Knopf alle Bilder, Notizen und Traditionen nebst einigen Original=Perücken gesammelt, und schon länger als vier Wochen darüber nachgedacht hatte, war noch kein Entschluß in seinem Busen gereift. Schon die Frage des geeigneten Ma=terials für solche Köpfe bot mancherlei Schwierigkeit — und so standen denn die zwölf Heldengestalten noch immer in bejammerns=werther Kopflosigkeit da, wie unvollendete Thürme oder wie Opfer der französischen Revolution.

Ein solcher Zustand war freilich unhaltbar, ja geradezu scandalös, und Knopf hatte ohnehin einige Feinde und Neider im Comité. Man begann zu murren.

Aber durch blitzartige Intuition ward es unserem Helden plötzlich klar, in welcher Richtung er vorzuschreiten hatte.

Er erschien eines Morgens um 10 Uhr in dem Atelier des plastischen Figuren=Händlers Michel Angelo Schmiergyps.

Kann Er mir lebensgroße Köpfe machen, Meister Schmiergyps?

So viele Sie wollen, Herr Capitain, aber nur Schillerköpfe, denn ich habe keine andere Form in natürlicher Größe.

Kann Er nicht etwas Weicheres hineinschmieren, als Seinen Gyps, an dem sich gar nicht mehr nachhelfen läßt?

Freilich, Herr Capitain; wir nehmen Papiermaché, damit läßt sich noch Alles machen, so lange es naß ist.

So schaffe Er mir heute Nachmittag um drei Uhr drei nasse Schillerköpfe in mein Büreau.

Und so geschah's. — — —

Knopf hatte seinen Kaffee getrunken und seine Thüre abge=
schlossen.

Einsam sinnend saß er den drei Köpfen gegenüber, in welchen
Schillers Genius und Danneckers Kunst mit Meister Schmier=
gypsens nassem Papiermaché zu kämpfen schienen.

Knopfs Phantasie ging auf die Jugend des Dichters zurück;
er stellte sich den scharf gedrillten Regiments = Chirurgus mit ge=
kleistertem Zopf und langen Gamaschen vor, durch welche der
edle Schwabenherzog Karl Eugen die Entwickelung seines Zöglings
väterlich regulirte.

Solche Erinnerungen dienten ihm zur geistigen Brücke zwischen
Schiller und Baron Hühnerbürzel, dessen Haupt er zunächst zu
bilden beschloß.

Aber noch immer blickte der Schillerkopf Nr. 1, den er dazu
erkoren hatte, ihn so fremd und seltsam an, als ob er in Winkel=
kram nimmer heimisch werden könnte. Ja eine unbezwingliche
Ordonnanzwidrigkeit schien sich in jedem Zuge dieses Schillerkopfes
auszusprechen.

Da entbrannte plötzlich in Knopfs Seele ein heiliger Zorn;
schöpferische Gewalt entflammte sein Gemüth und durchzuckte seine
Finger.

Er sprang auf und trat dem rebellischen Kopfe in stolzer
Schöpferkraft gegenüber, das Feuer des Prometheus blitzte in
seinen Augen — seine Linke faßte den Dichterkopf im Genick,
während er mit den Fingern der Rechten die weiche Nase ergriff —
preßte — zog — zuspitzte und modellirte. Schneller als es be=
schrieben werden kann, hatte er Schillern die berühmte scharfe
Schnabelnase des seligen Generals gemacht; wenige Griffe genügten
dann zur entsprechenden Umbildung des Kinns — und siehe da!
das vogelartige Profil des verewigten Hühnerbürzel war fertig.

Als Knopf sodann den kurzen borstigen Schnurrbart mittelst
einiger Stifte befestigt hatte, brauchte er nur noch die wallenden
Locken des Dichters mit dem Falzbein zu glätten und nach hinten
zum Haarbeutel damaliger Ordonnanz zu vereinigen, sowie einige
Falten und Runzeln an passender Stelle einzukratzen, um eine
sprechend ähnliche Büste des alten Generals zu gewinnen, an
welcher der Maler und Lackierer das Uebrige zu thun hatte.

Von dem ersten Erfolg begeistert, warf er sich dann rasch
auf den Kopf Nr. 2, der in das Haupt des weiland fürstlich winkel=
kramschen Oberstwachtmeisters von Krötenbein, aus der ersten Zeit
Jrenäus XIV., zu verwandeln war.

Die über 100 Jahre alte, aber durch die Pietät der Familie
vortrefflich conservirte Originalperücke des Oberstwachtmeisters ge=
hörte zum Inventar der Knopfschen Hülfsmittel.

Rasch stülpte er sie über das feuchte bildsame Dichterhaupt
und nagelte sie mit vielen Holzstiften energisch fest, dann öffnete
ein einziger kühner Schnitt mit dem Falzbein den „goldenen Mund"
des Dichters bis zur Breite eines Froschmauls; auch zur Her=
stellung einer platten Stülpnase und eines flachen Kinns genügte
das Falzbein.

Aber weit schwieriger war die Erzeugung des Schloßhaupt=
manns und Erb=Stiefelziehers Baron Kurt von Lämmerschwanz.
aus dem Schillerkopf Nr. 3.

Das Bild dieses ehrenwerthen Cavaliers, der unter Jre=
näus XIII. gedient hatte, war glücklicher Weise auf dem Deckel einer
alten Bierkanne ganz kenntlich erhalten. Aber die enorme Masse
des Doppelkinns und überhaupt die imposante Entwickelung der
Kauwerkzeuge, auch das kleingeschlitzte Auge und die niedrige platte
Stirn — das Alles war doch allzuschwer, ja fast unmöglich aus
dem Schillerkopfe herauszubilden!

Darwin lebte damals schon, doch er hatte noch nichts geschrieben.
Aber seine ganze mächtige Gedankenkette, wodurch sich Frosch und
Giraffe, Krebs und Känguruh, Zebra und Schnabelthier innig
verknüpfen lassen, ward von Knopfen in genialer Ahnung vor=
ausgefühlt, innerlich durchlebt und wunderbar verwirklicht, indem
er Schillern in Lämmerschwanz umbildete.

Aus dem ohnehin entbehrlichen Nacken der Büste schnitt er
wurstartige Segmente, um Kinn und Backen zu verstärken.

Einen Augenblick hielt er nun inne — dann aber hob sich
seine breite geballte Faust, um wuchtig niederzuklatschen auf die
hohe gewölbte Stirn des Dichters!

Dreimal wiederholte er den wohlüberlegten Schlag — dann
war es vollendet.

Nur der fossile Mensch des Neanderthales kann denselben
Gesichtswinkel aufweisen, und der eigenthümliche geistige Ausdruck,
der sich noch auf die heutigen Sprossen der Familie Lämmer=
schwanz vererbt hat, kam siegreich zum Ausdruck.

Von Schiller und Dannecker nichts mehr.

Doch genug. Knopf führte sein Werk ruhmvoll zu Ende,
und das Vaterland wird hoffentlich bald eine Ehrenschuld ab=
tragen, indem es auch ihn dem historischen Museum einverleibt.

Fünfundzwanzigstes Capitel.

Dr. Rosensohn: Nun? —

Emmarentia: Sublimste Bosheit in dieser Veredelung des Dichterhaupts; doch kunstgeschichtliche Kenntnisse wirken mildernd auf die weibliche Seele.

Verleger: Das ist mir aufrichtig lieb, Tante. (Leise zum Doctor:) Sehen Sie mal Rosensohn, es ist gar nicht einerlei, wie die Alte es aufnimmt. Man kann trefflich an ihr probiren, ob und wie sehr ein neues Buch auf das höhere weibliche Publikum rechnen darf. Das entscheidet von vorn herein über 800 Exemplare mehr oder weniger für die Leihbibliotheken. Und ich sage Ihnen jetzt, daß Knopf in weiblichen Kreisen geduldet werden wird.

Dr. R.: Sagen Sie, daß er geliebt werden wird; ich rieth von Anfang an zur Miniaturausgabe, die lustige Schlußscene des Epilogs in Golddruck auf dem Deckel!

Verleger: Werde mich hüten. Aber hören Sie, Doctor, ich bekenne, daß meine politisch-militärischen Bedenken gegen dieses harmlose Erzeugniß einer transatlantischen Lieutenants-Poesie gänzlich geschwunden sind.

Dr. R.: Und Hauptmann Storchschrittler —

Verleger: Im tiefsten Vertrauen gesagt, Doctor, ich bin jetzt im Zweifel, wer von uns beiden der klügste war: ein erfahrener Praktikus wie ich, der von einem Strategen des Drillplatzes ein literarisches Gutachten fordert, oder der besagte Stratege selbst, der eine Dichtung beurtheilen will.

Dr. R.: Und doch rechnen wir nicht am wenigsten auf das militärische Publikum —

Verleger: Ganz recht, aber es gibt jetzt mindestens 30,000 deutsche Offiziere, unter welchen sich doch höchstens 25,000 Storchschrittler befinden. An die übrigen 5000 Männer der Zukunft lassen sich immerhin 500 Exemplare direct oder durch Leihbibliotheken absetzen, macht schon mindestens 1200 mit dem obigen weiblichen Absatz. Mein Neffe ist ein trefflicher Neffe, ein braver Kerl, der es gewiß noch zur Excellenz bringt. Aber ich will seinen Degen verschlucken wie ein chinesischer Gaukler, wenn er den Walter Scott von der Mühlbach, oder einen humoristischen Roman von einem elenden Pasquill unterscheiden kann.

Dr. R.: Ich zweifelte nicht, daß Ihre tiefe praktische Einsicht über momentan beirrende Einflüsse siegen und mit meinem ästhetischen Gefühl auch diesmal übereinstimmen würde. Hat doch unfer junger Autor gewiffermaßen in extremis gefchrieben; man fühlt es in innerfter Erleichterung mit, wie feine Seele fich läutert, indem fie alle Lappen und Schlacken der Erde weit von fich wirft in todesfreudigem Humor!

Freiheitathmender weh'n Lüfte des Heils um ihn,
Abwirft er der Täufchung Mantel und der Sinne geftidtes Kleid.

Ja! es ift der bayerifche Lieutenant Graf Platen, der folche Verfe fchrieb, und ich frage laut: regt nicht auch in der fteiffften Uniform fich manchmal noch jenes Ding, welches wir die ewige Seele nennen? — Nach der Palme —

Emmarentia: Wie fchön, o Menfch, mit deinem Palmen= zweige —

Verleger: Wollt ihr wohl Frieden geben mit eurer Palme? — Ich bleibe bei der Sache, und gebe zu, daß allerdings einige kritifch zugefpitzte Gedanken und Worte recht bequem aus unferem Romane herauszugreifen find, aber keinem Offizier wird es ein= fallen, eine folche Pointe gegen fich felbft zu kehren, da er ja von Vorgefetzten und Kameraden umgeben ift — — —

Dr. R.: Sie bezaubern mich durch die Schärfe ihres Ur= theils (Emmarentia ab).

Verleger: Ich mache mir keine Illufionen. Die erfte Auflage kann fich auch gänzlich als Krebs erweifen und trotz aller inneren Erhabenheit einer gründlichen Einftampfung verfallen. Was aber auch dann noch die Sache gefchäftlich retten kann, ift das neunzehnte Capitel von Knopfs Liebe, Vermählung und Ehe= ftand. Glauben Sie mir, diefer Abfchnitt ift der folide Kern des ganzen Gefchäftes. Es fteckt nämlich in diefem einen Capitel ein comprimirter fünfbändiger fchwäbifcher Roman; man braucht es nur mit lauem Waffer zu übergießen und gehörig aufzuweichen, um eine gangbare Romanwaare unter der Etiquette — oder — zu gewinnen. Das wäre fo eine Arbeit für Sie, Doctorchen.

Laffen wir von jetzt an den würdigen Herren Redactions= Mitgliedern das Wort und fparen wir uns alle ferneren analy= tifchen Gloffen. Es ift lang genug nach einem humoriftifchen deutfchen Romane gefchrieen worden — da haben Sie ihn jetzt, meine verehrten Herren Literarhiftoriker! Sehen Sie wie Sie damit zurechtkommen, wenn er etwa nicht nach Ihrem Recepte gemacht fein follte.

Dr. R.: Bravo. Und die Palme —

Verleger: Der Kaffier ift fchon angewiefen.

Sechsundzwanzigstes Capitel.

Knopf als Dichter und Reiter.

Daß die Excellenz Knopf es nicht nöthig hatte, zu dichten,
um ein großer Mann zu sein, ist schon früher von uns bewiesen
worden.

Da jedoch das Redactions-Comité schon im 22. Capitel genöthigt war, die übelgesinnte und regelwidrige Reimerei eines
politisch irregeleiteten Zeisigs aus den betreffenden Acten zu veröffentlichen, so erscheint es nunmehr angemessen, zu zeigen, wie
und was der wahre Dienstmann und brave Berufsoffizier im
Sinne der Dienstvorschriften zu dichten hat, wenn er etwa einen
unüberwindlichen Drang zu einer solchen Beschäftigung seines
Geistes empfinden sollte.

Knopf hat für solche Offiziere den allein richtigen Weg vor-
gezeichnet, indem er das Gebiet der höheren didaktischen Dichtkunst
in dienstlichem Sinne urbar gemacht und einige militär-poetische,
schön blühende Nutzgewächse darin angepflanzt hat.

Doch sind im Schooße des Comités die Ansichten darüber
getheilt, ob die geistige Reife zur richtigen Würdigung jener
didaktischen Flora, welche uns unter dem Titel: „Knöpfchen und
Blüthchen" vorliegt, auch dem größeren Publikum jetzt schon zu-
getraut werden könne.

Da kommt es denn auf die Probe an — und ist man zu
dem Beschlusse gelangt, zunächst nur einige Titel und Anfangs-
strophen zu veröffentlichen, aus welchen dem Kenner eine halbe
Nasevoll des poetischen Duftes der „Blüthchen" entgegenwehen
wird.

An das Publikum (und die Herren Recensenten) tritt nun
die Aufgabe heran, diesen Duft zu empfinden und anzuerkennen,
und sich der vollständigen Mittheilung fraglicher Gedichte würdig
zu zeigen durch den raschen Ankauf und die völlige Vergreifung
dieser ersten Auflage unseres Werkes.

Wir versprechen dann für die zweite Auflage den unver-
kürzten Abdruck der „Blüthchen und Knöpfchen" als Prämie.

· 1) An den gänzlich unpassenden Recruten Peter Kartoffel-
bauch, welcher durchaus nicht in den ihm zugetheilten Ordonnanz-
frack hineinpassen wollte.

Du meinst vielleicht, o frecher Bauernknabe,
Daß sich der Frack nach dir zu richten habe,
Und sprengst mir eine Naht zum Schabernack!
O dürft' ich dich doch ganz zerschneiden lassen
Und dann nach Muster neu zusammenpassen,
Auf daß du endlich paßtest in den Frack!

2) Aus der 1859 verfaßten poetischen Anleitung zum ab=
schreckenden Bajonnetansprung gegen Zouaven, Turko's und
andere an der Spitze der Civilisation voranheulende Cultur=
franzosen.

Naht mit Geheul ein wildes Corps,
Spring' ich auf „Eins!" gewandt empor,
Verharre dann mit Hurrah-Schrei
In dieser Stellung bis auf „Zwei!"
Dann stürz' ich auf den Turko ein
Und fahre fort Hurrah! zu schrei'n.
Und wenn er dann sich nicht verliert,
So wart' ich, was befohlen wird?

3) Väterlicher und patriotischer Zuspruch eines Hauptmanns
an seine Compagnie beim Defiliren vor Serenissimo.

Thut mir's zu Liebe! Bleibt im Takt,
Ob auch die Todesangst euch packt
Den Leib hinein, die Brust heraus.
Hoch lebe unser Fürstenhaus!
Das Bein elastisch ausgeschnellt!
So überwinden wir die Welt.
Die Kniee gestreckt, den Kopf zurück,
Die Augen rechts! — o welch ein Glück! —
Wir sind vorbei für dieses Mal,
Die Richtung war wie am Lineal!

Aus dem „Lehrgedicht über die Disciplin", welches als ein
Anhang der „Knöpfchen und Blüthchen" erscheint, führten wir
schon im achten Capitel etliche Zeilen über den Stock an.

Obgleich übrigens die Excellenz Knopf von dem Werthe
dieses Erziehungsmittels als Offizier theoretisch überzeugt war,
widerstrebte es im Grunde doch vielleicht der milderen Seele des
militärischen Dichters, jenes Princip mit seiner fünfundzwanzigfach
schlagenden Consequenz sofort wieder in die Praxis überzuführen.

Wenigstens hat auch diese mildere Auffassung, welche offen=
bar die innerliche freie Hingebung des ganzen Mannes an den
Dienst für noch wünschenswerther erachtet, als die äußerliche
Bearbeitung seines Hintertheils, einen rührenden Ausbruck in
den folgenden Strophen des erwähnten Lehrgedichtes gefunden;

dieselben sind einem wohlgesinnten Garde = Leib = Füsilier in den Mund gelegt:

> Süße, heilige Ordonnanz,
> Dir nur folg' ich gern und ganz;
> Leite mich an deiner Hand
> Wie ein Kind am Gängelband.
> Wenn ich brav und proper bin
> Zieh ich froh zur Wache hin,
> Athme sanfte Himmelslust,
> Blanken Knopf auf reiner Brust.
> Dienst! mir ist so wohl in dir,
> Will dich lieben für und für,
> Laß mich gehn .auf deiner Spur
> In gebürsteter Montur.

Hier soll, nach Geh. Hofrath Pipsens Ansicht, ein leiser Anklang an einen gewissen Stolberg zu erkennen sein, aber man sieht aus allen vorstehenden Proben, daß Knopfs didaktische Muse im Allgemeinen ihre eignen Wege geht, ohne sich um die civilistische Dichtkunst und ihre Regeln zu bekümmern. Wenn Knopf gewollt hätte, so wäre es ihm natürlich leicht gewesen, auch nach einer der im Civil gebräuchlichen Methoden, z. B. nach der Schillerischen, zu dichten. Er hat dies sogar wirklich einmal gethan, um die Vielseitigkeit seines Geistes zu zeigen.

Er wählte dazu einen außerordentlichen Vorfall, der uns zugleich einen Blick in die tiefe Sittlichkeit unseres Helden gestattet; wir wissen, daß er von jeher an jedem Theile seines wohlerworbenen Vermögens mit achtungswerther moralischer Treue festgehalten, und jede Beschädigung seiner wohlrangirten Finanzen ehrlich verabscheut hatte.

Nun denke man sich den heißen sittlichen Conflict, der im Busen unseres Helden entbrannte, als er von zwei Generalen, denen er es nicht abschlagen konnte, zu einer Partie an die neu errichtete Spielbank des Bades Venusberg mitgenommen wurde und um der Repräsentation willen einen Thaler Pr. Crt. aus seinen Ersparnissen opfern mußte. Der Verlust war für Knopf um so schmerzlicher, weil er anfangs drei Thaler gewonnen hatte.

Nachruf an meinen schönen neuen blanken Thaler, den ich im Venusberge verlor.
Elegie nach Friedrich von Schiller.

— — —

> Theurer! Gerne wollt ich dich vermissen
> Wie so manchen, der nicht wiederkehrt,
> Wärst du nicht mir frevelhaft entrissen,
> Hätt ich selber dich, o Freund verzehrt!

Aber auf dem grünen Tisch — o Schande!
Gab ich herzlos dich dem Zufall preis,
Und Fortunens freche Räuberbande
Zog dich rasch in ihren Zauberkreis.

Einen erst, dann Zwei noch deines Gleichen
Legten listig sie zur Seite dir —
Weh! Statt Viere ruhig einzustreichen
Wollt ich Acht in ungezähmter Gier.

Ach wie wankte ich in meinen Knieen,
Wie so ganz zerschmettert war mein Stolz,
Als die unersättlichen Harpyen
Dich hinweggekratzt mit langem Holz.

Wehe! deine frischgeprägte Tugend
Dienet jetzo der Verworfenheit;
Schimmernd lockest du die dumme Jugend
Mit dem Glanze deiner Biederkeit.

Deinesgleichen ziehst du ins Verderben
Wie dir selber eben erst geschah!
Lockst auch mich, dich wieder zu erwerben —
Wollt ich's — welch ein Esel wär ich da!

Nein! die Spielpächter im Venusberg haben sich niemals
eines zweiten Thalers aus Knopfs Ersparnissen bemächtigt, nach=
dem er ihr listiges Treiben durchschaut hatte. —

Aber bald ward Knopf durch unvermeidliche Fügung des
Schicksals von unendlich größeren Geldverlusten betroffen, die er
nur um des Dienstes willen ertragen konnte, ohne der Verzweif=
lung anheimzufallen.

Büffon sagt in seiner klassischen Charakteristik des Pferdes:
„Es ist ein Geschöpf, das auf sein Wesen verzichtet, und nur
„durch den Willen eines Anderen besteht; das selbst weiß, diesem
„Willen zuvorzukommen; das ihn erfaßt und durch die Raschheit
„und Genauigkeit seiner Bewegungen ausführt; das nur so viel
„merkt als man wünscht und keine größeren Dienste leistet, als
„man will; das sich ohne Rückhalt hingibt, sich zu nichts weigert,
„mit allen Kräften dient, sich übermäßig anstrengt und sogar
„stirbt, um nur besser zu gehorchen.“

Welcher brave Offizier möchte durch Büffon's Pferd sich
beschämen lassen? Oder wer möchte sich noch ferner verletzt
fühlen, wenn ihm etwa durch leichtfertige Fähnriche nachgesagt
wird, er habe einen Diensteifer wie ein Pferd, oder er sei so
dumm wie ein Pferd? Oder wer verkennt noch den tieferen
Sinn des so oft mißverstandenen Ausspruchs Irenäus des Zweiten,

daß nämlich in Winkelkram die Vorgesetzten auf ihren Untergebenen
zu reiten berechtigt find? —

Den höchsten Ansprüchen des Infanterie=Dienstes in den
oberen Chargen kann weder der Offizier, noch das Pferd für
sich allein Genüge leisten; hier wird die innige Verbindung und
das einheitliche Zusammenwirken eines braven Offiziers mit einem
braven Pferde erfordert.

Wer in Winkelkram zur Carrière des Stabsoffiziers durch
Namen oder Conduite befähigt ist, wird in der Regel durch früh=
zeitige Ernennung zum Adjutanten in der dienstlichen Reitkunst
ausgebildet.

Knopfs innige Liebe zum Compagnie= und Montirungs=Dienst
hatte ihn verhindert, diese Vorschule durchzumachen, und so sah
er sich nun im 48sten Lebensjahre, an der Schwelle seines Avan=
cements zum Major, plötzlich der Nothwendigkeit gegenübergestellt,
ein Pferd zu kaufen und zu besteigen.

Dühamels mechanisches Pferd war damals noch nicht er=
funden. Alles, was sich durch gewissenhaftes Nachlesen reitender
Dienstvorschriften, ferner durch lehrreiche Unterhaltung mit
Cavallerie=Offizieren und Viehärzten, sowie mittelst aufgezäumter
Stühle und gesattelter Bänke im Voraus erlernen ließ, hatte
Knopf sich sorgfältig angeeignet. Auch hatte er schon einige nicht
unglückliche Versuche im Schrittreiten in der geschlossenen Bahn
gemacht; eine Abbildung des gesunden und kranken Pferdes hing
an der Wand seines Büreau's.

Freilich genügten diese Vorstudien nicht, denn leider sind die
Pferde ebenso verschieden wie die Menschen, und Büffons herr=
liche Schilderung ist nur für die edelsten Individuen beider
Gattungen ganz zutreffend.

Aus der Reihe von bitteren Täuschungen, welche Knopfs
Herz und Geldbeutel betrübten, heben wir nur wenige hervor.

Knopf hatte zunächst den nicht ungewöhnlichen Weg einge=
schlagen, sich der Leitung pferdekundiger Freunde zu überliefern;
aber es ist und bleibt ja eine psychologisch merkwürdige That=
sache, daß sich die gewöhnlichen Sittengesetze und Ehrenbegriffe
auf den Pferdehandel, selbst unter Brüdern, durchaus nicht an=
wenden lassen.

Die Commission, welche zum Ankaufe des Knopfschen Pferdes
berufen wurde, bestand aus dem alten Freunde, einst Rittmeister
jetzt Hofmarschall, Eugen van der Bombe, sowie aus dem Ober=
Veterinär=Arzte Dr. Kuhspiegel und endlich aus Knopfs vor=
züglichem Pflegesohn, dem jetzt fünfundzwanzigjährigen Baron

Reinhold von Hinkelkram, welcher bereits als Oberlieutenant und Regiments=Adjutant fungirte und für einen trefflichen Pferdekenner gehalten wurde.

Diese Commission hielt auf Knopfs Rechnung verschiedene Sitzungen im „silbernen Würfel" und bereiste sodann, gleichfalls auf Knopfs Rechnung, einige umliegende Bade=Orte, um sich die verschiedensten Pferde vorführen zu lassen.

Aber das Resultat war nicht befriedigend.

Das zunächst gekaufte Roß, der sechsjährige Fuchswallach Mordax, war ein stattliches Thier und stammte nach der bestimmtesten Versicherung eines sehr geachteten Pferdejuden von dem Vollbluthengst Weichtraber und der englischen Stute Rocking-horse (Schaukelpferd). Die Sanftmuth des Vaters und die Milde der Mutter sollten in dem sehr theuren Sprößling ver=einigt sein.

Später jedoch, als die schändliche Aufführung dieses Pferdes eine genauere Prüfung seines Stammbaumes veranlaßte, ergab sich mit aller Gewißheit, daß Mordax nicht von jenen achtbaren Eltern herstammte, daß er vielmehr von dem gefürchteten Knapp=hengst Heimtücker und der übelberüchtigten Fuchsstute Lady Macbeth gefallen war.

Knopf gewann zum Schaden noch den Spott, als er im vollen Vertrauen auf seine Vorstudien den falschen Mordax be=stieg und zu den Uebungen der Rekruten hinausritt. Bis zur Ankunft auf dem Exercierplatz hatte sich Mordax heuchlerisch ver=stellt und einen anständigen Schritt eingehalten. Auch stand er anfangs ganz ruhig, als Knopf im versammelten Kreise der Instructionsoffiziere zum erstenmale eine Dienstrede aus dem Sattel hielt.

Er besprach gerade mit vieler Schärfe die mitunter bestrittene Thatsache, daß es allerdings möglich sei, mittelst der Augen einen hörbaren Ton hervorzubringen, wenn man dieselben auf das Commando „Au — gen rechts!" oder „Au — gen links!" mit der richtigen Energie nach der befohlenen Seite herumwerfe. Wenigstens für größere Abtheilungen stehe bei richtigem Zu=sammenwirken, die Erzeugung eines hörbaren Krachens außer Zweifel, weshalb dieses Krachen zu den schönsten erreichbaren Zielen eines fleißigen Instructionsoffiziers zu rechnen sei — — da entrang sich plötzlich der Brust des Redners ein wilder Schrei! — Mordax hatte sich der Zügel spielend bemächtigt, dann hatte er plötzlich den Kopf umgedreht und seinen nichts ahnenden Herrn mit solcher Bosheit in die linke Fußspitze gebissen, daß er an drei Zehen die Nägel verlor.

Was nun folgte war eine Scene gefährlicher Verwirrung, obgleich Knopf die Geistesgegenwart hatte, dem tückischen Roß genau nach pag. 127 der „Reitkunst für Stabsoffiziere" ein paar Sporen zu geben! — Es half nicht und der boshafte Mordax wollte nicht leiden, daß Knopf heruntersteige, während er doch zugleich Knopfs Verbleiben im Sattel durch die ärgsten Sprünge in Frage stellte; er biß, trat und schlug nach den Offizieren, die ihn einfangen wollten.

Und als es Knopfen endlich gelang, unbeschädigt herabzufallen, so hatte er dieses glückliche Ergebniß nur dem rechtzeitigen Zerplatzen eines Steigbügelriemens zu danken, sonst wäre er unfehlbar geschleift worden.

Wir verschweigen nicht, daß in dem Feuilleton der Winkelzeitung damals das folgende anonyme Epigramm erschien:

Ach, wer bändiget uns den entsetzlichen wüthigen Hauptmann? —
„Macht ihn zum Stabsoffizier, gebt ihm ein munteres Roß.
„Angstschweiß machet ihn weich auf Rosses elastischem Rücken" —
Steiget er ab, weh euch! wehe dem Spöttergeschlecht!

Die eingeleitete Untersuchung führte zu keinem sicheren Ergebniß; es scheint, daß das Epigramm aus dem literarischen Nachlaß des Lieutenants Zeisig stammte, und sich daher keineswegs auf den Knopfschen Fall, sondern auf ein ähnliches früheres Mißgeschick des längst pensionirten Majors Jean-Baptist Angstmeier bezog.

Nur der Schluß paßte völlig auf Knopfen. Denn als er wieder den festen Boden des Exercierplatzes unter den Füßen fühlte, hätten wir keinem seiner Untergebenen rathen wollen, einen ungeeigneten Ausdruck des Gesichtes zu zeigen, während er den Schmerz des Bisses verbiß.

Ein Mann von geringerer Energie hätte, wie weiland Angstmeier, eine ehrenvolle Pensionirung dem ferneren Reiten vorgezogen; Knopfs Erlebnisse mit Mordax hätten es wahrlich gerechtfertigt, wenn er dem ganzen Pferdegeschlecht sein Vertrauen endgültig entzogen hätte.

Aber Knopf gab nicht nach — auch war ihm jeder Rückzug schon dadurch abgeschnitten, daß Frau Adele mit höchster Entrüstung den Gedanken einer Pensionirung zurückwies.

Er schritt also zur Anschaffung des zweiten Rosses, während Mordax einer heilsamen Zucht mit vereinfachter Diät unter der Leitung eines Droschkenkutschers anheimfiel.

Wenn auch Knopf den Glauben an das Pferdegeschlecht überhaupt nicht aufgab, so glaubte er doch bei seinen ferneren Ankäufen weder auf hohen Preis, noch auf äußerliche Vorzüge, sondern lediglich auf gesetzten Charakter und ruhiges Gemüth reflectiren zu müssen. Aber auch nach dieser Richtung hin gibt es bedauerliche Abweichungen von Büffons idealem Roß.

Die vierzehnjährige braune Stute Kunigunde (Vater Fridolin, Mutter Rosinante), welche Knopf selber bei einem Landgeistlichen entdeckte und ohne Beirath der Commission sehr billig ankaufte, hatte die merkwürdige Untugend, sich niederzulegen und auf dem Rücken zu wälzen, sobald sie gesattelt war.

Der nun folgende Goldrappe Pertinax zeigte sich zu schnelleren Gangarten gar nicht geeignet, verstand es aber, im Schritt durchzugehen, und entführte in dieser Weise den Major von der Tête des einmarschirenden Bataillons weg, in die erste Seitengasse, die näher zum Stalle führte.

Doch genug! Nach vier weiteren unglücklichen Ankäufen stand Knopfs Zukunft offenbar auf dem Spiel, und die hierauf bezüglichen Erörterungen mit seiner Gemahlin steigerten sich bis zu einer gewissen Schärfe, welche dem thatkräftigen Charakter der Baronin Adele, gebornen von Schönhein, ent~~~~~~ —

Aber ;   ~ Ent=
schlossenhei·   ~nd
der Pi·

be·
·

Siebenundzwanzigstes Capitel.

Streblich genannt Vergeblich.

Oberlieutenant Streblich, genannt Vergeblich, war, wie Herr Geheime Hofrath Pips bemerkt, das sogenannte verneinende Princip, welches in diesem Werke nicht mit Stillschweigen übergangen werden kann, da doch gezeigt werden muß, daß und wie dasselbe keineswegs gegen Knopf aufkam, sondern an seiner eignen Verwerflichkeit unterging.

Wir fassen uns aber gern so kurz als möglich über diesen Mann, der seinen Vorgesetzten nur Sorge und Kummer bereitet hat, indem er die normale Entwickelung des winkelkramschen Dienstes zu verwirren bestrebt war. (Lieutenant Streckebein protestirt hiergegen, was zu geeigneter Kenntnißnahme eines Oberfürstlichen Kriegs-Ministerii hier beigefügt wird.)

Da Streblichs Vater ein burschenschaftlich gesinnter Professor aus Norddeutschland, und seine Mutter eine schwarzaugige, roth wangige, gold haarige deutsche Jungfrau aus Schwaben war, so konnte er freilich nichts anderes werden, als ein demagogischer Mitteldeutscher.

Und da er denn gerade zur Ro... Abgang Officier
ward ... nt h... damals in
S' auch noch

Zunächst
schlechte
r dann
in ge=

rathen verlangte — auch dieser Umgang war dem finsteren Streblich verhaßt.

Lieutenant Streckebein behauptet freilich, Streblich habe in Folge einer ebenso heftigen als unglücklichen Jugendliebe, bei welcher ihm eine unwürdige Täuschung widerfahren sei, sein warmes Herz von dem weiblichen Geschlechte abgekehrt, und sich von da an ganz in die Religion und den Patriotismus versenkt; er habe nur noch das deutsche Vaterland und seine Mitmenschen geliebt! — Ganz recht, wir fragen nur, wo blieb die Liebe zu Winkelkram und zum Dienst?

Lieutenant Streckebein legt ein im Jahre 1835 verfaßtes Machwerk, angeblich ein Sonett, aus Streblichs Nachlaß herrührend, auf den Tisch des Comités. Wir theilen es mit, um den Unterschied zwischen wahrer und falscher Poesie zu zeigen. Wie klar und edel redet Knopfs Muse in den „Blüthchen und Knöpfchen" — und wie verworren spricht sich dagegen Streblichs Schwarmgeist hier aus! Nur seine schlechte Gesinnung ist klar.

> Dem frei gebornen Geiste bleib' es ferne,
> Daß er sich selbst, die gotterkorene Seele,
> Der allerherrlichsten Berufung stehle
> Und irdischer Liebe knechtisch dienen lerne.
>
> Wohl hört auch ich das schöne Märchen gerne,
> Daß in dem unzerbrechlichen Juweele
> Der Minne sich des Himmels Feuer hehle — —
> Das Kleinod sprang! ich fand es kalt im Kerne.
>
> Auch wähnt nur der sich völlig zu verschenken,
> Der seines Wesens rechten Kern und Adel
> Noch nicht gelernt hat freudig zu bedenken.
>
> Fest wie der Pol die nordbewußte Nadel,
> Wird Gottes Freiheit immer zu sich lenken
> Den Sinn des Mannes ohne Furcht und Tadel.

— Streblich mag mit diesen Versen gemeint haben was er wolle — jedenfalls erkennt man daraus, daß er sich für eine Art von Ritter Bayard hielt, und die Religion mit der Freiheit in unerlaubter Weise vermischte.

Man hat ja in Winkelkram stets das Christenthum im Heere befördert, indem man eine innige Verschmelzung des Diensteifers mit einer wahren Religiosität von Alters her zu bewirken suchte. Schon im vierten Kapitel haben wir gezeigt, was zu den Zeiten eines Gideon Klotz in dieser Richtung geleistet wurde.

8*

Als vor einigen Jahren ein berühmter General den berühm=
ten Ausspruch that, daß die unterthänigste Liebe zum Kriegsherrn
die eigentliche Religion der Armee sei, hätte man in Winkelkram
die Priorität dieses Gedankens billig in Anspruch nehmen können.
(Doch wollen wir den Katechismus dieses Generals jetzt nicht
mehr in Winkelkram einführen, da wir den Glauben an sein
„Soldatenglück" nicht mehr für orthodox halten.)

Man hat bei uns stets die herrlichsten Militär=Gottes=Dienste
an den allerhöchsten Geburts= und Namens=Tagen gefeiert, und
das Versäumen der Kirche bei einem solchen christlichen Feste auf's
schärfste bestraft. Außerdem würde man öffentliche Religions=
lästerung und atheistische Reden, wenn solche zur offiziellen
Kenntnißnahme der höchsten Behörden gelangt wären, fast in
demselben Grade mißbilligt haben, wie eine unehrerbietige Be=
merkung über das oberfürstliche Kriegsministerium, wenn auch
natürlich das letztere Vergehen weit schwerer geahndet werden
muß, als das erste.

Aber Streblich war ein protestantischer Mucker und gehörte
somit einer Richtung an, welche weder von dem katholischen Erz=
bischof von Winkelkram, noch von dem sehr aufgeklärten Ober=
Consistorio, noch von der hohen Staatsregierung und dem ge=
bildeten Publikum gebilligt wurde. Er ward in Gesellschaft
ordinärer Leute in religiösen Versammlungen gesehen, hatte Um=
gang mit allerlei Bettelvolk, und machte schon als Lieutenant
mehrere Versuche, die Soldaten seiner Compagnie durch Bibel=
stunden zur Muckerei zu verführen. Damals trat ihm freilich
sein Hauptmann, der treffliche Greifenklapp, genannt Klippklapp,
mit der nöthigen Energie gegenüber; er zwang ihn, das Evangelium
in der Kaserne bei Seite zu legen und zur wahren Erweckung
der Kriegerseelen einige erbauliche Abschnitte aus dem Leitfaden
über den Wachedienst vorzulesen.

Doch mag hier schon angeführt sein, daß Streblich später,
als er es wider Erwarten doch noch zum Hauptmann gebracht
hatte, seine muckerischen Wühlereien mit größerem Erfolg betrieb,
wie er denn sogar in der Campagne von 1866 unmittelbar vor
dem Gefechte, in welchem er tödtlich verwundet wurde, eine Bet=
stunde unter freiem Himmel gehalten haben soll.

Fern sei es von uns, gegen die wahre schätzbare Frömmig=
keit zu reden, wie solche im Süden unseres Vaterlandes durch
die ritterlichen Vorkämpfer des Concordats, und im Norden durch
die ächten und wahrhaftigen Kreuz=Ritter vertreten wird.
Streblichs Richtung hatte nicht vieles gemein mit dem reinen

Worte jener trefflichen Cavaliere, deren Bibel ein Buch der
Könige, deren Bekenntniß die göttliche Einsetzung der erblichen
Monarchie mit Majoratsherrn und Patrimonialpolizei, ja, deren
Mund stets bereit ist, die Sünden der Demokraten und des ge=
meinen Volkes demüthig zu beichten, und deren Hand stets willig
ist, die Lenden der Bauern in Israel zu schlagen mit dem heil=
samen Stabe der christlichen Zucht.

Vater Löhes „Samenkörnlein“ wären in Streblichs ver=
wildertem Gemüthe nicht aufgegangen; Vater Knak und Onkel
Hingmann, welche ihren König kniefällig beschworen, das Gebet
für die Landesvertreter abzuschaffen, würden Streblichs Ketzerei
auf's entschiedenste verdammt haben.

Denn er hielt Christum für seinen König und alle Obrigkeit
für göttlichen Ursprungs, auch diejenigen der Schweiz und der
nordamerikanischen Union; und auch die Ständekammern und
Parlamente hielt er für Bestandtheile der göttlichen Obrigkeit.

Es ist klar, daß es uns unklar sein muß, was er denn
eigentlich glaubte und wollte; nur ist es gewiß, daß er immer
etwas von anno 13, oder von Deutschland und von der Freiheit
und Einheit, von dem Professor Arndt, oder der Germania, oder
von des Ministers von Stein Excellenz, an den Haaren herbei=
zuziehen und in seine dienstwidrigen Gespräche mit jüngeren
Kameraden hineinzumischen wußte.

Das hatte anfangs wenig Erfolg, doch gewann er später
einigen Anhang, wenn auch weniger für seine kirchlichen Irrlehren,
als für seine politischen und militärischen Reformschwindeleien.

Schon im achtzehnten und im achten und in anderen Capiteln
haben wir Streblichs militärische Meinungen in ihrer Nichtigkeit
dargelegt. Militärische Zucht, Sitte, Ordnung, Richtung, Ge=
sinnung und Schönheit liebte er gar nicht.

Was dem ächten Soldatengeiste zuwider ist, das wollte er
einführen: mit Springen, Laufen, Fechten, Turnen, Schwimmen,
Reiten und besonders auch mit scharfem Schießen (welches doch
nur mit theuren Patronen ordentlich ausgeführt werden kann)
gedachte er alles im Kriege zu erreichen. Das gründliche Mar=
schiren, Chargiren, Trittchangiren, auf der Stelle rühren, In=
spiciren, Revidiren, Defiliren betrieb er wohl auch — aber nur
weil er mußte. Von einer tieferen Durchbildung des Schrittes,
wodurch sozusagen dem Rekruten seine rohen Geh=Beine ganz
abgenommen und durch ein paar neue militärische Marschirbeine
ersetzt werden müssen, hatte er niemals einen wissenschaftlichen
Begriff. Was der ächte Soldatengeist liebt, das wollte er ab=

schaffen: nämlich die Cravatten und Halskrägen, die schönen großen Tornister (mit den darin befindlichen 32 Putzgeräthschaften) und die netten engen Ordonnanzfräcke; die Infanteriesäbel und die Schilderhäuser, ja die Kasernen und den Garnisonsdienst über= haupt. Nach seiner Meinung hätte das oberfürstliche Kriegsheer sich in eine sogenannte nationale Kriegsschule verwandeln sollen, um während des ganzen Sommers wie eine Zigeunerbande im Freien zu leben und in einem Uebungslager fast nichts als Ge= fechtsübungen zu betreiben.

Unglücklicher! Wo bleibt der Dienst? —

Auch wollen wir, um damit aufzuräumen, noch kurz hier erwähnen, daß Streblich in seinen späteren Jahren noch viel von dem sogenannten Miliz=System phantasirt hat, obgleich sich das= selbe für Winkelkram schon um deswillen gar nicht eignet, weil ja keine Gletscher vorhanden sind, auf die man im Kriegsfalle hinaufsteigen könnte, um Lawinen auf den Feind herabzuwälzen, wie die Schweizer es angeblich beabsichtigen sollen.

Streblich wußte schon in seinen jüngeren Jahren jeden Anlaß zu seiner (so wünschenswerthen!) Beseitigung aus dem Dienste in raffinirter Weise zu vermeiden und dabei noch einen oder den anderen Kameraden in Schaden zu bringen.

So hatte er eines Tages ausgesprochen, daß er das Duell für eine thörichte und unmoralische Einrichtung halte.

Drei jüngere Offiziere des Regiments beschlossen sofort im Interesse des Dienstes, ihm zur Verweigerung einiger Duelle Anlaß zu bieten, um ihn sodann vor ein Ehrengericht zu bescheiden und auf Grund der im 17. Kapitel angeführten Verordnung zum Quittiren zu nöthigen.

Sie stellten ihm daher die Alternative, jene Aeußerung, welche sie als persönliche Beleidigung auffaßten, zu revociren, oder sich mit jedem von ihnen zu schlagen. Streblich aber erklärte nun gegen Erwarten, er sehe sich mit dem größten Bedauern ge= zwungen, einem so unmoralischen Vorurtheile gegen seine bessere Ueberzeugung zu folgen; er erledigte sodann die drei Duelle inner= halb dreier Tage durch drei nicht unerhebliche Körperbeschädigungen seiner Gegner, wofür er zwar vier Monate auf die Festung ge= setzt, aber nicht entlassen werden konnte.

Später wußte er sich sogar den Ruf eines guten Kameraden zu erwerben, um seine schlechten Grundsätze unter dieser Maske besser verbreiten zu können.

Er hatte einen schlechten Kleiderleib und eine eckige Figur, und war, wenn auch nicht malpropre, doch keineswegs nett im

Anzug. Er hatte tiefe, graue, trotzige Augen, eine Nase von unbescheidener Form und einen großen, unangenehmen Mund, den er jedoch, im Interesse seiner Sicherheit, nicht ohne vorgängige Ueberlegung zu öffnen pflegte.

Seine Gesundheit war unverwüstlich, seine Gewandtheit in allen Leibesübungen sehr groß, aber seine Gesinnung! — seine Gesinnung war durch und durch übel.

Major von Knopf pflegte in sinniger Kürze zu sagen, Streb-lich sei mit non plus ultra behaftet.

Achtundzwanzigstes Capitel.
anno 48.

Das Redactions-Comité sieht sich, nach vorangegangener Abstimmung, veranlaßt, hiermit offen zu erklären, daß auch in Winkelkram das sogenannte Jahr 1848 erlebt worden ist. Zu diesem offnen Bekenntniß sieht man sich, ohne Scheu vor Miß-deutung, durch zwei gewichtige Gründe veranlaßt.

Nämlich erstens durch die aus broncirtem Gyps bestehende Muse der wahrhaftigen Geschichtschreibung, welche im Büreau der historischen Section des Generalstabes aufgestellt ist und immer mit Ehrfurcht betrachtet wird.

Zweitens durch die Thatsache, daß das Oberfürstl. Kriegs-Ministerium höchstselbst das Stattgefundenhaben besonderer Zu-stände im sogenannten Jahre 1848 officiell anerkannt und ge-nehmigt hat, indem es eine besondere Rubrik für alle auf jenen Zeitraum bezüglichen Acten ausdrücklich feststellte und vor-schrieb.

Fragliche Rubrik lautet: „Betreffend den strafbaren Genuß geistiger Getränke, insbesondere die angebliche Mißhandlung des Füsiliers Schnapsloch durch den Feldwebel Lackenreißer, sowie die Beschädigung des Arrestlokals in der Infanterie-Kaserne dahier, und die freiheitsähnlichen Zustände des sogenannten Jahres 1848 überhaupt."

Diese Rubrik, welche bald jeder Schreiber auswendig wußte, steigt zuerst vom Allgemeinen zum Besonderen, vom Schnaps zum Schnapsloch herab, um sodann wieder stufenweise vom Besonderen zum Allgemeinen, bis zur Charakteristik jener denkwürdigen Epoche emporzusteigen; sie umfaßt über 75,000 verschiedene Actenstücke in 800 Fascikeln und hat den Anbau des neuen südlichen Flügels am Kriegs=Ministerial=Registratur=Gebäude zur Folge gehabt.

Bevor wir die historische Entstehung fraglicher Rubrik er= örtern, sei es uns vergönnt, auf drei große Wahrheiten hinzu= weisen, welche sich aus dem vorliegenden Capitel ergeben, und sowohl das Winkelkram'sche Staatswesen, als das Winkelkram'sche Heer vor jeder falschen Deutung der zugestandenen Betheiligung an dem mehrgenannten sogenannten Jahre sichern.

Erstens ergibt sich, daß die sogenannte deutsche Bewegung, wie weiland die Cholera, in Paris ausgebrochen ist, und sich sodann mit der unabwendbaren Gewalt einer Seuche, oder Kar= toffelkrankheit, oder eines magnetischen Gewitters, auch über die wohlgesinntesten Länder verbreitet hat.

Zweitens stellt sich für Winkelkram heraus, daß Fürst und Volk trotz anscheinender kleiner Conflicte doch im Grunde genommen niemals wirklich entzweit waren, sondern daß sie viel= mehr auch diese unvermeidliche Periode der vaterländischen Geschichte eigentlich in aller Eintracht miteinander aufgeführt haben, um schließlich durch die alten Bande angestammter Liebe desto fester umschlungen zu werden.

Drittens haben sich zwar auch einige entschieden böswillige Subjecte eingemischt, dieselben waren jedoch meist Ausländer und haben später so ziemlich alle ihren Lohn gekriegt. —

Allerlei wunderbare Ahnungen, Träume, Naturerscheinungen und andere Vorzeichen ließen den aufmerksamen Beobachter vater= ländischer Zustände schon im Winter 47/48 Bedenkliches vermuthen.

Am 17. December sahen glaubwürdige Männer an der so= genannten „deutschen Eiche“, welche 1813 vor dem Kosakenthor gepflanzt worden war, mehrere Knospen, welche jedoch in der folgenden Nacht wieder erfroren und herabgefallen sind.

Am 18. December ließ sich eine aus wärmeren Himmels= strichen verirrte Schwalbe auf der Treppe der Oberfürstl. Geheime= Regierungs=Kanzeley nieder und ward sofort von der Katze des Kanzeley=Dieners gefressen.

Am 21. December hörte man im Schloßgarten eine Nachtigall schlagen, welche jedoch von einigen Raben alsbald eingefangen und zerrissen wurde.

Am 22. berichtete der Oberfürstl. Parkhüter, daß es mit den Oberfürstl. Park=Sauen gar nicht mehr auszuhalten sei;

siebenzehn Stück Schwarzwild seien wieder ausgebrochen, er wisse nicht, was in den Bestien stecke.

Am 23. wurde an keiner Thorwache vor dem Offizier du jour rechtzeitig ins Gewehr gerufen.

In der darauffolgenden Nacht wurden zwei Laternen am Hundethor eingeworfen, und ein Ferkelschwanz an die Hausthüre des Geheimen Hof=Juden Mauschel Katz angenagelt.

Am 28. Morgens halb 9 Uhr machte sich ein betrunkenes Marktweib der thätlichen Widersetzung und Dienstehrenbeleidigung gegen zwei Polizey=Diener und eine Patrouille der Hauptwache schuldig.

In der Nacht vom 29. auf den 30. ist der gespenstige Affe des heraldischen Hauskameels abermals im Damenbau der Winkel=burg bemerkt worden, und soll derselbe nach späterer Aussage des Lakaien Fuselmeier eine schwarzrothgolbene Cocarde am Hut ge=tragen haben.

So steigerten sich die Omina, bis endlich in der Sylvester=nacht Ihre Großmächtliche Hoheit die damals regierende Frau Oberfürstin Theodolinde einen allerhöchstmerkwürdigen Traum zu träumen geruhten, dessen Mittheilung aus den Acten des Ober=fürstl. Cabinets=Archivs wir dem Herrn Hofhistoriographen Dr. Wedelschweif (Sohn) zu verdanken haben:

Ihre Gr. H. hatten Aalpastete mit Kapernsauce soupirt und sobann während einer Whistpartie mit der Oberhofmeisterin und zwei Cavalieren über die Zukunft des deutschen Vaterlandes nach=gedacht. Höchstdieselbe geruhten noch um Mitternacht die Neu=jahrswünsche des engeren Hofkreises zu empfangen und zogen sich sobann in ihre Gemächer zurück, woselbst Sie gegen Morgen den folgenden Traum hatten.

Auf einer schönen Wiese am Fuß einer ungeheuren Eiche gingen die 34 gekrönten Landesväter deutscher Nation ganz be=haglich spazieren; jeder führte sein heraldisches Wappenthier an einer seidenen Schnur, und alle Thiere grasten friedlich auf der fetten Wiese. Nicht nur der mecklenburgische Ochs, das braun=schweigische Pferd und das winkelkramsche Kameel erschienen dabei als Grasfresser, sondern auch der schwarzgelbe zweiköpfige und der schwarzweiße einköpfige Adler, mehrere ein= oder zweischwänzige Löwen, Greife u. s. w. fraßen das Gras der vaterländischen Wiese so emsig ab, daß Ihre Gr. H. die Oberfürstin unwill=kürlich dabei denken mußten, es möge eine Veränderung des Wetters bevorstehen.

Plötzlich zogen dunkele Wolken aus Westen empor; ein wilder Sturmwind schüttelte die ehrwürdige Eiche, und auf ihrem Gipfel ließ sich ein ungeheurer Adler mit rothem Kopfe, schwarzen Fittichen und goldenem Schwanze nieder. Dieser Adler konnte sprechen und rief mit schrecklicher Stimme von der Eiche herunter: „Wo ist des Deutschen Vaterland?"

Da wurden plötzlich alle Wappenthiere wild, rissen sich von ihren gekrönten Herren los, rannten Höchstdieselben um und geberdeten sich wie toll. Dem winkelkramschen Kameel waren plötzlich Bocks=Hörner gewachsen, und es senkte schon seinen Kopf, um S. Gr. H. den Oberfürsten Irenäus II. damit zu stoßen. Ihre Gr. H. die Oberfürstin wollten um Hülfe rufen, konnten aber nicht — — da schwang sich plötzlich der dreifarbige Riesen= adler vom Baum herunter, riß seinen Schnabel schrecklich auf und verschlang mit unbegreiflicher Schnelligkeit alle 34 Wappen= thiere eines nach dem anderen.

Die 34 Landesväter standen erstaunt im Kreise — der Adler hatte sich wieder oben auf den Baum gesetzt, und sah sehr ge= schwollen aus, und redete also: „Nehmt mein Zeichen und dienet einig dem Vaterland, so will ich euch erhalten, und vor euch herfliegen in der Schlacht mit dem Erbfeind." Zugleich fing es an, schwarzrothgoldene Cocarden und Bänder zu regnen, und alle Serenissimi schmückten sich damit, und liebten den Adler auf der Eiche, und fürchteten sich sehr vor ihm.

Aber siehe der Adler auf der Eiche ward zusehends matt und krank. Er bewegte sich ängstlich und ächzte, als könne er nicht verdauen was er gefressen; er ließ die Flügel hängen und neigte sein rothes Haupt und fiel herab auf die Wiese, und zerbarst an beiden Seiten. Unter dem einen Flügel kroch der schwarzweiße Adler wieder hervor und hackte sofort mit seinem Schnabel gegen den schwarzgelben Adler, der unter dem anderen Flügel hervorkroch und an jedem seiner beiden Hälse den Kragen zornig emporsträubte. Und hinter ihnen her krochen auch die 32 anderen Thiere aus dem geborstenen Leibe des Riesenadlers, der jetzt nur noch als ein zerfetzter Federbalg im Grase lag.

Da kam ein altes Weib und kehrte die Reste zusammen und legte alles in eine blecherne Actenkapsel und sprach zu den Sere= nissimis: „Legt eure Bänder und Cocarden auch wieder in diesen Kasten, auf daß ich ihn heimtrage in die Registratur in der Eschenheimer Gasse zu Frankfurt a. M."

Ihre Gr. H. die Oberfürstin erwachten in diesem Augenblicke, und beichteten wenige Stunden darauf den ganzen Traum höchst=

ihrem Leib=Jesuiten dem Pater Emanuel Weihrauch, welcher
denselben sofort als eine Anfechtung der damals in der Luft
schwebenden bösen Geister erkannte, wobei er jedoch die Aufzeich=
nung durch den Hofhistoriographen erlaubte. —

In dem hier nachfolgenden zweiten Abschnitte unseres Capitels
werden wir nun zeigen: erstens, wie die Sache der Ordnung
einen Riß bekam, und zweitens, wie die Sache der Unord=
nung in Zug kam. Beides will uns Herr Geh. Hofrath Pips
auch im Styl und Ausdruck darstellen helfen.

*　　*　　*

Schon waren in allen Nachbarstaaten Barrikaden gebaut,
Deputationen empfangen, Minister entlassen, und „Errungen=
schaften" angekündigt worden, und noch immer herrschte die
Ordnung in Winkelkram. Nur in einigen Landgemeinden gab
es kleine Judenhetzen und etliche Forstfrevel. —

Da entwickelten sich am 1. April, der ein Freitag war,
große Dinge aus kleinen Ereignissen.

Zu den wenigen wahrhaft übelwollenden Subjecten, welche
sich nicht damit begnügten, das tolle Jahr 48 so wie andere
ehrliche Winkelkrämer als einen vorübergehenden Zustand histo=
rischen Taumels mit aufführen zu helfen, welche vielmehr wirklich
verbrecherische Absichten hatten, und dieselben durch Umwälzung
des Staates in jener Zeit zu verwirklichen gedachten — gehörten
die beiden demokratischen Advokaten Dr. Scharfschinder und Dr.
Geier, welche sich in gewissen Kneipen der Vorstadt einigen An=
hang erworben hatten und nun auf die Corruption unseres ge=
treuen Kriegsheeres alle Mittel verwendeten.

Füsilier Schnapsloch, von der 3. Compagnie des 1.
Bataillons des Leib=Garde=Füsilier=Regiments, war, abgesehen von
einer mäßigen Neigung zu gebrannten Wassern, ein braver und
politisch wohlgesinnter Mann.

Wie er später auf Dienstpflicht versicherte, hielt er es als
erfahrener alter Soldat für seine Schuldigkeit, das Treiben der
beiden Advokaten genau zu überwachen, indem er scheinbar darauf
einging und im Wirthshaus zum „deutschen Bruder" öfters bei
ihnen saß, um ihre staatsgefährlichen Pläne ganz zu ergründen
und später zur Anzeige zu bringen.

Von einem solchen diplomatischen Frühtrunk kam Schnapsloch
am 1. April Morgens halb eilf Uhr etwas aufgeregt in die
Kaserne zurück und ward im Kasernenhofe durch den Feldwebel

Lackenreißer wegen der vorschriftswidrigen schiefen Lage seiner
Ordonnanzmütze zur Rede gestellt.

Zu stark erfüllt von dem Bewußtsein seiner guten Absichten
und Gesinnungen ließ sich Schnapsloch zu einer ungeeigneten Er=
wiederung hinreißen, durch welche sich nun auch Feldwebel
Lackenreißer dazu fortreißen ließ, ihn am Ohr zu reißen.
Schnapsloch riß sich los — da riß plötzlich mit reißender
Schnelligkeit ein allgemeiner Tumult in der Kaserne ein, und ein
ohrenzerreißendes Heulen erscholl. In Summa ein Riß
in der winkelkramschen Ordnung und Disciplin trat plötzlich ein,
wie wir solches auch im Styl und im Druck zu veranschaulichen
bestrebt sind.

Schnapsloch war sehr beliebt und geachtet bei seinen Kame=
raden, und in allen Soldaten gohr, ohne daß sie selber etwas
dafür konnten, jenes eigenthümliche politische Miasma oder Con=
tagium von anno 48, welches nun plötzlich zum acuten Ausbruch
zu gelangen schien.

In diesem Moment aber trat Major von Knopf mit seinem
Adjutanten Lieutenant Fridolin Hasenschwanz in den Kasernenhof.
Hasenschwanz hielt es für seine Pflicht, den geliebten Comman=
deur von jedem persönlichen Einschreiten gegen die heulende
Soldateska zurückzuhalten; und als Knopf dennoch voranging,
hatte sein Adjutant die Geistesgegenwart, rasch nach dem Aus=
gang der Kaserne zurückzueilen, um den eventuellen Rückzug des
Commandeurs zu sichern.

Aber weit größer noch war die Geistesgegenwart unseres
Helden selber: „Kinderchen", rief er, „was geht denn da vor?
Nun, es ist schön, daß ihr so vergnügt seid, Leutchen!"

Diese ungewohnte väterliche Milde des sonst so strengen
und scharf revidirenden Majors brachte alle Soldaten zu starrer
Verwunderung. Knopf schüttelte sofort dem Füsilier Schnapsloch
die Hand und nannte ihn seinen lieben alten Freund und Kame=
raden; sodann ließ er den Feldwebel Lackenreißer durch die in=
dessen herangekommene Patrouille der Kasernenwache direct in
das Arrestlocal abführen. So war die Disciplin wieder hergestellt.
Der Tambour schlug zur Wachtparade, welche in ganz erträglicher
Ordnung, wenn auch ohne die übliche Revision verlief.

Aber die Ereignisse des denkwürdigen 1. April hatten hiermit
erst begonnen.

Feldwebel Percival Lackenreißer entstammte einer aus Eng=
land eingewanderten Familie, und besaß eine Schwester, die den
historischen Namen Dortchen trug. Sie trug ihn mit Recht und

erfreute sich in Winkelkram, bei Militär und Civil, einer Popu=
larität, von welcher ein Abglanz auf ihren Bruder fiel.

Jedermann in der ganzen Vorstadt kannte und liebte den
lustigen Feldwebel, der dem vielverzweigten schwunghaften Verkehr
zwischen seiner Schwester und dem Publikum niemals störend ent=
gegentrat. Ihre Freunde gehörten den verschiedensten Kreisen an,
und auch der oberfürstliche Leib = Schneidermeister, einer der an=
gesehensten Bürger zu Winkelkram, ward ihren gelegentlichen Ver=
ehrern beigezählt; wir bemerken dies nicht umsonst. Wenn Dortchens
Liebesfähigkeit überhaupt eine unbestreitbar große war, so kann
es nicht auffallen, daß auch ihre schwesterliche Neigung zu dem
Feldwebel der Kraft eines heißen Herzens entsprach. Die Ge=
stalten ihres erotischen Liebeslebens wechselten von Tag zu Tag,
während die geschwisterliche Liebe nur den einzigen Bruder zum
dauernden Gegenstand hatte.

Auch Herr Hofrath Pips ist der Meinung, dies sei die so=
genannte psychologische Motivirung für die Entstehung der nach=
folgend berichteten Ereignisse.

Wir möchten uns freilich lieber an dienstliche Berichte und
eidlich beglaubigte Aussagen halten, müssen aber offen gestehen,
daß die uns zugänglichen Acten hier eine beklagenswerthe Unvoll=
ständigkeit darbieten, da sich die absonderlichen Begebnisse jenes
tollsten Tages des ganzen verrückten Taumeljahres zu einer ganz
vorschriftsmäßigen Berichterstattung momentan als wenig geeignet
erwiesen zu haben scheinen. Wir müssen also hier gewisse eigene
Erinnerungen der Commissionsmitglieder durch einige aus münd=
licher Tradition geschöpfte Zusätze nach Möglichkeit ergänzen.

Es war ein sehr verhängnißvoller, d. h. für die weitgreifende
Entwickelung der ganzen Revolution sehr günstiger Zufall, daß
der genannte Hofleibschneider Meister Amorosus Zunftbock
sich gerade bei Dortchen befand, als sie, Nachmittags gegen 4
Uhr, die Nachricht von der Arretirung ihres Bruders, wahrscheinlich
mit einiger Uebertreibung, erhielt.

Sie sprang mit gellendem Schreien empor und entriß sich
den Armen des erschrockenen Schneiders, welcher später seiner
Gattin auf Zunftpflicht versichert hat, daß er nur im Auftrag
des Barons Flatterhans dort gewesen sei, um der Jungfer das
Maß für eine neue Taille zu nehmen, eine einleitende Maßregel,
durch welche sie vielleicht für das oberfürstliche Hoftheater als
eine untergeordnete Kraft gewonnen werden sollte.

Doch sei dem wie ihm wolle — weder Zunftbock noch Dortchens
gleichfalls anwesende Pflegtante, Frau Cichorie Zibmännin,
vermochten die rasende Jungfrau zu bändigen.

In einem Anzuge, den wir auch nach Abzug aller anzüg=
lichen Gerüchte als einen sehr ausgezogenen bezeichnen müssen,
stürzte sie auf die Straße und organisirte alsbald mit langge=
zogenem furienhaftem Geheul, zum Zwecke der Befreiung ihres
Bruders, einen demagogischen Auszug, welcher sofort einen
mächtigen Zuzug ungezogener Gassenjungen heranzog!

Unter Absingung des Liedes „Es geht ein Zug nach Frei=
heit durch die Welt" kam jetzt die Sache der Unordnung
wirklich in Zug! Auch Frau Cichorie und Herr Zunftbock
wurden mit fortgezogen, und in lärmendem Umzug zog
sich die Emeute unverzüglich nach der Kneipe „zum deutschen
Bruder" hin, um vielleicht schon wenige Stunden später mit dem
Abzug der Hauptwache und dem tumultuarischen Einzug der
Revolution in den heiligen Hallen der Winkelburg abzuschließen —
wenn Knopfs Genius nicht über dem Vaterlande gewacht hätte! —
Doch wir wollen dem Gang der Ereignisse nicht voraneilen, denn
es ging damals alles ohnehin zu schnell.

Es ist nicht aktenmäßig ermittelt, ob sich die Advocaten
Scharfschinder und Geier schon seit einigen Tagen, als geheimes
permanentes Revolutions=Comité in der Kneipe „zum deutschen
Bruder" constituirt hatten oder nicht; jedenfalls waren sie dort
anwesend, als die lärmende Menge heranzog, und nur zu rasch
fand eine Verständigung mit derselben statt.

Scharfschinder hielt von der Treppe des „deutschen Bruders"
herab eine donnernde Rede über die Nothwendigkeit und den
Nutzen einer sofortigen Verschmelzung aller vaterländischen Inter=
essen und Kräfte durch eine Fusion des demokratischen Vereins
mit der deutschen Volks= und Actions=Partei, welche durch die
hier anwesende entschlossene deutsche Jungfrau und ihre gleichfalls
hier anwesenden Freunde soeben begründet worden sei.

Sodann ergriff Geier das Wort und wies darauf hin, daß
auch die ehrenwerthe und freisinnige Bürgerschaft der Residenz
in der Person des nicht minder hier anwesenden Meisters Zunft=
bock würdig vertreten sei, und knüpfte daran den Vorschlag, auch
die städtischen Zünfte und Innungen sofort als Fractionen einer
einzigen großen Fortschrittspartei zu begrüßen.

Da aber Dortchen fortwährend nach der Befreiung des
Feldwebels schrie, so erweiterte Scharfschinder das Programm aber=
mals, indem er auch die sofortige Aufnahme des gesammten winkel=
kramschen Heeres in die Fortschrittspartei vorschlug, vorbehaltlich
einer Umbildung desselben in ein deutsches Volksheer, bei dessen

Organisation auf die patriotischen Verdienste des Feldwebels
Lackenreißer gebührende Rücksicht zu nehmen sei.

O Miasma! O Contagium! Es tirailirten wahrlich böse
Geister in der Luft herum und fuhren in die bestgesinnten Leute
hinein.

Denn auch Meister Zunftbock vergaß momentan seine Stel=
lung zum Hofe und ergriff jetzt das Wort als Vertreter der
Bürgerschaft; er suchte in gellender Beredtsamkeit darzulegen, wie
sämmtliche Zünfte und Innungen bekanntlich schon längst für
die Freiheit gewesen seien, und wie sie zur sofortigen Rettung
des Vaterlandes und der Stadt durch Abschaffung des Bundes=
tages und der Polizey und des städtischen Octrois und der jüdischen
Kleiderhandlungen mit Gut und Blut einstehen wollten.

Die Actionspartei aber betonte abermals die Befreiung des
Feldwebels!

In diesem kritischen Moment — als die Vertreter der demo=
kratischen und der bürgerlichen Fractionen die Vorkämpferin der
Actionspartei feierlich umarmten, während der Wirth „zum deutschen
Bruder" ein neues Bierfaß herauswälzte und anstach — machte
der Polizey=Sergeant Habakuk Doppelkümmel den pflicht=
schuldigen Versuch, die Versammlung für aufgelöst zu erklären.
Nur Dortchens Fürsprache soll ihm das Leben gerettet haben;
doch sie entwaffnete ihn eigenhändig und ergänzte sofort ihre
mangelhafte Adjustirung, indem sie, unter dem Beifallsgebrüll
der Menge, seinen dreieckigen Hut aufsetzte und seinen Säbel um=
hing. Und auf ihr Commando wälzte sich nun alles in brausendem
Strome vorwärts nach der Kaserne!

* * *

Gerade an diesem verhängnißvollen ersten April fand zu
Ehren des neu eingetroffenen spanischen Gesandten Don Ranudo
in Fama i Celebrada colorado claro, der seine Creditive sammt
dem goldnen Bließ Tags zuvor in der Winkelburg überreicht
und die Insignien des Winkelkramschen Kameel=Ordens dagegen
empfangen hatte, eine große Hoftafel statt, welcher auch der Major
Freiherr vom Knopfe als Kammerherr beiwohnte.

Schon vor Tafel hatte Knopf Seiner Gr. H. dem Oberfürsten
über die Vorfälle der Wachtparade zu referiren gehabt, und er
war des Ausdrucks der allerh. Anerkennung für sein so erfolg=
reiches Einschreiten gewürdigt worden. Serenissimus äußerten
jedoch, daß dieses kleine Evènement nichts auf sich habe und als

definitiv erledigt zu betrachten sei; die beiden gleichf... anwesen=
den militärischen Excellenzen, Kriegsminister Baron F... unb
Armee = Brigade = Commandeur Generallieutenant von ... hals*
stimmten dieser Ansicht unterthänigst bei.

Aber kaum war der dritte Gang auf die Tafel gesetzt, als
ein verworrenes Geräusch von herannahendem Heulen, Pfeifen
und Singen zu den Fenstern der Winkelburg emporbrang. Zu=
gleich kam die Meldung von der Schloßwache, daß vor der
benachbarten Infanteriekaserne sicherem Vernehmen nach eine
blutige Revolution stattfinde, während im Uebrigen „Nichts Neues"
auf Wache und Posten zu melden sei.

Die Excellenzen Feintafler und Wendehals sprachen sofort
den glühenden Wunsch aus, ihr Blut zur Vertheidigung des ge=
liebten Landesvaters zu vergießen, und schlugen zu diesem Behufe
vor, zunächst die vier Thore der Winkelburg wohl zu verschließen
und solid zu verrammeln. Sie wollten sich sodann dicht um Seine
Gr. H. schaaren und Allerhöchstdenselben mit gezogenen Degen
in den alten Burgkeller hinabgeleiten, der mit doppelten eisernen
Thüren und mancherlei Subsistenzmitteln genügend versehen sei,
um im Falle der Entdeckung dieses allerhöchsten und allertiefsten
Reduits einer kurzen Belagerung erfolgreich zu widerstehen.

Irenäus II. wußte zwar den militärischen Werth dieses Vor=
schlages und die patriotische Hingebung beider Excellenzen hin=
reichend zu würdigen, aber Er geruhte größer zu denken. Er
vertraute auf Sein Volk und auf Sein Heer und erkannte in
tiefster Regentenweisheit den vorübergehenden Charakter der Krisis.

„Ich habe gesagt, daß es nichts auf sich hat und erledigt
ist," sprach Irenäus II. würdevoll zu dem Spanier, der mit feiner
Grazie erwiederte, daß man auch in Madrid wegen eines kleinen
Pronunciamento's nicht jedesmal von der Tafel aufzustehen und
in den Keller hinabzusteigen pflege. Irenäus II., wie wir in
diesem historischen Moment unseren Fürsten kurzweg bezeichnen,
befahl sodann, die Thore offen zu lassen und den Schloßhof rings
zu erleuchten; zugleich entsendete Er die beiden Excellenzen nach
der Kaserne und gab ihnen Knopf als Begleiter mit.

---

* Excellenz von Wendehals ist ein leuchtendes Beispiel des guten Erfolgs
einer rechtzeitigen Umkehr auf dem Wege der Dienstwidrigkeit. Derselbe Mann,
den wir noch im 13. Capitel anno 16 als einen vorschriftswidrig abjustirten
Hauptmann bezeichnen mußten, hatte seitdem die wahre Eleganz einer ordonnanzmäßigen Kleidung so tief erkannt, daß er zunächst zum Präsidenten der geheimen
Obermontirungs-Commission, und bald darauf, als zweiter Nachfolger Seiner
Excellenz Puterhahn, zum Armee-Commandeur ernannt worden war.

Und nun konnte sich Knopf auf der Höhe der Situation in der ganzen natürlichen Größe seines tief durchgebildeten militärischen Charakters zeigen, und alle die genialen Hülfsmittel seines unerschöpflichen Kriegergeistes entwickeln — was jedoch ohne jede moralische Verkleinerung der beiden betheiligten Excellenzen gesagt sein soll. Excellenz Feintaster selbst pflegte später mit Beziehung auf diesen Tag in neidloser Bewunderung zu bemerken: „Knöpfchen, Sie waren wieder ganz der verfluchte Teufelskerl von anno 15."

Um nämlich unerwartet in der Kaserne erscheinen und überraschende Revisionen vornehmen zu können, hatte Knopf schon längst die Gewohnheit, den Schlüssel eines gewissen Hinterpförtchens, durch welches man unbeschrieen zunächst in den Hinterhof und dann durch den Schneiderbau in die vorderen Räume der Kaserne gelangen konnte, stets in der Tasche zu tragen.

Nein unmöglich wäre es damals gewesen, daß beide Excellenzen in voller Uniform unbehelligt durch das Hauptthor in die Kaserne gelangt wären, denn dort brach sich der Aufruhr in wildem Strudel, eine wirre Masse drängte, quetschte und schob sich, heulte und schrie.

Wahrlich, es war an der Zeit, daß durch Knopfs strategisches Einschreiten von innen und von hinten her die Sache eine neue Wendung bekam, denn durch Oberlieutenant Streblichs verkehrtes Benehmen drohten unabsehbare blutige Conflicte und Staatsumwälzungen gerade in jenem Augenblick über Winkelkram hereinzubrechen.

Streblich commandirte an jenem Tage die sogenannte Polizei-Wache in der Kaserne und benahm sich dabei seinem excentrischen Charakter gemäß.

Als der revolutionäre Zug sich heranwälzte, ließ Streblich mitten unter dem Thor eine ärarische Feuerspritze aufstellen, an welche sich ein Theil der Wachtmannschaft mit gefällten Gewehren zu beiden Seiten fest anschloß, so daß der Eingang völlig gesperrt war. Der Rest der Wachtmannschaft war mit Front nach dem Kasernenhofe derartig aufgestellt, daß der überwölbte Raum der Thorhalle auch nach hinten geschlossen wurde. Und mitten in dieser Halle bewegte sich Streblichs eckige Figur, den langen Haudegen in der Faust, scharfe kurze Befehle ertheilend. Als der Sturm begann, sprang er bald nach vorn und bald nach hinten, fiel aus, und hieb ein. Denn er war von beiden Seiten bedrängt.

Draußen tobte das wilde Dortchen mit geschwungenem Polizei-Säbel und schrie, von tausendstimmigem Chor unterstützt: „Percival 'raus!" während Scharfschinder und Geier, nicht minder von vielstimmigem Chor unterstützt, für die Freiheit und gegen den Bundestag brüllten! Aller Pöbel der Vorstadt wirkte selbstverständlich mit, aber auch viele mehr oder minder wohlgesinnte und nüchterne Soldaten, welche in die Kaserne hineinwollten und durch die Wache zurückgewiesen wurden, vermehrten den vorschriftswidrigen Lärm und die entschieden strafbare Verwirrung.

Einen weiteren Bestandtheil des wogenden Aufruhrs bildete die unterdessen anmarschirte löbliche Bürgergarde der Residenz, welche natürlich für die Sache der Ordnung ausgerückt war, aber nun selbst in den Strudel hineingerieth. Denn als sie mit Trommelschlag und gefälltem Bajonnet, wenn auch in sehr mangelhafter Richtung herankam, um die Straße zu säubern, ward diese achtbare Truppe mit einem solchen Hagel von Dreck und Steinen empfangen, daß über die gänzliche Verkennung ihrer guten Absicht von Seiten des irregeleiteten Publikums ein Zweifel nicht stattfinden konnte. Die Bürger-Compagnie, welche sich auf solche Gemeinheiten nicht einlassen wollte, löste ihre geschlossenen Glieder unwillig auf, um entrüstet nach Hause zu gehen, — aber schnell sprang Meister Zunftbock vermittelnd ein und verständigte seine Mitbürger von der Thatsache des Beitritts zu der großen Fortschrittspartei, während Geier und Scharfschinder die sofortige Auslieferung der Bürger-Gewehre an patriotische Blousenmänner verlangten und theilweise auch bewirkten. Eine Art von Verbrüderung soll dabei stattgefunden haben.

Wer kann jetzt noch genau sagen, wann, wie, wodurch, warum und in welcher Reihenfolge das Alles vorging! Man denke sich, daß während der erwähnten Ereignisse Streblich die Feuerspritze fortwährend nach allen Richtungen arbeiten ließ, wodurch in der That einiger freier Raum vor dem Thore entstanden war. Scharfschinders Hut und Perücke waren weggespritzt, und Geier hatte zuletzt den vollen Strahl in den offnen Mund erhalten; er glaubte in jenem Moment, dem Tod für die Freiheit nahe zu sein und konnte ein paar Minuten lang nur husten, nicht reden.

Dortchen triefte wie eine Wassernixe oder wie die meerentstiegene Venus Anadyomene, aber ihr Feuer war nicht gelöscht! Sie stürmte immer von neuem an, um das Thor zu forciren, griff sogar in die vorgehaltenen Bajonnete und suchte sich mit gellendem Geschrei einen Weg durch Streblichs Füsiliere hindurch zu bahnen. „Percival 'raus!" war ihr Schlachtruf.

Und innerhalb der Kaserne stand es nicht besser. Die Dunkelheit war angebrochen und die Laternen waren nicht ordnungs-

mäßig entzündet worden; es herrschte ein wüstes, brüllendes
Durcheinander. Der beste Beweis dafür, daß den Soldaten
selber ein bestimmter revolutionärer Plan gänzlich fehlte, und
daß sie nur unter dem äußeren Einfluß des mehrerwähnten Contagiums standen, liegt in der Thatsache, daß sie nun alle gleichfalls nach der Freigebung des Feldwebels schrieen, obgleich derselbe doch lediglich ihnen zu Gefallen eingesetzt worden war. Sie
versuchten die Thüre und die Läden des Arrestlocals einzubrechen
und selbst der energische und umsichtige Schnapsloch hätte nach
seiner Aussage dies nicht verhindern können, ohne seinen Einfluß
zu verlieren, den er zur späteren Wiederherstellung der Ordnung
jetzt nicht aufgeben durfte. Verschiedene indessen eingetroffene
Offiziere bemühten sich vergeblich durch die blockirende Menge
in's Kasernenthor einzubringen.

„Wo ist Schnapsloch? Wo ist mein Freund
Schnapsloch?" so rief mit tönendem Rufe Major von Knopf,
als er seine strategische Umgehung vollzogen hatte und nun
plötzlich mit beiden Excellenzen mitten im Kasernenhofe erschien.
Und Schnapsloch war sofort bei der Hand; er schaarte rasch
eine Abtheilung relativ bestgesinnter Füsiliere um die beiden
Excellenzen und den Major.

„Heraus mit dem Feldwebel Lackenreißer!" rief
Knopf mit bonnernder Stimme, und allgemeiner Jubel antwortete ihm.

Einige Laternen wurden rasch entzündet, der Arrestverwalter
öffnete das Gefängniß, und Lackenreißer wurde von beiden Excellenzen feierlich herausgeführt, während Knopf nach dem Thore
eilte; dort befahl er dem Premier-Lieutenant Streblich die ehrenwerthe Bürgerschaft von Winkelkram, welche offenbar von den
besten Absichten für das Vaterland beseelt sei, sofort in die
Kaserne hereinzulassen.

Ja, es war höchste Zeit, denn Streblichs langer Degen war
bereits von einigem Bürger- und Soldaten-Blute geröthet; er
hatte noch Niemanden umgebracht, aber immerhin schon einige
Körperverletzungen ausgeübt. Selber durch mehrere Steinwürfe
am Kopfe verletzt, stand er gerade im Begriff, die scharf geladenen
Gewehre gegen Volk und Heer von Winkelkram abschießen zu
lassen, als Knopf rettend eingriff.

„Lackenreißer ist frei!" rief Knopf dem tobenden Volke
entgegen, während die Wache zurücktrat, um dem Strome der
großen Fortschrittspartei den Zugang zu öffnen — noch einen
Augenblick stockte die ganze Menschenmasse vor dem Thor, denn

die Vorbersten trauten dem Wetter nicht und fürchteten einen Hinterhalt in der eben noch so hartnäckig vertheidigten und jetzt so plötzlich freigegebenen dunkelen Thorhalle; Niemand wollte zuerst hinein. Da eröffnete Knopf mit Dortchen den Einzug! — und Alles drängte sich nach.

Und mitten im Kasernenhofe stieß Knopf an der Spitze seiner Colonne auf die Gruppe der beiden Excellenzen, welche den Feld= webel in ihrer Mitte führten und zwei Laternen hoch emporhielten, um ihn dem Volke zu zeigen.

Die nun folgende öffentliche Wiedervereinigung der beiden allgemein bekannten und geliebten Geschwister war — wie Knopf klug voraussah — von überwältigender dramatischer Kraft, von rührender und zugleich politisch abwiegelnder Wirkung auf die versammelte Menge.

Dortchen umarmte den Bruder mit Weinen und Lachen und rf sich dann im Uebermaß ihrer Gefühle den beiden Excellenzen vechselnd um den Hals, indem sie beide wie alte Bekannte mit ihren Vornamen anredete, ja sogar mit den traulichen Zu= namen „Krebs=Jacob" und „Cravattenfritz", welche der Volks= mund ihnen beigelegt hatte.

Wir können diese Angabe nicht verbürgen, haben aber auch einen Anlaß, sie zu verschweigen. Denn die ganze Scene war viel zu patriarchalisch, die Stimmung war eine viel zu erhabene und hoch getragene, um irgend eine dienstliche Würde als verletzt, irgend ein politisches Bedenken als ferner noch gerechtfertigt er= kennen zu lassen, wenn auch die Achtbarkeit der Jungfer Lacken= reißer eben nur für jenen besonderen historischen Moment eine immerhin bedingte Anerkennung zu fordern hat.

Ja gerade in diesem Moment siegte der Genius von Winkel= kram über das mehrerwähnte Contagium; es vollzog sich in allen Gemüthern eine Rückkehr zur angestammten Treue; es entsprang in den Herzen eine mächtige antirevolutionäre Strömung, durch welche schließlich das ganze Staatsschiff unversehrt in den Hafen der Loyalität wieder einlief, das stolze Kameelbanner flatternd am Mast! —

Ein Hoch auf den Landesherrn wurde von Knopf erfolgreich ausgebracht; Scharfschinder und Geier bemühten sich vergeblich, die neue Harmonie durch schrillende Mißklänge zu stören — denn auf Knopfs Rath hatten die beiden Excellenzen die Führerin der Volkspartei und ihre treue Pflegetante beauftragt, ihre Freunde im weitesten Sinne des Wortes auf Kosten des oberfürstlichen Kriegs=ärars (Fonds für gemeinnützige Zwecke) zu einer kleinen

Abendunterhaltung im „deutschen Bruder" und nöthigenfalls auch noch in der „grünen Kanne" freundlich einzuladen. Die Polizey=Stunde ward für heute aufgehoben, und Feldwebel Lackenreißer erhielt Nachturlaub. Allgemeiner Jubel erhob sich in den Reihen der Actionspartei.

Herrn Zunftbock und den anderen Vertretern der Bürgerschaft hatte Major Knopf indessen mitgetheilt, daß ihr bemerkenswerthes Verhalten in dieser Sache sofort zur Kenntniß Seiner Gr. H. gebracht werden solle und jedenfalls noch besondere allerh. Verfügungen für die Herren Zunftmeister zur Folge haben werde; zugleich verbürgte er sein Wort, daß die jüdischen Kleidermagazine sofort geschlossen, und der Bundestag nebst dem städtischen Octroi zu einem geeigneten Zeitpunkt abgeschafft werden solle.

Bei dieser Zusage ging Knopfs diplomatische Feinheit mit der strengsten Wahrheitsliebe Hand in Hand. Denn die jüdischen Kleidermagazine blieben am ganzen folgenden Tage geschlossen, weil es Samstag, und ein Reformjude in Winkelkram nicht vor=handen war; und über den Inhalt der verheißenen allerh. Ver=fügungen für die Zunftmeister hatte sich Knopf ebensowenig geäußert, als er sich angemaßt hätte, den geeigneten Zeitpunkt für die Abschaffung des Bundestages oder des Octroi's im Voraus näher bestimmen zu wollen. Daß S. Gr. H. bald darauf die Zünfte allergnädigst auflösten und sich einen neuen Leibschneider von Paris kommen ließen, mag im Voraus bemerkt sein. Doch zur Sache.

Während die große Fortschrittspartei sich bereits wieder in ihre ursprünglichen Bestandtheile auflöste, indem sie fractionsweise theils hinter Dortchen und Frau Cichorien her nach dem deutschen Bruder und der grünen Kanne hin, theils unter Anführung Zunftbocks und seiner Collegen nach den Zunftherbergen der Schneider, Schuster und Handschuhmacher abzog — ließen die Excellenzen auf Knopfs Anrathen den Generalmarsch schlagen, der seine erprobte Wirkung auf das Soldatengemüth auch dieses Mal nicht verfehlte. Die eingelebte Gewohnheit überwand vollends die narkotischen Einflüsse der etwa genossenen Getränke und des politischen Contagiums; die betäubte Disciplin erwachte mit Ge=walt und trieb alle Kriegsleute schleunigst nach ihren Zimmern, wo ein Jeder in Hast seine Armatur und Ausrüstungsstücke um=hing, um dann sofort mit Sack und Pack im Kasernenhofe heran=zutreten.

Eine gelinde Revision durch die Majore von Knopf und Greifenklapp und eine väterliche Anrede der Excellenz Wendehals folgte. Sodann wurden von beiden Bataillons einige Handgriffe ausgeführt, und es war so ziemlich wieder Alles in Ordnung. Es war ein kalter Abend, und die ganze Mannschaft fühlte sich kühl bis ans Herz hinan, sobald sie nur dreiviertel Stunden lang in fester Haltung auf dem kalten Pflaster gestanden hatte.

Freilich war die völlige Rückkehr der militärischen Ordnung, insbesondere eines ganz normalen Kasernen-Dienstes, nicht das Werk einer Stunde. Wochen und Monate waren erforderlich, um in jener politisch so bewegten Zeit jede Nachwirkung der Excesse des 1. April spurlos zu vertilgen, und die ganze Schärfe der dienstlichen Revision bis ins letzte Detail wieder siegreich geltend zu machen.

Aber es gelang, und die Leistungen unseres Heeres gegen die Rebellion von ann~ @ werden im folgenden Kapitel davon Zeugniß geben.

Hier sei nur ausdrücklich constatirt, was auch Knopfs erbittertste Gegner nicht läugnen können, daß er nämlich schon vor Ablauf des verhängnißvollen Jahres sein Bataillon wieder so scharf, wie früher, ja schärfer und schärfstens revidirte, inspicirte, exercirte und in der Kaserne consignirte. Knopfs wundervolles Gedächtniß, welches ihn auch am 1. April nicht verlassen hatte, gereichte noch manchem Füsilier zum heilsamen Schrecken, trieb manchen zur Reue .... einige andere besonders gravirte schlechte Subjecte erhängten sich, um der heilsamen Zucht ihres Commandeurs zu entweichen.

Daß die schwarzrothgoldne Kokarde 1848 angelegt, 1850 abgelegt und 1866 abermals, diesmal auf 6 Wochen, angelegt wurde, ist eine Thatsache, die nicht weiter erwähnt wird, weil sie für die sonstige Adjustirung des Winkelkramschen Heeres ohne allen und jeden Erfolg blieb.

Von Personalien ist noch nachzutragen, daß Füsilier Schnapsloch, in Erwägung der künftigen Entbehrlichkeit seiner diplomatischen Talente im Gardefüsilier-Regiment, die Civil-Carrière ergriff und zum Kanzlei-Diener am Ministerium des Aeußeren ernannt wurde. Feldwebel Lackenreißer kam allmählich immer häufiger und länger in Arrest; ein zweiter Befreiungsversuch seiner Schwester scheiterte still und kläglich schon im ersten Entstehen — denn nicht jeder Tag ist ein erster April. Sie ward durch Doppelkümmel ergriffen und bald darauf, einem Beschlusse des Stadtgerichtes zu Winkelkram entsprechend, einer sehr eingezogen lebenden Gesellschaft wassertrinkender und wollespinnender Jungfrauen auf mehrere Monate einverleibt. Am Schluß dieser

Nur wanderte sie mit dem indessen beabschiedeten Feldwebel, von hohen Gönnern mit Reisegeld unterstützt, auf dem nicht mehr ungewöhnlichen Wege via Bremen=New=York in das ferne Amerika aus.

Oberlieutenant Streblich, der einige Wochen lang mit seinen Blessuren zu schaffen hatte, wurde auf Knopfs großmüthige Ver=wendung nur mit einem scharfen Verweise für sein undienstliches Benehmen bestraft, abgesehen von seiner Uebergehung beim nächsten Avancement, welche ohnehin schon beschlossen war.

Um jedoch ein ähnliches staatsgefährliches Auftreten eines Offiziers für alle Zukunft zu vermeiden, erließ ein Oberfürstliches Kr. Ministerium die bekannten fünfzehn Rescripte zu Pr. Nr. 27001 bis 27015, betreffend: „den strafbaren Genuß u. s. w.", deren Inhalt im allgemeinen vorschreibt, erstens, daß jeder Commandant einer bewaffneten Abtheilung, die etwa zum Einschreiten gegen revolutionäre Bestrebungen befehligt werde, dafür verantwortlich zu machen sei, daß nach dreimaligem Trommelschlag und Ver=lesung des Aufruhr=Gesetzes, die Revolution binnen zehn Minuten mit der äußersten Energie unterdrückt werde; sowie zweitens, daß eine Körperverletzung Winkelkramscher Staatsbürger unter keinen Umständen zu genehmigen, der betreffende Offizier vielmehr aufs schärfste zu bestrafen sei.

Daß mit den militärischen auch die bürgerlichen Angelegen=heiten, trotz aller Zeitschwankungen, bald wieder ins rechte Geleis kamen, versteht sich von selbst und ist hier nicht näher zu erörtern.

Es sei nur noch mit Befriedigung erwähnt, wie sehr sich Scharfschinder und Geier nebst ihren Genossen verrechnet hatten. Vergeblich suchten sie an jenem Abend das Volk zu einem Zuge nach der Winkelburg zu bereden. Es ist wahr, daß ihre Wühlereien in der Bürgerschaft insofern nicht ganz ohne Erfolg blieben, als es ihnen in den nächsten Tagen beinahe gelungen wäre, eine Deputation zur Ueberreichung einer Bittschrift um Errungenschaften auf die Beine zu bringen.

Da erschien das berühmte Manifest vom 4. April, welches eine solche Fülle neuer Freiheiten und neuer vaterländischer Pflichten über Winkelkram ausgoß, daß auch die größten Mäuler durch übermäßiges Futter gänzlich verstopft wurden.

Es ist bekannt, wie Seine Gr. H. später die Gnade hatten, auf inständiges Flehen seines getreuen Volkes die angedrohten neuen Freiheiten, insbesondere die Errichtung eines Volksheeres von 10 Procent der Bevölkerung mit ausnahmsloser allgemeinster Wehrpflicht, sowie die Zahlung der deutschen Flottensteuer und andere früher gewünschte Maßregeln, bis auf Weiteres wieder einzustellen.

Zunächst aber war es höchst schmerzlich für jene übelgesinnte Rotte, daß der bewährte Premier-Minister Graf Gummi von Leberfell, der bis dahin genau nach Metternichs erprobter Staatskunst regiert hatte, sich jetzt so frei von jeder falschen palamentarischen Empfindlichkeit zeigte, daß er keineswegs dem Vaterlande seine Dienste entzog, sondern sich vielmehr gegen eine geringe Gehaltserhöhung bereit zeigte, den Staat in allen Stücken nach dem neuen System zu regieren, insoweit und so lange Seine Gr. 'H. dies zu befehlen geruhen würden.

Ganz in derselben hochherzigen Weise hat sich Graf Gummi bekanntlich auch nach der Katastrophe von 66 dem Vaterlande erhalten; seine kundige Hand lenkt nunmehr das Staatsschiff im Cours des Berliner Windes, bis vielleicht ein kräftiger Sturm von Westen her uns wieder in Beustisches Fahrwasser bringt.

Neunundzwanzigstes Capitel.

Nikanor 1849.

In dem Zeitraum von März 48 bis April 49 hat bekanntlich das badische Volk in der deutschen Südwestecke alle 6 Monate eine Rebellion gemacht, nämlich zuerst die Heckerische Schilderhebung, dann den Struve'schen Probe-Putsch und schließlich den definitiven Struve'schen Monstre-Putsch, zu dem sich der Anstifter während seiner Ueberwinterung zu Bruchsal gemüthlich vorbereitet hatte.

Schon während der beiden erstgenannten Ereignisse nahm Winkelkram die seinen politischen Traditionen und seiner Strategie entsprechende höhere zuwartende und observirende Stellung ein, welche es auch dann nicht aufgab, als im Mai 1849 eine Requisition des Reichs-Ministeriums zum Anschluß der winkelkramschen Brigade an die Peuckerischen Reichs-Operationen im Schwarzwald aufforderte.

Denn es konnte mit Recht erwiedert werden, daß dieser Anschluß thatsächlich schon im Voraus durch die, auf Oberst Thonschiefers Pläne gestützte, strategische Bereitschaft der sämmtlichen

winkelkramſchen Garniſonen hinlänglich erreicht war und einen
Ausmarſch der winkelkramſchen Armee unnöthig machte. Ohne
die treffliche Baſis des heimiſchen Terrains zu verlaſſen, oder die
Reſidenz Winkelkram als ſtrategiſchen Pivot und höheres Centrum
aufzugeben, wußte man ſich im eigenen Operationsgebiete ſtets
ſo zeitgemäß zu drehen und zu wenden, daß man zugleich die
wichtigſte Poſition im Herzen von Deutſchland völlig beherrſchte
und einen förderlichen Einfluß auf den ſüdlichen Vormarſch des
preußiſchen Armeecorps und ſeines linken Reichs-Flügels bis an
den Bodenſee hinunter zu äußern vermochte.

Doch wir dürfen hier unſerem Collegen, dem Herrn Major
von Schweinsleder, nicht vorgreifen, deſſen lange vorbereitetes
Prachtwerk „über Winkelkrams Mitwirkung beim Kampfe gegen
die ſüdweſtdeutſche Revolution“ ſeiner Veröffentlichung bereits ſehr
nahe gekommen iſt.

Wir begnügen uns mit der Darſtellung derjenigen Schluß-
epiſode, bei welcher Knopfs Stern ſo glänzend emporſtieg, daß
er ſeitdem als ein vaterländiſcher Himmelskörper erſter Größe an
dem militäriſchen Firmamente von Winkelkram leuchtet!

Struve, Mieroslawsky und Sigel hatten mit Aerger erkannt,
wie die centrale Poſition von Winkelkram das wichtigſte Terrain
von Deutſchland beherrſchte und den fortwährenden Anmarſch der
norddeutſchen Heereskräfte gegen den Süden ermöglichte.

Sie detaſchirten daher den bekannten Polen-Offizier Grafen
Lauski-Schelmuffski, der ſich mit zwei Compagnien badiſcher
Krakuſen oder Senſenmeier nebſt ſieben Doppelflinten zwiſchen der
preußiſchen Armee und dem linken Peuckeriſchen Parlaments-Corps
heimlich hindurchquetſchte, um in deren Rücken gegen Norden hin
zu operiren und zunächſt in die Grenzen von Winkelkram einzubrechen.

Und in der That wurde dieſes Divertiſſement ſo ſchnell zur
Ausführung gebracht, daß die Citadelle der Grenzſtadt Riblingen
ohne Zweifel durch Schelmuffski's Streif-Corps hätte überrumpelt
werden können, wäre nicht der unerwartete nächtliche Angriff an
dem Wirthshaus zum blauen Froſch geſcheitert.

Dieſes berühmte große Gaſthaus liegt nämlich am Fuße der
beſagten Citadelle, wie ein Vorwerk, welches durchaus nicht um-
gangen werden kann. Der patriotiſche Froſchwirth aber öffnete
ſofort der feindlichen Avantgarde ſeinen Keller, während er gleichzeitig die Beſatzung der Citadelle durch den heimlich entſendeten
Hausknecht in Allarm ſetzte.

Nachdem hierdurch die Ueberrumpelung vereitelt war, beschloß Schelmuffski die regelmäßige Belagerung, und etablirte demgemäß sein Hauptquartier an der Table-dhôte im Frosch.

Ein detachirtes Corps von 12 Mann unter der Führung eines ehemaligen badischen Tambours bemächtigte sich der Stadt und errichtete daselbst eine provisorische Regierung, während Schelmuffski selber den Angriff gegen die schwach besetzte Citadelle vom blauen Frosch her dirigirte. Das Nähere über diese, dem berühmten Gefechte von Niblingen vorangegangenen Ereignisse wird demnächst in dem angekündigten Werke unseres Collegen zu lesen sein.

Da die Citadelle nur als Festungs-Arrest-Local diente, so bestand die Besatzung aus einer Invaliden-Compagnie von vierzig Mann, welche einen Ausfall nicht wohl unternehmen konnten. Die vorhandenen vier Geschütze, welche dem leichteren Kaliber der sogenannten Katzenköpfe angehörten, waren zum Feuern am allerhöchsten Geburtstage bestimmt, aber als Festungsgeschütze doch kaum zu betrachten, weder für Wall noch für Kasematte geeignet.

Nichts desto weniger hatte das mehrmalige sachkundige Abfeuern dieser Katzenköpfe, in Verbindung mit obligaten Gewehrsalven, eine genügende moralische Wirkung, um während des ersten Belagerungstages nicht nur den Feind von der Eskalade zurückzuschrecken, sondern auch die Belagerungsarbeiten, welche vom Frosch her unter dem Schutze eines vorgeschobenen Mistwagens begannen, in ihrem Vorschreiten wesentlich zu hindern. Dem mit Rehposten und Nullschroten eröffneten Feuer der sieben demokratischen Doppelflinten zeigte sich die Widerstandsfähigkeit der Citadelle völlig gewachsen.

Doch schon am zweiten Tage rückte die Garnison von Winkelkram zum Entsatz heran, mit dem Bataillon Knopf als Avantgarde.

Am 23. Juni, Vormittags 11 Uhr, wurden die ersten Schüsse mit den feindlichen Vorposten gewechselt, und 20 Minuten später war der Sieg von Niblingen durch Knopfs Bataillon gewonnen, bevor noch die, unter der Führung der Excellenz Wendehals nachrückende, Hauptmacht zum Eingreifen in die Bataille gelangen konnte.

Schelmuffski hatte sein ganzes Corps, in der Stärke von 237 Sensen, à cheval der Chaussee von Winkelkram hinter den äußersten Hecken der Enceinte von Niblingen in Linie entwickelt; im Centrum zog sich quer über die Heerstraße eine aus umgelegten Fuhrwerken improvisirte Barrikade, welche von den 7 demokratischen Doppelflinten besetzt war.

Diese eröffneten auf 800 Schritt Abstand das Feuer gegen die Spitze des Knopfschen Vortrupps, welcher sich sofort auf die nachfolgende Marsch=Colonne des Bataillons zurückzog.

Hierdurch ermuthigt, gingen die feindlichen Schützen hinter den Bäumen längs der Heerstraße vor, während sich gleichzeitig auf beiden Flügeln ein Theil der Sensenmänner im Schutze der Kornäcker voranschlich.

Schelmuffski stand mit seinem Stab hinter der Barrikade und fluchte wie ein betrunkener Polack.

Was that nun Knopf? —

Die Chaussee war zu schmal, um die Angriffs=Colonne auf die Mitte vorschriftsmäßig zu bilden; er deployirte daher gleich= falls à cheval der Straße mit zwei Halbbataillons in geschlossener Linie, so gut es auf den Kartoffel= und Kornäckern angehen wollte.

Nachdem sodann eine erträgliche Richtung hergestellt war, beschloß er im ordinären Schritt (65½ auf die Minute) antreten zu lassen und sich der feindlichen Barrikade bis auf 600 Schritte zu nähern, um sodann einige Salven mit Halbbataillons abzugeben und nöthigenfalls noch im Geschwindschritt (105 auf die Minute) mit gefälltem Bajonnet und Hurrahruf vorzugehen.

Aber indessen war die feindliche Linie um 300 Schritte avancirt, und die sieben Schützen des Centrums eröffneten plötz= lich ihr Feuer aus unerwarteter Nähe, während gleichzeitig die Sensenmänner in den Kornäckern aufstanden und mit wildem Geheul ihre blinkenden Waffen schwangen!

Es war ein entscheidender Moment: Knopf ritt seinen Nikanor noch auf der Chaussee, mitten vor der getheilten Front, obgleich sein Adjutant ihn beschworen hatte, sich der Armee und dem Vaterlande zu erhalten.

Als nun plötzlich das feindliche Feuer begann, und die ganze Schelmuffski'sche Linie sich in unerwarteter drohender Nähe erhob, beschloß Knopf, von dem Massenfeuer Umgang zu nehmen und sofort mit gefälltem Bajonnet auf den Feind zu stürzen!

Denn nur so erklärt sich sein historisch beglaubigter und anfangs mißverstandener Ausruf: „Hebt mich herab, Kinder, es schießt!"

Nikanor war nämlich sehr unruhig geworden und Knopf hielt es für zweckmäßiger, abzusteigen, offenbar, um die Fahne des Bataillons zu ergreifen und dieselbe zu Fuß vor der stür= menden Linie einherzutragen.

Aber es kam anders! Unter dem Eindruck des demokratischen Feuers machten beide Halbbataillone unwillkürlich halt, und

eröffneten ohne Commando ein rasendes Rottenfeuer, wobei aller=
dings viele Gewehre in einem Elevationswinkel von 45 Grad,
viele andere von der Hüfte aus abgeschossen wurden, so daß es
erklärlich wird, wie Nikanor durch zwei Schüsse in's Hintertheil
blessirt werden konnte.

Nun aber war der Muth des edlen Rosses bis zum Wahn=
sinn gesteigert. — Knopf mußte sofort den Gedanken des Ab=
steigens aufgeben — Nikanor nahm das Gebiß zwischen die Zähne
und stürmte rechts von der Chaussee, den Graben überspringend,
gegen die feindlichen Sensenmänner an.

Diese ruhmvolle Charge eines einzigen tapferen Offiziers gegen
die ganze blutdürstige Rotte der Revolution bleibt ewig denkwürdig
in unserer Kriegsgeschichte, wie in der vaterländischen Poesie.

> „Den Stern des Vaterlandes preist mein Lied,
> „Auch Winkelkram hat seinen Winkelried.“

So lautet der Refrain der von Geh. Hofrath Pips gedichteten
Ballade: „Knopfs Heldenritt,“ welche also beginnt:

> „Wer reitet so rasend dem Heere voran?
> „Es bricht sich ein Knopf seine blutige Bahn!“

Denn während die Sensenmänner über das plötzliche Rotten=
feuer ihrer Gegner stutzten, stürmte Nikanor heran! Und als diese
Sensenmänner den sofortigen Rückzug wegen dieses heftigen Feuers
beschlossen, war das wüthende Roß schon mitten unter ihnen, und
siehe! der beschleunigte Rückzug des Revolutionsheeres artete
alsbald in gänzliche Flucht aus!

Als Knopf in den dichtesten Haufen der Sensenmänner
hineingesprengt ward, schleuderte er rasch seinen Degen von sich,
um uns jenes heroische Bild zu liefern, durch welches ihn Pipsens
Muse als unseren Winkelried verherrlichen konnte. Er griff nämlich
in wildem Todesmuthe mit beiden Armen um sich, und erfaßte
alle Sensen, die er erreichen konnte — es waren vier oder fünf —
während Nikanor nach allen Seiten rasend ausschlug und die Eigen=
thümer der Sensen theils beschädigte, theils in beschleunigte Flucht
trieb. Und Knopf hielt die Sensen fest, bis die Sinne ihm
schwanden, während Nikanor in Folge des Blutverlustes zu=
sammenbrach.

So fanden ihn, neben dem getreuen Roß und zwischen zwei
niedergetretenen Feinden, seine getreuen Krieger, welche jubelnd
heranstürmten, als sie sich von der allgemeinen Flucht des Gegners
überzeugt hatten.

Roß und Reiter kamen rasch wieder auf die Beine, denn
Knopf hatte sein Talent im gewandten Herabfallen abermals be=

währt, er war außerdem nur leicht durch einige Schnitte an den inneren Handflächen verwundet und konnte sofort den edlen Nikanor wieder besteigen, während das Bataillon in aufgelöster Ordnung in die Stadt Riblingen einbrang, in alle Thüren, Fenster, Keller und Dachlucken schießend, um verborgene Freischaaren zu bekämpfen. Als Excellenz Wendehals mit dem Haupt-Corps herankam, und insbesondere auch etliche Geschütze voranbrachte, konnte ihm Knopf bereits feierlich melden, daß der Tag von Rib- lingen entschieden war.

Nikanor hat zwar seit jenem Tage stets etwas auf dem Hintertheile gelahmt, aber er that es mit einer gewissen Koketterie; in jeder seiner Bewegungen sprach sich das Selbstbewußtsein eines historischen Pferdes aus.

*   *   *

Die Folgen des Tages von Riblingen waren unermeßlich. S. G. H. Irenäus II. befahlen sofort, daß der Staatskanzler Graf Gummi von Lederfell nunmehr wieder nach der erprobten Metter- nichschen Methode, und nicht mehr nach dem neuen System zu regieren habe. Die Sache der Ordnung erhob offen ihr Haupt; die Feinde der Ordnung bebten und knirschten in ohnmächtiger Wuth, und Advocat Scharfschinder behauptete damals „das blut- triefende Ungeheuer der Reaction winde sich heulend empor aus dem fauligen Sumpfe des Absolutismus!"

Knopf ward noch in demselben Jahre Oberstlieutenant und Oberst (zur letzten Lebensfreude der alten Stine, welche damals im Alter von 95 Jahren nach vierundzwanzigjährigem Kampfe mit ihrer Schwiegertochter zum ewigen Frieden einging).

Dem Offizier-Corps ward mitgetheilt, daß S. Gr. H. geruht hätten, bis auf weiteres nicht mehr für die Freiheit und das einige Deutschland zu sein, und daß demgemäß sämmtliche Herren Offiziere sich nicht mehr liberal, sondern streng conservativ in allen öffentlichen Localen zu äußern hätten.

Da zeigte sich nun wieder Streblichs schlechte Gesinnung. So lange die Freiheit von oben gewünscht wurde, wollte er auf das Volk schießen und sprach sich entrüstet gegen die Ueberstürzung ter Zeit aus, wodurch die wirkliche und dauernde Befreiung des Vaterlandes verhindert werde.

Jetzt aber, wo er conservativ sein sollte, faselte er noch immer von der Nothwendigkeit einer wirklichen Befreiung und dauernden Einigung des deutschen Vaterlandes.

Lieutenant Fridolin Hasenschwanz dagegen äußerte nunmehr seine gute Gesinnung so laut und furchtlos in allen öffentlichen Localen, daß S. Gr. H. geruhten, seinem lange gehegten Wunsche zu willfahren und ihn, unter Verleihung des Namens Richard von Löwenrachen in den erblichen Adelstand des Oberfürstenthums mit Nachlaß der Taxen allergnädigst zu erheben.

Dreißigstes Capitel.
Das kriegswissenschaftlich forschende Winkelkram.

Nachdem die Schreibkunst in Winkelkram so stolz emporge=wachsen war und sich so mächtig ausgebreitet hatte, daß sie Heer und Land überschattete, zeigten sich an ihren Zweigen nicht nur die „Knöpschen und Blüthchen" militärischer Poesie, sondern auch die edlen Früchte der Kriegswissenschaft reiften bald in erstaunlicher Fülle.

Es wäre überflüssig, die hohe Bedeutung der winkelkram'schen Wissenschaft hier zu erörtern — anmaßend, auch nur die hervor=ragendsten Schriften unserer Kriegsgelehrten hier in einem einzigen Kapitel dieses Werkes zu besprechen — unmöglich, eine vollständige Uebersicht unseres militärwissenschaftlichen Gesammtlebens und Gesammtwissens hier zu geben.

Nennen wir nur einige der mächtigsten Hülfsmittel und An=stalten, durch welche unser O. Kriegsministerium das wissenschaftliche Streben im heimischen Heer geweckt und gefördert hat.

Da tritt uns denn zunächst die wahrhaft wissenschaftliche Ausbildung der Dienstreglements zu einem alles umfassenden System gegenüber.

Seit 25 Jahren ist eine besondere Haupt=Commission mit der Ausarbeitung dieses Systems beschäftigt, welches die scheinbar unübersehbare und progressiv anwachsende Menge unserer einzelnen trefflichen Vorschriften, Verordnungen und Instructionen zu einem Universal=Reglement von 11 Abtheilungen zu je 7 Bänden ver=einigen soll; jeder der 77 Bände wird zunächst in ein Vorder=theil, ein Mitteltheil und ein Hintertheil zerfallen, deren jedes in 7 Unterstücke mit 5 Absätzen, 50 Capiteln und 500 Paragraphen sich gliedert.

Natürlich ist die Aufgabe dieser Haupt=Commission nur auf die Erfindung und Durchbildung des Schemas und die Disposition des Stoffes beschränkt, während die fortwährende Aus= und Um=arbeitung der einzelnen Theile durch sieben Special=Commissionen und zwei Sub=Commissionen betrieben wird.

Zweierlei ist dabei von vorn herein klar.

Erstens nämlich, daß jeder Offizier von Winkelkram mindestens einer dieser Commissionen angehören muß;

und zweitens, daß die Vollendung der ganzen Arbeit un=möglich ist.

Denn bei dem raschen Fortschritt des Kriegswesens, seiner Technik und seiner Wissenschaft, ist natürlich jeder einzelne Theil des Riesenreglements weit schneller von der Zeit überholt, als er von der betreffenden Commission ausgearbeitet werden kann. Während man das glatte Gewehr bearbeitet, wird der gezogene Vorderlader eingeführt; sobald die Commission zu dem letzteren übergeht, tritt der Hinterlader auf die Bühne, und während man diesen reglementarisch fixirt, taucht bereits im Hintergrunde ein Repetirgewehr auf, und hinter diesem das Modell eines mecha=nischen Selbstplänklers mit 100 Schüssen per Minute.

Aber gerade darin liegt ja die tiefe Weisheit unseres ganzen Planes, der einestheils durch seine enorme Ausdehnung alle Offiziere wissenschaftlich beschäftigt, anderentheils durch die Uner=reichbarkeit seines Zieles den Arbeitsstoff unerschöpflich macht. Wer sich heute von der einen Commission abmeldet, wird morgen zu einer anderen commandirt.

Wie überhaupt die Menschheit nur durch das Streben nach unmöglichen Dingen, nämlich nach den sogenannten Idealen, zu höherer Vollendung fortschreitet, so bleibt auch das höhere Streben der winkelkramschen Offiziere stets in erwünschtem lebhaftem Gang, weil der letzte Zweck in unerfaßbarer Höhe über ihnen schwebt.

Und von welch hohem Werth für den Dienst ist diese lebendige Beweglichkeit und wimmelnde Menge der Vorschriften! denn in früherer Zeit, als es deren nur wenige gab, an welchen fast niemals etwas geändert wurde, bildeten sich im Offizier=Corps einzelne oppositionelle Charaktere aus, welche mit dem Reglement im Kopf und in der ... en Vorgesetzten zu widersprechen liebten.

Wi.... ...ute noch jetzt ein solcher Charakter mit Keckheit behaupten, was eigentlich in dieser oder jener Hinsicht, rbuch die neue, neuere oder neueste Vorschrift wirklich befohlen sei? *

---

* Anmerkung von Streckebein: Web mir! es ist wahr; besonders auch, nachdem noch das preußische System in das unserige hinein, um das unserige herum und durch das unserige hindurch zur Anwendung kommt.

In Summa, die Dienstkunde ist eine höhere Wissenschaft geworden, so wie die Jurisprudenz, deren Jünger und Priester sich weislich hüten, in das Gebiet des gemeinen Verstandes herab= zusteigen, und jedem Neugierigen sofort auf die Nase zu hängen, was wirklich Recht oder Unrecht ist. Denn dies wird ja der Proceß für jeden einzelnen Fall in letzter Instanz darthun, und ebenso wird eine Kriegsministerial=Verfügung schließlich Jeden zur Ruhe bringen, der etwa mit seiner Maßregelung durch einen Regiments= oder Brigade-Befehl noch nicht zufrieden sein sollte. —

Daß außer den Reglements=Commissionen noch viele Special= Comités errichtet worden sind, versteht sich von selber (Sind wir doch selber ein solches!) Dadurch sind viele wahre Reformen er= reicht, viele Vorurtheile und Irrthümer beseitigt worden.

So hatte sich Hauptmann Streblich unterfangen, ein Gut= achten auf dem Dienstwege einzusenden, in welchem er behauptete, der Soldat von Winkelkram sei zu schwer belastet, um gehörig marschiren, springen, bajonnetiren, plänkeln und schießen zu können; man müsse ihm vor allen Dingen seine Last von 60 Pfunden bis auf höchstens 40 erleichtern, weil man weder eine Maschine noch einen Menschen durch schwere Lasten in lebhafte Bewegung versetzen könne. Zur Unterstützung dieser Irrlehre, die natürlich wieder auf Beseitigung von Helmen, Säbeln und Tornisterfüllungen hinauslief, brachte Streblich allerlei physiologische und mechanische Berechnungen mit sogenannten Fußpfunden oder Pfundfüßen u. s. w. bei, wodurch er der höchsten Behörde zu imponiren gedachte.

Aber siehe! es ward eine Commission unter dem Präsidio des Generals von Rollmantel eingesetzt, welche in einem wahrhaft durchschlagenden Gutachten die Verwerflichkeit des Streblich'schen Projects mit wissenschaftlichen und insbesondere mit mechanischen Argumenten nachwies.

Die Thatsache, daß man allerdings einen richtigen Soldaten gehörig belasten muß, damit er etwas tüchtiges leistet, ward durch Herrn General von Rollmantel gerade durch das Beispiel von zwei bekannten Maschinen in glänzender Weise dargethan. Er verwies nämlich a) auf die Schwarzwälder Uhren, welche lediglich durch ihre Gewichte in Gang gesetzt und getrieben werden, und b) auf die hydraulischen Pressen, welche ihre ungeheure Gewalt nur dem Druck einer schweren Wassermasse zu verdanken haben.

Nachdem sich 1849 der Werth der Citadelle von Niblingen so glänzend bewährt hatte, wurde neuerdings eine Commission beauftragt, Vorschläge zum zeitgemäßen Umbau und zur neuen Armirung dieses Platzes zu entwerfen.

Wir heben von diesen Vorschlägen hervor a) die Herstellung von Glacis mit bedecktem Wege dahinter, damit die Garnison auch bei Regenwetter daselbst trocken exerciren könne; b) die Beschaffung neuer Hinterladungsgeschütze mit Belmontil=Oel und neusilbernem Spielraum, von welchem letzterem ein Muster aus Berlin zu beziehen sei, c) die Umbildung der Citadelle zu einem Manövrir=Platze durch Errichtung einer ständigen Feldkantine auf der nahen Gemeinde=Wiese sowie durch deutliche Absteckung der Manöver=Gränzen, innerhalb deren von nun an das alljährliche Herbstmanöver zwischen dem Nord= und dem Süd=Corps angesichts der historischen Citadelle abzuhalten und auszufechten sei.

Wir fügen hier ein, daß bei der ersten Ausführung dieses Manövers Herr Oberst von Knopf als Commandant des Nord=Corps, alle Versuche des Süd=Corps, ihn zu umgehen oder zu überflügeln, glänzend vereitelte, indem er mit aller Festigkeit seines Charakters sich mit beiden Flügeln ganz genau an die Manöver=Gränzen anlehnte und nicht davon abließ, bis der Gegner die die Geduld verlor und sich für besiegt erklärte.

Der Commission „für geistige Hebung des gemeinen Soldaten“ ist es zu verdanken, daß für jeden Dienstag von 2 bis 3 Uhr Nachmittags „Anregung der Ambition“ und für jeden Samstag von 3 bis 4 Uhr „logisches Denken“ in unseren Winter=Lehr=Plan aufgenommen ist. Diese Commission hat auch Soldaten=Bibliotheken errichtet, zu deren Benützung Oberst von Knopf die Leute seines Regimentes mit den väterlichen Worten ermahnte: „Leute! lest mir fleißig in diesen angenehmen Büchern, denn es soll durch dieselben mittelbar auf eure gute politische Gesinnung gewirkt werden.“

Die Commission „für Benützung der Eisenbahnen zu Kriegszwecken“ hat zuerst die jetzt allgemein anerkannte Thatsache ermittelt, daß die ganze militärische Eisenbahn=Kunde und Transportwissenschaft nach den drei großen Grundideen des Einsteigens, Darinsitzens und Aussteigens — mit entsprechender Modification für Pferde und todtes Material — zu zergliedern ist.

Wir schweigen von den Regiments=, Corps= und Central=Militärbibliotheken für Offiziere, von den militärischen Lese= und Rede=Vereinen, sowie von den emsig cirkulirenden Zeitungsmappen und von den wissenschaftlichen Reisen.

Nur kurz sei erwähnt, daß es bekanntlich der „zur Untersuchung des Schlachtfeldes von Solferino“ 1861 entsendeten Commission gelungen ist, den Gang dieser Schlacht auf seine geologischen Ursachen zurückzuführen und den taktischen Sieg der Franzosen durch ernste strategische Gründe mit solchem Erfolg in Frage zu stellen, daß besagte Schlacht durch Erlaß h. Kriegs= ministeriums „für eine bei den wissenschaftlichen Vorträgen in der Militär=Academie vorläufig als unentschieden zu betrachtende" erklärt worden ist.

Von den militärwissenschaftlichen Ausarbeitungen, welche alljährlich durch unsere jüngeren Offiziere nach bestimmten Thema und Schema zu liefern sind, geben wir nur zwei als Proben, die eine als Muster einer neuen genialen Auffassung eines alten Stoffes, die andere als warnendes Beispiel einer geistigen Ver= irrung, welche in 6tägigem Arrest auf dem Hundethor ihr ge= eignetes Correctiv fand.

Die Musterarbeit ist von dem Lieutenant Isidor van der Bombe, jüngstem Sohne des Hofmarschalls, eingereicht worden, und be= handelt „den Werth einer in der Regel streng einzu= haltenden Anciennität bei dem Avancement der Offiziere." Der Verfasser weist treffend nach, wie die militärische In= telligenz und Würde mit der Zunahme des Dienstalters und der Erhöhung der Gage, sowie des Ranges Hand in Hand geht und in. inniger Verbindung wächst. In dem Tone eines dienstlich erlaubten aristokratischen Humors eröffnet sodann der junge Autor eine ganz neue Perspective auf alle die reellen Vortheile, welche durch Einführung der Anciennität auf den verschiedensten Gebieten des Lebens, der Wissenschaft und der Kunst zu gewinnen wären. In lecker Genialität schlägt van der Bombe z. B. vor, die älteste Choristin des Hoftheaters zu Winkelkram, die wohlbekannte Theresa Kratzgurgel, auf Grund ihrer vierzigjährigen dramatischen Erfahrungen bei nächster Vacanz zur Primadonna avanciren zu lassen.

Dieser Versuch ist seiner Zeit freilich verhindert worden, weniger durch Uebelwollen der Intendanz, als durch das Wider= streben des alten Barons Flatterhanns, welcher als Gegengrund anführte, daß Serenissimus höchstselber keineswegs die ältesten, sondern vorzugsweise die jüngeren Kräfte der Hofbühne durch allergnädigstes Wohlwollen zu encouragieren geruhe.

Doch hatte ja van der Bombe junior keineswegs die aus= nahmsweise raschere Beförderungsfähigkeit des jugendlichen Genie's und des höheren Adels in Abrede gestellt. Serenissimus, der höchstselbst die besten Arbeiten seiner Offiziere zu lesen liebte, soll allerhöchstherzlich über das projectirte Avancement der alten Chor=Therese gelacht und noch gerade in dieser gnädigen Stimmung

das Patent unterzeichnet haben, durch welches Lieut. van der
Bombe außer der Tour zum Premierlieutenant avancirte.

Lieutenant Richard von Unruh dagegen verdiente den
erwähnten 6 tägigen Wachtarrest durch eine vorschriftswidrige
Behandlung des Thema's: „Ueber den militärischen Nutzen
der Kasernen, sowie über den veredelnden Einfluß
derselben auf das menschliche Geschlecht überhaupt."

Zunächst erlaubte er sich, die zweite Hälfte des Thema's
zuerst zu behandeln, und zwar folgendermaßen:

„Es gibt Dinge und Wahrheiten, die schon durch den all=
„gemeinen Sprachgebrauch so deutlich charakterisirt, bewiesen und
„festgestellt sind, daß hierdurch eine jede weitere Erörterung voll=
„kommen überflüssig gemacht wird. In diese Kategorie gehören
„die Kasernen.

„Denn ich frage:

„1) Was versteht man unter Geist, Verstand, Witz, Muth,
„Poesie, Gesang, Liebe? —

„2) Was versteht man unter Kasernen=Geist, Kasernen=Verstand,
„Kasernen=Witz, Kasernen=Muth, Kasernen=Poesie, Kasernen=
„Gesang, Kasernen=Liebe? — Sapienti sat."

Bis hierher, mit diesem ersten Abschnitte, hätte Unruh sich
ungefähr 2 Tage Wachtarrest zugezogen; aber seine Rechnung
schwoll bis auf 6 Tage an, weil er sich unterfing, in der zweiten
Hälfte seiner Abhandlung die Cultur und militärische Erziehung
des Kasernenflohes folgendermaßen in Vorschlag zu bringen:

„Sollte ich mich eines Freundes schämen, den Göthe und
„Rückert besangen? Hat nicht der unvergeßliche Dichter des Murr
„ihn verherrlicht, und hat nicht der wunderbare Clemens eine
„seiner schönsten Geschichten von ihm erzählt? Poesie und Sage
„umgeben ihn mit geheimnißvollem Nimbus, das Märchen läßt
„ihn als Adoptivkind des Königs mit dem allerhöchsten Blute
„aufgenährt werden — welch durchaus exceptionelles Verhältniß
„für einen Unterthanen!

„Und vom gewöhnlichen Floh bis zum Kasernenfloh ist noch ein
„bedeutender Sprung, eine erhabene Potenzirung, wie vom Witz
„zum Kasernenwitz. Ja, der Charakter des Kasernenfloh's schwingt
„sich elastisch empor über den gemeinen Haus=, Familien= und
„Hunds=Floh.

„Zwar an Größe ist der Hundefloh ihm gleich, nicht aber
„an Kraft, Race, Energie, Gesinnung! Wer möchte das träge
„Vegetiren im warmen Pudelpelz mit dem rastlosen wilden Kampfe

10*

„vergleichen, den der Kasernenfloh um sein Dasein und gegen
„die bestehende Ordnung führt!

„Denn die Kaserne ist das große Schlachtfeld, um dessen
„Besitz unser Floh schon seit Jahrhunderten in stets unentschie=
„denem blutigem Kampfe mit unserem herrlichen Kriegsheere streitet!

„Und unsere Bewunderung für die tapfere Beharrlichkeit
„unserer braunen Gegner wird wesentlich gesteigert, wenn wir
„erwägen, daß sie ohne künstliche Waffen, ohne taktische Organi=
„sation und sogar ohne monarchische Verfassung den mächtigsten
„Kriegsheeren und größten Fürsten in ihren eigensten Kasernen
„einen unbesiegbaren Widerstand entgegensetzen. Polen, Tschet=
„schenzen und Montenegriner sind nichts dagegen!

„Vom höheren Kasernenwitz braune Husaren genannt, ver=
„einigen sie in der That die wichtigsten Eigenschaften berittener
„Parteigänger mit den Vorzügen der trefflichsten leichten In=
„fanterie. Nicht beritten, und doch einem wilden Reiterheere
„vergleichbar durch Schnelligkeit und Energie der Attaque —
„eine Art von Centauren — sind sie beim Auftreten in Masse
„wahrhaft furchtbar; und bewundernswerth zeigt sich die persön=
„liche Befähigung und Bravour, die individuelle militärische
„Durchbildung jedes einzelnen Kämpfers im Recognosciren,
„Tirailliren, im Hinterhalt und im Scheinangriff, und in der
„taktischen Verhöhnung des verfolgenden Feindes durch beständigen
„Ortswechsel!

„Im wahren Sinne des Wortes geht der Floh dem Feind
„auf den Leib und macht ihn zugleich zum Schlachtfeld und zum
„Verpflegsmagazin, das er an jeder Stelle nach Bedürfniß anzapft.
„Wie genial! Wer kann hier sagen, wo die taktischen und stra=
„tegischen Beziehungen sich trennen, Schlagfertigkeit und Bedürftig=
„keit sich vermählen?

„Schon der alte Lukian hat uns in einer lehrreichen Reise=
„beschreibung von einer taktisch organisirten Floh=Miliz wunder=
„bares berichtet; und an die älteste dunkle Sage knüpft jetzt die
„neueste Naturforschung ihre lichtvollen Ergebnisse. Wohl möglich,
„daß auf Darwinschem Wege der Kasernenfloh einst wirklich zu
„einem schätzbaren Bestandtheile unserer Kriegsheere sich heraus=
„bildet — als eine Art von springender Infanterie, die alle
„bestrichenen Räume überhüpfen, die Hinterlader verhöhnen, und
„mit dem Blute erlegter und gefangener Gegner sich selbst ver=
„pflegen würde.

„Das Ziel ist erreichbar, wenn dem energischen Kampfe um's
„Dasein, den unser Floh schon seit Jahrtausenden kämpft, nun

„endlich das fördernde Element einer officiellen künstlichen Züchtung
„hebend, ausbildend und vergrößernd zu Hülfe kommt."

Einunddreißigstes Capitel.
Die Parade vom 1. December 1857.

Unser verehrtes außerordentliches und außerordentlich von
uns verehrtes Mitglied für höheren Styl Herr Geheimehofrath
Pips ergreift hier auf unser Nachsuchen das Wort:

„Geheimnißvoll, aber klar, wie eine heilkräftige Quelle ent=
sprang Knopfs wunderbare Existenz im Schooß der Kaserne während
der Festparade von 1799, um gleich einem nützlichen Gewässer
durch Winkelkrams militärische Zustände dahin zu strömen und
endlich auf der Festparade von 1857 als wirkliche Excellenz in
das Meer des militärischen Weltruhmes einzumünden.

Ja! zwischen dem carmoisinrothen Kragen von 1799 und
dem ziegelrothen Kragen von 1857 hat dieses edle Leben und
Wirken sich entfaltet! Von der violetten Gamasche mit dem gelben
Kameelknopf bis zur blauen Achselklappe mit der gelben Krone
ist Winkelkrams militärische Größe in und durch unseren Helden
emporgewachsen. Und als er zur Excellenz erblühte, war auch
sein treu geliebtes Regiment zur höchsten Ehre herangereift.

Denn Knopf war, wie wir wahrheitsgemäß berichteten, als
Leib = Garde = Füsilier = Regiments=Kind geboren, aber am
1. December 1857 stand er als Garde=Füsilier=Leib=Regiments=
Inhaber vor der Front, ja da stand er gerade und fest auf dem
wohlplanirten Kiesboden des Paradeplatzes vor dem Residenz=
schloß, fast überwältigt und erdrückt von der Fülle der Allerhöchsten
Gnade, die sich an diesem Tage auf ihn niedersenkte, beziehungs=
weise an ihn anhängte.

Freilich war unser Held schon 1852 zum Generalmajor und
Brigade=Commandeur befördert worden, ohne daß selbst der
grüngelbe Neid es gewagt hätte, dieses ungewöhnlich rasche Avan=
cement zu beanstanden. Denn groß und offenkundig waren seine
Leistungen im Fache der Montur, Figur, Frisur, Dressur, eben=
sowohl in Bezug auf höheren Schick, Zwick und Flick der Uniformen,
wie hinsichtlich des feineren Griffs, Schliffs, Kniffs und Pfiffs
beim Exerciren! und in den Gebieten der kriegerischen Plastik,
Scholastik, Drastik, Gymnastik! und endlich für Gewinnung von

von Gesinnung in der militärischen Innung! Ja, was er in allen diesen Richtungen erstrebt und erreicht hatte, das alles summirte sich zu einer kriegerischen Erhabenheit, welche von der Kritik nicht mehr erreicht werden konnte.

Schon besaß er die am Eingang dieses Berichtes aufgezählten vier Großkreuze; auch die Anwartschaft auf die durch das Ableben der Excellenz Wendehals erledigte Stelle eines wirklichen General-lieutenants war ihm unbestritten, und es war bereits aus dem Allerhöchsten Kabinet verlautet, daß er nicht nur zum General-lieutenant, sondern auch zum Divisions-Commandeur ersehen war, indem Seine Gr. H. der Oberfürst den Allerhöchsten Entschluß gefaßt hatten, der Winkelkramschen Infanterie-Brigade speciell zu diesem Zweck den Charakter einer wirklichen Armee-Division Aller-gnädigst zu verleihen; endlich war es auch schon längst vor der Festparade fast ein öffentliches Geheimniß, daß alle Vorbereitungen getroffen waren, um unseren Helden an diesem feierlichen Tage in den höchsten Krieger-Orden des Vaterlandes, nämlich in das Kapitel der Kameel-Brüder aufzunehmen.

Aber es waren hauptsächlich zwei Punkte, durch welche die Allerhöchste Gnade gewißermaßen sich selbst überbot, indem sie das edle Gemüth unseres Helden überraschend ergriff und mit Seligkeit überwältigte.

Das war erstens die Ernennung zum Inhaber des heißge-liebten Regiments bei dessen gleichzeitiger Heranziehung zum Aller-höchsten Leib.

Das war zweitens die Verleihung der Kameelkette mit einer ganz besonderen, von Serenissimo selber speciell für diesen Fall erfundenen Vermehrung und Vervollständigung der Insignien, wodurch für unseren Helden, und nur allein für ihn, eine be-sondere neue Klasse dieses höchsten Ordens gestiftet war!

Und wie fein hatte Sich Serenissimus diese Extra-Auszeichnung Seines treuesten Dieners ausgedacht! Er war ein Knopf, welchen Knopf als persönliche Zulage zum Kameel-Orden erhielt — aber was für ein Knopf! —

Es war eigentlich ein sanft gewölbter, runder, silberner Schild von 8¾ Zoll Durchmesser, welcher zwar durch seine Form und die auf der Rückseite befindliche Oese noch in die Gattung der Knöpfe zu gehören schien, aber durch die Größe seines Durch-messers und den Schmuck seiner Oberfläche sich zum Rang eines kriegerischen Kunstwerkes erhob, welches nur etwa mit dem Schild des Achilleus oder einem prinzlichen Ehrenschild für die süddeutsche Campagne zu vergleichen war.

Längs der Peripherie, also im äußeren Ring oder am Rande des Kameel-Knopfs (denn dies ist die dienstliche Bezeichnung des Kunstwerks) sieht man die Metamorphose eines Menschen zum Soldaten, oder eines Bauern zum Füsilier, in zwölf charakteristischen Gruppen in Hautrelief dargestellt. Den inneren Kreis bilden sechs Trophäen, welche aus den nützlichsten und unentbehrlichsten Werkzeugen des kriegerischen Lebens und Wirkens kunstvoll gebildet sind. Wir erwähnen davon, als besonders gelungen, die effectvolle Gruppirung der zur Feldausrüstung des Tornisters gehörigen sieben Bürsten, bei deren sinniger Zusammenstellung das Widerstreben des borstigen Princips durch die geniale Glätte der Composition überwunden scheint; auch die Gruppe der Knopfscheere mit dem Putzlappen und dem Trippelkrug ist kühn und elegant zugleich, besonders in den sehr schön gedachten Falten des Putzlappens. Wir schweigen von den vier anderen Gruppen, als deren Mittelpunkte der Wichstopf, die Lackbüchse, das Nähzeug und der Anstreichkreideschwamm sich darstellen.

In der Mitte befindet sich die von Serenissimo selber erfundene Devise: „servitudinem confirmo", welches nach Allerh. Verfügung zu übersetzen ist: „Ich halte den Dienst zusammen" — in schöner Doppelbeziehung auf unseren Helden, und auf Knöpfe überhaupt, denen es allein zu verdanken ist, daß nicht alle Röcke offen stehen und alle Ordonnanzhosen herabfallen.

S. Gr. H. der Oberfürst Irenäus II. hatten weislich erwogen, daß nach Beifügung der Kameelkette zu den bereits vorhandenen vier Großkreuzen mit ihren entsprechenden Sternen, die vordere Oberfläche Seiner Excellenz bis zur Schärpe herab völlig bedeckt sein würde; deßhalb bestimmte ein allerhöchster Erlaß über die Befestigung des Kameel-Knopfes, daß derselbe mittelst seiner Oese in einen von der Schärpe herabhängenden 4 Zoll langen silbernen Haken einzuhängen und demgemäß von Seiner Excellenz auf dem Nabel zu tragen sei.

So erfüllte sich reich und herrlich, was wir schon in der Vorrede sagten: in und an Knopf spiegelte sich die ganze Festparade, ja der ganze Dienst!

Und wer ermißt nun die Gefühle des neuen Inhabers, als er in solcher Ehrenrüstung dem Regiment gegenüberstand — das ganze Offizier-Corps hinter ihm, und rings um ihn her das freudig erregte Publikum der Residenz, dessen jüngere Mitglieder alle mit Jubelgeschrei nach dem Unterleib Seiner Excellenz hindeuteten!

Generallieutenant Freiherr vom Knopfe drehte sich in diesem historischen Moment zweimal mit ruhiger Würde um seine vertikale Achse herum; er beschrieb diese beiden Umdrehungen nur mit Hülfe der Beine, indem er viermal die Bewegung „Rechtsum — kehrt — euch!" ganz vorschriftsmäßig vollzog. So sah er sich nach allen Seiten um, und ließ auch den Kameelknopf nach allen Seiten sehen, ohne den Kopf auf den Schultern oder den Ober= körper auf den Hüften merklich zu bewegen.

Es mag ihm dabei zu Muthe gewesen sein, wie einem ge= wissen Buddha, von welchem die japanischen Priester Folgendes erzählen: Als Buddha geboren war, stellte er sich gerade auf seine beiden Füße, dann drehte er sich um und deutete mit dem Zeige= finger nach oben, nach unten, nach rechts, nach links, nach vorn, nach hinten, und redete also: „Dort oben und da unten, dort rechts und dort links, da vorn und da hinten ist Niemand, der so verehrungswürdig wäre wie ich."

Doch wir verzichten darauf, die geheimnißvolle Vermählung tiefster Bescheidenheit und höchsten Selbstbewußtseins belauschen zu wollen, wie sie damals in Knopfs Busen sich vollzog. Sagen wir es mit einem Worte: er empfand, daß er es nicht mehr nöthig hatte, noch irgend etwas weiteres zu leisten, um ein großer Mann zu sein und zu bleiben.

Vergessen wir aber nicht, daß es auch das hundertjährige Jubiläum des Regiments war, welches heute gefeiert wurde. Im erlaubten Selbstgefühl hundertjähriger Würde hob auch der jüngste Füsilier sich um mindestens einen Achtel = Zoll über sein gewöhn= liches Maaß empor, denn ihn belebte das stolze Bewußtsein, den Lohn hundertjähriger treuer Dienste durch den neuen Kragen und die neuen Achselklappen sichtbar an sich zu tragen. Und die be= vorstehende Abfütterung mit Braten und Wein ließ die zartesten Saiten des vaterländisch gestimmten Busens in schönen Festaccorden erklingen.

Aber mehr noch! Den rastlosen Forschungen der hier an= wesenden Herren Commissions=Mitglieder, Major von Schweins= leder und Hauptmann von der Bürste, war es gelungen, schon rechtzeitig den historischen Nachweis zu liefern, daß nicht nur das hundertjährige, nein, auch das zweihundertjährige Jubiläum des Regimentes, oder doch seiner Bestandtheile, mit Fug und Recht an diesem Tage gefeiert werden konnte, wenn auch eine doppelte Austheilung von Schweinebraten und Wein hierdurch keineswegs bedingt wurde.

Es hatte sich nämlich für das erste Bataillon aus den Acten
der weiland oberfränkischen und thüringischen kaiserlichen Kreis=
Kommando's, und für das zweite Bataillon aus den Archiven zu
Winkelkram und Lapp=Winkelkram=Lappenheim, sowie aus den
Papieren des oberfürstlichen Jagdzeugamts und der kur= —ischen
geheimen Küchenschreiberei die Gewißheit einer zweihundertjährigen
historischen Continuität mit Anknüpfung an die Reichsmiliz, an
die Lappenheimschen Schloß=Grenadiere, die kur= —ischen Küchen=
dragoner und die Winkelkramschen Hundejungen (den Kern der
jetzigen Jäger=Compagnie des Regiments) ergeben.

O Wunder der heutigen Militär=Wissenschaft! Die Kriegs=
herrn, die Dynastien, ja die Staaten selber verschwinden; ihre
Truppen wechseln den Namen, den Herrn, den Inhaber, die
Waffen, die Fahnen, die Kleidung, den Eid, die Heimath und
die Kaserne. — Alles, Alles verweht im Staub der Verwesung —
aber es bleiben einige Acten übrig. Und siehe! dies genügt dem
regimentsgeschichtlichen Forscher, dessen Auge sich stets nach rück=
wärts wendet und spähend hinausblickt in die Nacht und den
Nebel ferner Vergangenheit — bis das herrliche Gebäude einer
wohlconstruirten Regimentsgeschichte unter unseren staunenden
Füßen aus den Acten emporwächst, und unser vaterländisches
Bewußtsein von der erhabenen Zinne ruhmvoller militärischer
Jahrhunderte auf die bürgerliche Gegenwart herabsehen läßt.

Aber auch die bürgerliche Welt wurde damals von historischer
Nacheiferung ergriffen, wie das folgende Beispiel beweist. Meister
Amorosus Zunftbock, geboren 1788 zu Buxtehude, vermählte sich
1808 zu Winkelkram mit Dorothea Zwirn aus Frankfurt a. M.
und hatte mit derselben in einer immerhin glücklichen einund=
vierzigjährigen Ehe gelebt, als er 1849 in Folge seiner wohl=
verdienten Absetzung von dem Amte eines oberfürstl. Leibschneiders
an Gewissensbissen verstarb. Die 58jährige Wittwe fand inner=
halb der Schneiderzunft keinen willigen Ersatzmann für den ver=
lorenen Gatten, vermählte sich daher 1850 mit dem Schuster=
gesellen Crispinus Pech und verstarb 1851 nach kurzer aber
unglücklicher Ehe. Pech, der mittelst des Zunftbockschen Vermögens
ein blühendes Schuhmachergeschäft etablirt hatte, heirathete 1852
seine Haushälterin, starb aber schon 1854 am unvorsichtigen
Genuß geistiger Getränke. Die verwittwete Haushälterin aber
ehelichte 1855 den Wirth zum goldnen Ladestock, dem sie das
ursprünglich Zunftbocksche Vermögen noch als ein schönes Betriebs=
kapital zubrachte. Dieser Ladestockwirth Johannes Nierensteiner
war eine dankbare Seele und gedachte mit freundlicher Weh-

muth der weiland Zunftbock'schen Gatten, deren Ersparnisse ihn
vom Bankerott gerettet, und seinem Geschäft einen neuen Auf=
schwung gegeben hatten. Angeregt von dem militärischen Jubi=
läum von 1857, hielt er es daher für seine Schuldigkeit, die
auf den 1. April 1858 fallende goldene Hochzeit des Zunftbock'schen
Ehepaars als legitimer Rechtsnachfolger mit der Wittwe des ver=
storbenen Gatten der seligen Wittib des entschlafenen Schneider=
meisters unter großer Betheiligung der ganzen Schneiderzunft
feierlich zu begehen. Die Analogie mit den Regiments=Jubiläen
liegt hier klar vor Augen, nur muß man dabei von der Ver=
erbung eines Kapitals gänzlich absehen.

Zweiunddreißigstes Capitel.

Betreffend anno 66.

Das Redactions=Comité sieht sich jetzt noch dem neuesten
kriegshistorischen Stoff gegenüber, zu dessen eingehender Behandlung
es weder Befehl, noch innere Verpflichtung, noch Raum in dem
Rahmen dieses Werkes hat.

Nicht als ob rubricirtes Jahr in seinen Folgen ganz un=
schädlich an uns vorübergegangen wäre.

Im Gegentheil. — — —

Aber es steht uns nicht zu, über neueste Dinge und Zustände
schon jetzt eine Ansicht zu besitzen, welche den allerhöchsten Ent=
schließungen irgendwie vorgreifen könnte.

Unsere Situation ist nicht einfach. Winkelkram als Gesammt=
staat hat die Auflösung des allerd. Bundes noch nicht anerkannt
und vertritt diesen Standpunkt, also eigentlich noch den ganzen
alten Bund, durch seine Gesandten in Paris, St. Petersburg,
Hietzing und Madrid. Winkelkram, im Einzelnen betrachtet, ge=
hört dagegen durch den partiellen Beitritt mit der Provinz Rib=
lingen zu $1/6$ dem norddeutschen Bunde an, während es sich zu=
gleich für die Provinzen Krähwinkel und Heiligenknochen zum so=
fortigen Anschluß an einen etwa doch noch zu Stande kommenden
Südbund bereit erklärt, und endlich auch das natürliche Recht
sich noch vorbehalten hat, eventuell mit allen seinen Theilen eine
ganz unabhängige internationale Existenz zu beanspruchen.

Nicht als ob es für unseren verehrten Präsidenten, den hier anwesenden Obersten von Thonschiefer, eine zu schwierige Aufgabe wäre, auch für den geschilderten Zustand eine ganz entsprechende strategische Gliederung unseres Heeres auf geologischen Grundlagen zu construiren, und mit Hülfe der höheren Mathematik inclusive der Kubikwurzeln auszurechnen — aber — aber — es liegen noch keine höchsten Entschließungen vor.

Das Ausland sieht mit Spannung auf uns — und wer weiß, ob Winkelkram nicht durch seine centrale Lage zum Krystallisationskern einer ganz neuen mitteleuropäischen Staatenbildung auf der Basis der in diesem Werke entwickelten militärischen und politischen Grundsätze bestimmt ist. Auch die nordischen Sieger sind diesen unseren Grundsätzen keineswegs fremd, was auch von dem Einfluß der Schulmeister und Zündnadeln geredet werden mag.

Es fragt sich nur, ob Winkelkram von dem neuen Agglomerat des norddeutschen Bundes, oder ob dieses Agglomerat umgekehrt von Winkelkram werde aufgesaugt werden, eine Frage, die wir im Hinblick auf unsere bevorzugte geographische Lage immerhin aufwerfen dürfen.

Nach der bevorstehenden Klärung der mitteleuropäischen Angelegenheiten werden wir mit Genehmigung h. Kriegsministerii eine authentische Darstellung des rubricirten Jahres veröffentlichen, welche wir genau im Mittelpunkte der 2375 bis jetzt erschienenen und der noch weiter etwa erscheinenden Schriften über die deutsche Campagne aufrichten werden, wie einen militärwissenschaftlichen Leuchtthurm inmitten der literarischen Gewässer.

Dann wird der Genius von Winkelkram alle Räthsel, die das Publicum jetzt noch verwirren, mit dem goldnen Schlüssel höherer Einsicht eröffnen, und wir werden der Welt einen historischen Spiegel vorhalten, in dem sie sich staunend erkennen soll. —

Wir hätten übrigens von vorn herein aussprechen können, was schon im vorigen Kapitel bewiesen wurde, daß nämlich Knopf seit dem 1. December 1857 es gar nicht mehr nöthig hatte, noch etwas weiteres für das Vaterland zu leisten, daß mithin schon damals seine Biographie in höherem Sinne würdig abgeschlossen war; eigentlich bereiten wir uns und Anderen nur unnöthigen Kummer, indem wir der Mitwelt die traurige Thatsache des nunmehrigen Verstorbenseins unseres Helden von Neuem ins Gedächtniß rufen.

Er hatte es nicht mehr nöthig — nein! Er konnte als General der Infanterie und wirklicher Geheimerath mit Beibehaltung seines vollen Gehaltes und seiner sieben Pferderationen einen unserer höchsten Ruheposten bekleiden und sich am Abend seines Lebens dem Studium seiner Lieblingswissenschaft, der höheren Uniformskunde, gänzlich hingeben.

Aber seine Seele war rastlos, und er widmete sich von 1858 bis 66 der deutschen Bundes=Militär=Commission als erster Bevollmächtigter für Winkelkram. Den Gefahren des Ueberzugs und des Uebergangs in neue Verhältnisse zu Frankfurt a. M. wußte er durch sorglichste Einhaltung seiner täglichen Gewohnheiten unter Frau Adelens treuer Pflege zu begegnen. Und er fand dort so manches, was ihn innerlich erquickte.

Nichts stimmte besser mit seiner Gesinnung und seiner edlen Bescheidenheit überein, als die Geschäftsordnung jener Behörde, welche die höchsten deutschen Wehrinteressen nach dem Grundsatze vertrat, nichts zu sagen ohne gefragt zu sein, und nichts zu beantragen ehe es befohlen wurde.

Und dabei wußte er viel Gutes zu stiften. Auf seinen Antrag wurde der dritte Schornstein des Militär = Bäckerei = Gebäudes zu Ulm an seiner südwestlichen Fläche mit einem neuen Anstrich versehen, weil der Bewurf an vielen Stellen herabgefallen war; und an Knopfs Grabe weinen noch heute zwei Festungsschreiber und ein schleswig=holsteinischer Beamter, denen er Unterstützungen bis zu 50 und noch mehr Gulden verwilligen half.

Auch der Anschaffung von 800 neuen Hinterladungs=Geschützen für die Bundesfestungen hat er sich nicht widersetzt, obgleich es seiner Meinung nach rationeller gewesen wäre, zunächst nur eine Probekanone zu kaufen, und die nächste Belagerung abzuwarten, um sichere Erfahrungen damit zu gewinnen. Denn es ging ihm nichts über die Praxis.

Als unsere Mobilisirung im April 66 immer wahrscheinlicher wurde, glaubte der erhabene Kriegsherr Seinem Heere keine bessere Garantie für die ehrenvolle und unbeschädigte Heimkehr aus der damals bevorstehenden Campagne geben zu können, als Knopfs Berufung zum Ober = Commando der Armee.

Und in der That konnte nur das tiefdurchdachte, auf Winkel= krams besten Ueberlieferungen ruhende System der Knopfschen Kriegführung uns so glücklich vor ernsterem Schaden behüten.

Schon im Vorwort ist anschaulich gezeigt worden, wie unsere politisch=militärische Action sich in höherem Cirkel um die Residenz Winkelkram herumbewegte, während die entfesselte Weltgeschichte uns rings mit Blut und Eisen umtobte, ohne uns aus dem

Schutze unseres strategischen Zauberkreises herauslocken und in ihre verderblichen Wirbel hineinreißen zu können. (Pips dixit.)

Nur einmal standen wir in Gefahr, alle Früchte unserer wohlüberlegten Operationen zu verlieren und von der sicheren Bühne unseres strategischen Theaters herabzufallen — und wir bedauern sagen zu müssen, daß auch diesmal wieder der dem Dienst so verhängnißvolle Streblich diese Gefahr über Winkel= krams Banner heraufbeschwor.

Als bei Jammerfeld eine feindliche Colonne unseren äußeren Operationskreis berührte, erkannte der Generalstab sofort, daß diese Berührung gleich einer Tangente unschädlich vorbeiziehen müßte, wenn nur unserer Seits die nöthige taktische Vorsicht der einzelnen Abtheilungen mit der höheren strategischen Zurückhaltung des Stabes Hand in Hand gehen würde.

Alle Befehle waren in diesem Sinne gegeben, aber das Unglück wollte, daß der abnorme Streblich die Avantgarde bei Jammerfeld commandiren mußte. Und vielleicht gerade deshalb, weil er wegen eines heimlichen Einverständnisses mit dem Feinde nicht außer Verdacht war, stürzte er sich sofort mit seiner Com= pagnie auf die deployirende Colonne des Gegners und riß auch noch eine zweite Compagnie mit ins Gefecht.

Doch der Genius von Winkelkram wachte! Streblichs tolles Unternehmen ward nicht unterstützt, und er ward schwer ver= wundet zurückgebracht, während sein Lieutenant, der allzeit vor= witzige Richard von Unruh, in die Gefangenschaft des Feindes gerieth.

Ja der Genius von Winkelkram wachte! Denn die feind= liche Colonne zog nach diesem Zwischenfall auf der Tangente weiter, ohne direct auf dem Radius gegen Knopf und gegen Winkelkram vorzustoßen. Es hätte dem Feind freilich übel be= kommen können, wenn er so zu sagen seinen Kopf in unseren strategischen Sack hineingesteckt hätte; unser verehrter Präsident der Generalquartiermeister hätte dann nur an einer gewissen Schnur auf seiner Operationskanzeley zu ziehen gebraucht, um den Sack zu verschließen!

Aber es wäre doch mancherlei blutige Unordnung dabei nicht zu vermeiden gewesen — und es war des Kameels von Winkelkram würdiger, den fremden hungrigen Adler nur durch die Formeln einer höheren Strategie zu beschwören, und von unseren friedlichen Gränzen zurückzuweisen, indem es mit edler Ausdauer in seinem Kreise herumlief.

Und nach siebenmaligem Umlauf — dreimal rechts und vier=
mal links herum — war die Gefahr beschworen, der Krieg zu
Ende. Knopf hatte nicht nöthig, sich mühsam in die Heimath
zurück zu manövriren, denn er hatte sich mit dem Gros seiner
Armee niemals über zwei deutsche Meilen von seinem strategischen
Centrum, dem Kirchthurm von Winkelkram, entfernt.

Schon am 1. August 1866 hatte er die Freude, durch das
patriotisch bekränzte Hundethor feierlich in die Residenz wieder
einzuziehen, und die Armee Seinem Kriegsherrn auf feierli r
Parade in fast unbeschädigtem und sehr properem Zustande zu
zuliefern.

Aber es war seine letzte Erdenfreude, denn er trug bereits
den Tod im Magen.

Eine seltsame Verkettung von Umständen hat es gefügt, daß
Knopf seine irdische Laufbahn am 16. October 1866, also an
demselben Tage beschlossen hat, an welchem auch sein alter
Widersacher Hauptmann Streblich an den Folgen der Campagne
gestorben ist.

Doch welcher Unterschied! Knopf war dem Tode fürs Vater=
land in treuem Gehorsam und mit klarem Bewußtsein entgegen=
gegangen. Streblich ging an den Folgen seines tollen Ungehor=
sams unter. Freilich ist dieser Sachverhalt noch nicht zur allge=
meinen Würdigung gelangt.

Es gereicht uns zum tiefen Schmerze, daß wir die giftige
Schlange der Verläumdung, welche schon Knopfs Wiege und sein
Ehebett freventlich umzischte, nun auch noch von dem Sarge
unseres Helden mit der Fackel der officiellen Wahrheit und mit
der Leuchte der Wissenschaft zurückscheuchen müssen.

Lieutenant Richard von Unruh, der seinen Namen mit Recht
trug und zu den eifrigsten Anhängern des Hauptmanns Streblich
gehörte, hatte die Frechheit gehabt, vor dem Beginn der Cam=
pagne öffentlich zu prophezeyen, daß S. E. Knopf den plötzlichen
Uebergang in das regellose Leben der Campagne, und insbe=
sondere die ungewöhnliche Verpflegung, bei mangelnder Aufsicht
seiner Gemahlin, nicht aushalten werde, ohne an seiner schätzbaren
Person Schaden zu nehmen. (Knopf wußte es selber nur zu
wohl! aber welche Verwilderung eines jungen Gemüthes gehörte
dazu, eine solche Gefährdung des theueren Mannes im Ton der
Schadenfreude zu besprechen.)

Als nun Knopf wirklich an den Folgen des Feldzuges ver=
schied, lag zwar Lieutenant v. Unruh selbst, welcher krank aus
der feindlichen Gefangenschaft zurückgekehrt war, an einem Nerven=

Fieber darnieder; seine Zunge war also damals unschädlich. Aber andere böse Zungen knüpften an seine Prophezehung an und behaupteten mit frecher Bestimmtheit:

„General der Infanterie Baron Knopf sei an seinen Diäten gestorben."

Wir werden dies sofort widerlegen. — Was sagt die Wissenschaft? —

Die Wissenschaft sagt in dem Conversations = Lexikon von Brockhaus, Auflage 10 Bd. 5 pag. 94:

„Diäten nennt man die tageweise gezahlten Entschädigungen „für außerordentliche Dienste. Solche erhalten namentlich Beamte „und Offiziere, bei besonderen ihnen übertragenen Commissionen „und auswärtigen Expeditionen."

Nun steht es zwar außer Zweifel: 1) daß Knopf anno 66 außerordentliche Dienste leistete, und daß ihm damals eine be= sondere Commission und Expedition übertragen war, welche er für seine bloße Gage von 6000 Thalern nicht übernehmen konnte, 2) daß er hiernach mit Recht seine Diäten von 30 Thalern per Tag vorschriftsmäßig bezog und beziehen mußte.

Aber! — Er war durch keine Dienstvorschrift genöthigt, diese Summe täglich selber in Gestalt von Victualien und Ge= tränken, noch außer seiner Gage und seinen 10 täglichen Mund= portionen, ganz allein zu verzehren, und es ist eine unwürdige Verläumdung, daß er dies dennoch gethan habe und daran ge= storben sei.

Wer den Verewigten kannte, für den bedarf es keines Be= weises, daß er weder selbst also geschwelgt, noch seine Untergebenen veranlaßt hat, auf seine Kosten zu schwelgen. Es ist außerdem durch die Wittwe bestätigt, daß er nicht nur alle Diäten, sondern auch den größten Theil der Gage und sonstigen Emolumente als ehrenvolles Ersparniß aus der Campagne zurückgebracht und den Händen der sorglichen Gattin getreulich überliefert hat.

Knopf ist also nicht an seinen Diäten gestorben!

Wohl aber starb er an einer tödtlichen Störung seiner Diät, welche er sich mit vollem Bewußtsein für sein Vaterland zuzog.

„Diät ist nämlich (s. Brockhaus ebendas. pag. 93) eine be= „stimmte Lebensordnung, die, nach physiologischen Grundsätzen „festgestellt und geregelt, manche Genüsse oder Anstrengungen als „schädlich verbietet, andere wieder als nützlich fordert."

Wenn ein Mann von 67 Jahren, der in einem halben Jahr= hundert seine richtige Diät sich ausstudirt und aufs sorgfältigste

befolgt hat, sich nun plötzlich Monate lang einem häufigen Wechsel
der Wohnung und einer veränderten Beschaffenheit beider Früh=
stücke, sowie des Diners und des Abendessens aussetzt; wenn er
außerdem fast täglich und oft bei ungünstigem Wetter in seinem
Wagen umherfahren, und wenn er dann jeden Abend noch die
Vorträge des Generalquartiermeisters einnehmen muß, um sich
schließlich in einem fremden Hause, in einem fremden ungewohnten
Bette niederzulegen und von dem Vortrag des Generalquartier=
meisters zu träumen — kurz, wenn ein solcher Mann in solcher
Weise sich selber dem Dienste dahingibt — so geht er freilich mit
offenen Augen dem Tode entgegen — wie Knopf es für Winkel=
kram that.

Es ist übrigens constatirt, daß er während der ganzen
Campagne von seinen Bedienten immer ordentlich ausgezogen
und getreulich zu Bett gebracht wurde.

Diese beiden treuen Leibdiener, Füsilier Würmlein und Füsi=
lier Bürstlein, waren auch völlig eingeweiht in das System der
Bruchbänder, Bandagen, Nabelbinden und Suspensorien, welche
das Gebäude des theuren Körpers zusammen hielten; sie waren
vertrau. mit der Anwendung der Knopf'schen Katheder und
Fontanelle.

Wahrlich, sie sind die besten lebenden Zeugen gegen jenes
im sechsten Capitel von uns widerlegte und dennoch im neunzehnten
Capitel wieder aufgetauchte infame Gerücht von Knopfs zweifel=
hafter Entstehung und seiner fraglichen inneren Consistenz.

Würmlein und Bürstlein könnten reden wenn sie nur wollten,
denn es ist nicht wahr, daß sie sich durch einen fürchterlichen Eid
verpflichtet hätten, nicht zu verrathen, was eigentlich der Kern
und Inhalt der Knopf'schen Generaluniform gewesen sei.

Wenn der General es nicht liebte, einem anderen Menschen
als den genannten beiden Getreuen sein Inneres zu enthüllen,
und wenn er daher wirklich auch von seinen Angehörigen und
nächsten Freunden stets nur in Uniform gesehen wurde, so ist
dies offenbar seine Sache, und er wird seine höheren Gründe
dafür gehabt haben.

Und wenn Knopf, wie es in der That geschehen sein soll,
in völlig zugeknöpfter ordonnanzmäßiger Adjustirung auf seinem
Bette gestorben ist, so zeigt ihn dies in seiner wahrhaft antiken
Heldengröße, an der wir nur mit Bewunderung emporschauen
können.

Aber es ist eine Krankheit unserer vorwitzigen kritischen Zeit,
das Genie nicht in Demuth genießen, sondern in seiner innersten

Tiefe ergründen zu wollen. Dies bemerkt zum Schluſſe unſer
Geh. Hofrath Pips.

*   *   *

Nach Verleſung und Genehmigung des vorſtehenden Capitels
ſchloß der Präſident die letzte Sitzung mit einer ergreifenden
Anrede an das Comité. Er dankte den Mitgliedern der Majorität
für ihren hingebenden Eifer, beauftragte den Herrn Major von
Schweinsleder mit der Redaction des Begleitberichts an hohes
Kriegsminiſterium, und ſprach ſchließlich die vertrauensvolle Zu-
verſicht aus, daß die genannte höchſte Behörde gewiſſen poetiſchen
Partieen des Manuſcripts ihre beſondere Aufmerkſamkeit ſchärfſtens
zuwenden und in Bezug auf den Autor das Geeignete hochge-
neigteſt verfügen werde.

„Unter dieſem Autor", ſo ſchloß Oberſt von Thonſchiefer mit
ſtrengſter Würde, „verſtehe ich die gleichfalls hier unter uns an-
weſende Minorität, deren dienſtliches Verhalten als Schriftſteller
wir nunmehr einem höheren Urtheil unterthänigſt zu unterbreiten
haben."

Und dieſe unglückliche Minorität, lieber Leſer, ja dieſe ſchon
halb dem Hundethor verfallene Minorität, auf welche die ſtrafen-
den Blicke der Herren Thonſchiefer, Schweinsleder, Pips, van
der Bürſte und Tintenfiſch ſich zum Zwecke der moraliſchen Vernichtung concentrirten — dieſe arme Minorität iſt Niemand anders,
lieber Leſer, als ich, Dein gehorſamer Diener Streckebein! —.

Ausgeſchieden aus dem Kreiſe der Wohldenkenden, bin ich
allein ausgeſchloſſen von der kameradſchaftlichen Einladung des
Präſidenten, welcher ſoeben die Majorität erſuchte, den Abſchluß
der Arbeit bei einem Glaſe Wein im goldenen Ladeſtock traulich
zu feiern — ja, ich bleibe hier einſam zurück im Büreau der
hiſtoriſchen Section und ſitze trauernd zu den Füßen der aus
bronzirtem Gyps beſtehenden Klio, das Hundethor und meine
fernere militäriſche Zukunft erwägend.

O ihr zweiunddreißigtauſend lieben deutſchen Kameraden
aus Nord und Süd! An Euch wendet ſich meine betrübte Seele,
möget Ihr nun in Königsberg oder in Mainz, in Lemberg, Trieſt
oder Karlsruhe oder irgendwo anders in Garniſon ſtehen. Iſt
es doch mein einziger Troſt, daß euer treues Mitgefühl mir zu
Theil werden wird, gleichviel ob das deutſche Soldatenherz mit
weißem, blauem oder grünem, oder ſonſtigem Uniformſtuche bedeckt ſei.

Freiherr Leberecht vom Knopfe.

11

Ich sagte zweiunddreißigtausend, obgleich unser edler Stand
eigentlich durch die imposante Anzahl von dreiunddreißigtausend
Offizieren deutscher Heere und Heerlein repräsentirt wird, aber
es sind etwa tausend Excellenzen und Generale darunter, welche
als Kameraden anzurufen meine Bescheidenheit mir verbietet; ja
ich will lieber auch noch auf dreitausend Stabsoffiziers-Herzen
verzichten, und nur an die Subalterngemüther der übrigen neun=
undzwanzigtausend Kameraden appelliren, in der Hoffnung, daß
doch mindestens Sieben davon mir ihr Mitgefühl wirklich zu=
wenden.

Wo seid ihr nun, ihr edlen sieben Seelen? Nun ich kann
mir ja vorstellen, es stehe Einer von Euch in Berlin, Einer in
Wien, Einer in Dresden und Einer in Stuttgart, Einer in
München und Einer in Karlsruhe, und der Siebente etwa
irgendwo an der Mainlinie. Und nehme ich nun an, Ihr säßet
all' Sieben bei mir, hier um diesen Tisch herum — und wir
hätten acht tröstliche Humpen des edelsten Rheinweines vor uns
stehen, und es wäre mir gestattet, den ersten Trinkspruch aus=
zubringen — wem sollte er anders gelten, als dem stolzen, hoch=
gebornen Weibe, das wir lieben, wem anders als

„der erlauchten Germania!"

Schimmernd in blutiger Waffenrüstung erhob sie sich zwischen
ihren Feinden in Ost und West, zwischen den Feinden deutscher
Nation. Wohl sah sie die eignen Söhne im Bruderkampfe sich
messen — wohl sehen wir unser eigen Blut an ihrem Gewande
— aber es möge verbleichen und ausgetilgt sein durch neue
Waffengemeinschaft!

Ja so sei es! Stoßt an und verachtet mich nicht, weil ich
dem Kameelbanner von Winkelkram diene. Denn wie sollte ich
diesem Kameel entfliehen? Sagt nicht: „was ist uns Winkel=
kram?" Denn Winkelkram ist überall, soweit das Kalbfell ertönt,
soweit es Schilderhäuser und Excellenzen, Paraden und Storch=
schrittler, Cravatten und Knöpfe gibt!

Und haben wir Winkelkrämer denn allein unser schlimmes
Ordonnanzkameel?

Du Bruder von dem Donaustrande,
Und Sie, Herr Bruder von der Spree,
Und Du vom treuen Sachsenlande —
O sagt mir doch, wohin ich geh,

Auf daß ich rette Leib und Seele
Vor jenem Ordonnanzkameele?
    Wohin, wohin,
      Kann man entfliehn?
Dorthin, o Brüder, laßt mich ziehn!

Kann mir's der Schwab vielleicht entdecken? —
O lieber Baier! sag es dreist,
Ob dem Kameel und seinen Schrecken
Du irgend zu entrinnen weißt?
Du aus dem fortgeschrittnen Baden,
Sprich! seid ihr frei von solchem Schaden?
    Wohin, wohin
      Dem Thier entflieh'n?
Wohin, o Brüder, soll ich ziehn?

Ihr schweigt, ihr schweigt mit Achselzucken
Und jeder fühlt den ernsten Drang,
Sich hinterm eignen Ohr zu jucken,
Und alle Nasen werden lang —
Gesteht es nur! Wir haben Alle
Ein solch Kameel im eignen Stalle!
    Wohin, wohin
      Soll ich entflieh'n?
Ich muß das Hundethor bezieh'n!

Dreiunddreißigstes Capitel.

Zwei Gräber,
am 18. October 1866.

Epilog eines Unberufenen.
(Von R. v. U.)

Im unglücklichen Gefechte bei Jammerfeld, wo wir mit ge=
fälltem Bajonnet ins preußische Schnellfeuer rannten, sank mein
treuer Kamerad Streblich schwer verwundet neben mir nieder;
indem ich ihm beisprang wurde ich mit den letzten Füsilieren,
die noch Stand hielten, umringt und gefangen. Schon in der
nächsten Nacht warf mich ein Anfall von Typhus, als Folge
schwerer Strapazen und schlechter Verpflegung, ins preußische
Feldlazareth zu Sterblingen, aus welchem ich erst acht Wochen
nach erfolgtem Friedensschluß in die Garinson Winkelkram zurück=

kehren konnte. Streblich war schon früher dahin zurückgebracht worden und lebte noch; er quälte sich mit einem Schuß durch die Lunge seinem nahen Ende entgegen.

Bevor ich ihn sehen konnte, ward ich vor ein Ehrengericht citirt, dessen aufregender Verhandlung meine Geistes= und Körper= kraft um so weniger gewachsen war, als noch andere schwere Prüfungen zugleich auf mich einbrachen. Meine Aussagen ver= wirrten sich schon in der ersten Sitzung und unmittelbar nach der zweiten erlitt ich einen Rückfall ins typhöse Fieber. Als ich noch schwer darniederlag, starb Streblich; die Stunde seines Hin= scheidens und die seines Begräbnisses wurden mir in ungewöhn= licher, aber gewissester Weise ohne fremde Vermittelung kund.

Es würde mir, auch wenn es meinem Gefühl nicht wider= strebte, unmöglich sein, klare Rechenschaft von Eindrücken und Ereignissen zu geben, die ohne Zweifel in die Wirklichkeit meines Lebens hereingriffen, die jedoch, ohnehin unerklärlich, auch noch mit den wirren Phantasieen meines Fiebers zusammenspielten.

Es ist Thatsache, daß ich am Abend von Streblichs Be= gräbniß, nach kurzer Abwesenheit der barmherzigen Schwester die mich pflegte, in meinem Bette vermißt, und daß ich noch in später Nacht zwischen dem Grabe meines Freundes und dem des zugleich beerdigten Generals Knopf in bewußtlosem Zustande von den Todtengräbern gefunden wurde.

Merkwürdiger Weise trat meine Krankheit Tags darauf in eine glückliche Krisis, und ich gewann als Reconvalescent einige Erinnerung dessen, was ich in jener merkwürdigen Nacht zwischen den Gräbern zu erleben glaubte, ich möchte fast sagen erlebt zu haben glaube.

Es wäre mir zuwider, neue Beiträge zur Geisterkunde durch eine möglichst genaue Erzählung meiner Visionen zu liefern; und doch glaube ich, daß deren Inhalt hohe Interessen berühre, und, von allen Gespenstertheorien unabhängig, auch zum inneren Verständniß und rechten Abschluß der Knopfschen Biographie fast unentbehrlich sei.

Bin ich nicht entschuldigt, wenn mich solche Umstände fast gewaltsam der Poesie in die Arme treiben? Mein Abenteuer schwebt wie sie zwischen Himmel und Erde, und so mag sie auch dem Unberufenen ihre Sprache leihen und ihr heiliges Vorrecht, Unmögliches auszusprechen. So macht mich denn ausnahmsweise die Bescheidenheit zum Dichter; das Mißtrauen in den eignen Verstand zwingt mich, der Phantasie die Zügel zu lassen. Möge wenigstens Methode in meiner Tollheit erkannt werden, oder irgend ein Funke von jenem schönen Wahnsinn, der in eines Dichters rollenden Augen glänzt.

Der Unberufene.

Leih mir beinen grauen weichen Schattenmantel, liebe Nacht,
Denn es treibt mich, hinzuschleichen, wo sie ihn zur Ruh gebracht,
Ihn, der meiner Ehre glaubte, da man Ehr und Lieb mir raubte,
Der in Treuen an mir hing, bis er selbst von hinnen ging.
Denn des Sterbenden Gedanken drangen grüßend auf mich ein —
Und sie führen jetzt den Kranken in den Todesgarten ein.
Auf denn! weil es tiefer dämmert, wank ich nach dem frischen Grab.
Wie mein Blut im Herzen hämmert! aufrecht halt ich mich am Stab;
Doch, schon athm' ich tiefer, freier beinen kühlen Hauch, o Nacht,
Hast du nicht zur Leichenfeier jene Sterne mir entfacht?
Oder welche milde Helle bricht sich dort im dunkeln Laub,
Dort, an der geweihten Stelle, über meines Freundes Staub?
Sind es milde Mondesstrahlen, die, von feuchtem Duft umwebt,
Mir ein solch Gebilde malen, das sich mir entgegenhebt?
Nein, es ist kein Wahngebilde, was ich, froh erzitternd, schau,
Hoheit blickend, ernst und milde neigt sich mir die stolze Frau.
Heil dir, Herrin! Dich zu grüßen wallt mein Blut in neuer Kraft!
O Germania! Dir zu Füßen klag ich meine Ritterschaft!
Denn Du bist's, von der wir reden — reden seit geraumer Zeit,
Brüder, die sich stets befehden, rühmen Deine Herrlichkeit.
Deutsches Blut im Land der Eichen, das die deutschen Kämpfer kränzt
Und Rubinen zu vergleichen in des Siegers Krone glänzt!
Und es sank in heißen Schmerzen auch der Freund, der edle, mir,
Deutscher Männer Stolz und Zier —
Mit des Bruders Schwert im Herzen sah er sterbend auf zu Dir!

Germania.

Klage nicht den werthen Todten, der die Krone dort empfing,
Wo in ewigem Morgenrothe Erdenjammer unterging;
Aber denen, die da leben, sei mein letztes Wort gesagt,
Ob mich all das wirre Streben ganz aus Euren Gränzen jagt!
Bin ich wirklich Eure Mutter, wollt Ihr meine Söhne sein,
Liebt mich mehr als Pabst und Luther, geht zu Gottes Kirche ein,
Der den ewigen Himmel baute hoch ob jedem Kirchenbach,
Der, als ihm mein Volk vertraute, seiner Schande Ketten brach!
Liebt mich mehr als eure kleine bunte Winkelkrämerei,
Als die Trink- und Schrei-Vereine Eurer Sonderbündelei.
Liebt mich mehr als Zollern, Welfen, Habsburg oder Wittelsbach!
Lernt mit Gott Euch selber helfen, Männer, Männer! werdet wach!

Der Unberufene.

Ja, das Reden, Singen, Schießen Dir zu Ehren — war nur Spiel.
Nicht im Träumen und Genießen streben Männer nach dem Ziel.
Leicht verbrüdern sich die Zecher, doch der alte Haß und Neid
Füllt uns jetzt den Taumelbecher ganz mit Bitterkeit und Leid.
Sieh! das Schwert von Hohenzollern fuhr hernieder wie ein Strahl,
Allen Künftig-handeln-Wollern ward gesagt: Hie Blut und Stahl!

Germania.

Wehe um mein altes Banner! Preußens Aar hat es ersetzt!
Raschen, leichten Sieg gewann er und vergeblich grollt Ihr jetzt;
Zwar in Treuen muß ich klagen, meiner Söhne werthe Kraft,
Die im Bruderzwist erschlagen, liegen kläglich hingerafft!
Treulich starben Sachsen, Schwaben, Hessen, Bayern für den Bund,
Der mit ihnen ward begraben. Aber Neues mach ich kund:
Dankt dem Herrn, er schlug Euch nieder, aber nicht durch fremde Hand,
Was Euch trennte, eint Euch wieder: Kampf ums deutsche Vaterland!
Laßt, o laßt das alte Hadern, bald schon bricht am grünen Rhein
In Colonnen und Geschwadern Euer Aller Feind herein.

Der Unberufene.

Weh, der Sieger hat die Schande unserer Trennung neu verbürgt,
Mit dem eignen Gürtelbande hat er Deutschland eingewürgt.
O Germania, Deiner Lenden Silbergürtel ist der Main —
Dort soll deutsche Einheit enden und die Linie schneidet ein.
Ja, die Hand des strengen Richters greifet nach des Gürtels Schmuck,
Stadt der Kaiser, Stadt des Dichters! liegst gebeugt von schwerem Druck.
Aber aus des Reiches Feste, die ihm anvertrauet war,
Aus dem stolzen Felsenneste scheucht der Franke Preußens Aar!
Und am vielbesungnen Strome kräht des Galliers frecher Hahn,
Dort von Straßburgs hohem Dome uns noch immer höhnisch an.

Germania.

Stehet fest in Euren Rechten, von Verrath und Rache fern,
Denn Verrath ziemt feilen Knechten,
Männer mögen sich erfechten eine Heimath, einen Herrn!
Fügt Euch lieber deutschen Banden, eh man Euch zum Feinde reißt,
Eh der alte Lügengeist
Euch in Sünden und in Schanden fremdem Banner folgen heißt.
Steht dem Feind an Euren Gränzen Arm an Arm und Schild an Schild,
Freie Zukunft seh ich glänzen, der mein ganzes Sehnen gilt!
Schlugt ihr brüderlich den Franken, ist der alte Haß verscharrt,
Dann, dann nehmt Euch ohne Danken, was Euch längst verheißen ward!
Faule Frist ist bald zerronnen, denn der Mann der Euch geweckt,
Der das Riesenwerk begonnen, rastet nicht, bis ers vollstreckt.
Glaubt Ihr, daß ein solcher Recke, der in solchen Zeiten kam,
Halben Weges schon erschrecke?
Glaubt Ihr, daß er nichts bezwecke, als ein größeres Winkelkram?
Schrecklich war sein erstes Werben als des Königs Freiersmann,
Glaube mir, er wird nicht sterben eh er mich dem Herrn gewann!
Starr und schweigend steht er heute, wie in Todesruh gebannt,
Doch sein Aug' bewacht die Beute und am Schwertgriff zuckt die Hand.

Der Unberufene.

Ja, so sei's! Auf Wiedersehen, Herrin! in der Stadt am Main,
Wenn die deutschen Banner wehen, soll Germaniens Hochzeit sein.
Wandle nun, die Herzen weckend, von dem Belt zum schwäbischen Meer,
Wandle, unsere Feinde schreckend, waffentönend vor uns her!
Sollt ich sterben und verderben — Deutschland, Deutschland ich bin dein!
Und des großen Friedrichs Erben werden unsere Kaiser sein!

Während ich noch redete, war die hohe Germania ver=
schwunden; ich stand unter den dunkelen Bäumen an Streblichs
Grab und fragte mich verwundert, wie es möglich sei, sich so
rasch von winkelkramisch=großdeutscher zu germanisch=muß=preußischer
Gesinnung bekehren zu lassen? Gleich fremden Worten klangen
mir meine eigenen Reden im Ohre nach! Ein pflichtgetreuer
Jüngling wie ich hatte in einem Athem sein angestammtes Winkel=
kram verläugnet und die Hohenzollern ermuntert, das preußische
Reich deutscher Nation vollends in Scene zu setzen!

Aber welch ein Weib ist auch diese Germania! Wer seinen
rechten Glauben und seine gute Gesinnung nicht in Gefahr setzen
will, darf sich in keine Disputationen mit ihr einlassen! Habet
enim profundos oculos, et mirabiles speculationes in capite
suo, wie Cardinal Cajetan von Martin Luther bemerkte.

Und wie sollte die arme Seele eines deutschen Jünglings ihr
widerstehen? Vom goldnen Netz ihrer Rede umstrickt, stürzt die
Jünglingsseele rettungslos hinunter in die Abgründe jener tief=
blauen Augen und jener wunderbaren Speculationen der ewig
jungen Verführerin! —

Selbst die Berliner Geheimeräthe könnten toll davon werden;
o möchten sie doch! —

So stand ich getheilten Sinnes und erwog, wie ich so rasch
meiner Trauer um den Freund vergessen, und die violett=grünen
Schlagbäume meines engeren Vaterlandes in hochverrätherischen
Gedanken überspringen konnte — — — da vernahm ich ganz
nahe ein Reden in murrendem Baß, in einem Tone, der noch
brunnentief unter dem Contra-C lag, und aus keiner menschlichen
Brust also erdröhnen konnte.

Der Redner sprach lebhaft mit sich selbst und war, so viel
ich im falben Sternlicht erkennen mochte, ein sehr dürrer und
sehr langgegliederter Herr, der in zersetztem schwarzem Mantel
auf dem frischen Grabe des Generals Knopf hin und her
ging. Ein wunderbares Schauspiel sah und hörte ich dann, bis
die Sinne mir schwanden.

Der Tod.

Bei Allen, die mir in die Hände kamen,
Aus Vater Adams wunderlichem Samen,
War keine räthselhafte Existenz
Wie diese zugeknöpfte Excellenz!
　　Hab ich die Seele sonst vom Leib getrennt,
　　So ist für mich die Arbeit schon zu End.
　　Ein Engel oder Teufel steht bereit
　　Und packt die Seele mit Geschicklichkeit.

Der Schreiner hämmert emsig Brett an Brett,
Der Todtengräber höhlt das kühle Bett,
Dem müden Staube wird sein Recht gethan,
Mich geht die ganze Sache nichts mehr an.
Wie kommts, daß ich, als alter Praktikus,
An diesem Grab mich noch verspäten muß?
Gesteh ichs nur! Ich Leib = und Seelen = Trenner,
Ich sechsmaltausendjähriger Menschenkenner
Ich weiß es diesmal wirklich selber nicht,
Wem ich gelöscht das matte Lebenslicht?
Aus welchem Stoffe schuf man diesen Wicht? —
Als ich erschien, lag er in Uniform,
Fest zugeknöpft, im Bett, das war abnorm.
Da ich ans Herz die kalte Hand ihm legte,
Und schlechterdings sich gar nichts drinnen regte,
So dacht ich: war mein Anblick schon genug,
Daß ein Soldatenherz nicht weiter schlug?
Todt war er! Und man stirbt doch nur durch mich,
Gewiß, es ist kein anderer Tod als ich
Doch war kein Teufel da und auch kein Engel,
Wo blieb die Seele? Und in welchen Sprengel
Gehört sie denn? —

Ein Teufel.
(Fährt brausend heran, rauh und gierig:)

Gib den Knopf mir heraus!
Gib den Tropf mir heraus,
Reiß am Schopf ihn heraus!
Gib ihn her!

Tod.

Gemach, Gemach! — So ist er also dein?
Ich greif hinab und zieh ihn aus dem Schrein.
(er greift mit langem Knochenarm in die Erde hinunter)
Zwar, dir zu helfen, ziemt nicht meinem Amte,
Doch interessirt mich diesmal der Verdammte.

Teufel.

Zieh hervor aus der Gruft
Schaff empor an die Luft
Faß am Ohr mir den Schuft
Er ist mein!
(Knopf in voller Uniform wird hervorgezogen; der Teufel packt ihn am Kragen; ein kleiner Engel flattert eilig heran und faßt ihn an den Beinen.)

Engel.

Fleuch, Unhold, öffne deine Krallen!
Mir ist die Seele zugefallen.

Teufel.
(Speit Feuer nach dem Engel.)

Fort, Kleiner! Soll ich dich verbrennen?
Ich denke wohl, ich muß dich kennen,

Ein richtiger Engel bist du nicht.
Bist so ein armer zarter Wicht
Wie sie St. Peter dutzendweis
Zum kleinen Dienst zu nutzen weiß.
Er gab dir aus Barmherzigkeit
Ein abgetragen Flügelkleid,
Und braucht dich nur zu Commissionen,
Die keinen besseren Boten lohnen.

Engel.
(Sich erhellend und vergrößernd, fester zugreifend und kräftiger redend.)

Wohl, nur der Geringsten Einer bin ich aus St. Peters Schaar,
Aber von Euch Allen Keiner sengt mein heilig Lockenhaar!
Höre denn des Meisters Worte: „Diesen Knopf, so soll es sein,
Bringe zu der goldnen Pforte, laß ihn in den Himmel ein!"

Teufel.

Und was soll er droben machen, dieser hochverdiente Mann?
Habt ihr solche Siebensachen, die er säubern, flicken kann?
Hat er dem Apostelfürsten irgend etwas auszubürsten?
Soll er wichsen und lackieren? putzt er Euch die Sterne blank?
Soll er Englein exerciren,
Inspiciren, revidiren,
Gibt es was zu registriren? habt Ihr eine Prügelbank? —

Engel.

Heil uns, nein! in jenen Reichen, wo der irdische Wahn zerrinnt,
Welche dir und deines Gleichen ewiglich verschlossen sind,
Wo aus klarem Born des Lebens tiefste Seelenruhe quillt,
Sind des heißen Erdenstrebens höchste Triebe ganz gestillt.
Unverständlich muß erscheinen hochgeschätzter Erdenwahn
Wo unendlich sich dem Reinen die Erkenntniß aufgethan.
Ganz in Freiheit, Lieb und Friede athmet die erlöste Schaar,
Die da preist in hohem Liede, was auf Erden Räthsel war.
Ihnen wuchs aus mildem Staube neuer Leiber Herrlichkeit
Sie verkläret nun der Glaube, kleidet die Gerechtigkeit.

Tod.
(Auf Knopfs Leib tretend.)

Was helfen ihm verklärte Glieder
Von unverweslicher Natur?
Er wünschet sich auch jenseits wieder
Die schöne Ordonnanzmontur.

Teufel.

Recht, alter Heinrich! sags dem Kleinen, daß er nicht länger Faxen macht.
Herr Knopf mit den Paradebeinen paßt nicht in jene Himmelspracht.
Selbst euer neuster Himmelsbürger, den Pius heilig sprechen ließ,
Arbues, jener Judenwürger, paßt mehr als Knopf ins Paradies.

Engel.

Verdammniß hat er nicht verschuldet, Soldatenlaster war ihm fremd.

Teufel.

Doch viel hat der Soldat erduldet, in Knopfs Gamaschen eingeklemmt!

Engel.

Er war kein Säufer, Spieler, Flucher, kein Mörder und kein Ehrendieb

Teufel.

Doch ward er Vielen zum Versucher, die Zwang und Druck ins Laster trieb.

Engel.

Er hat, in knechtischem Sinn befangen, doch sorglich, treu sein Amt verseh'n.

Teufel.

Und Mancher hat sich aufgehangen, um seiner Sorgfalt zu entgeh'n!
Drum hat ihm auch mein schwarzer Meister die schönsten Qualen ausgedeckt:
Bald wird ihm durch die Höllengeister ein Ladstock durch den Leib gesteckt
Dann renken wir ihm die Gelenke, stets nach Commando, aus und ein,
Daß er der armen Teufel denke, die er gedrillt an Arm und Bein.
Zwei Centner Acten zu verschlingen, ist ihm dann weiter zugedacht,
Sodann das Heckerlied zu singen, was ihm gewißlich Schmerzen macht.
Dann spritzen wir mit Schwefeltropfen die schöne Ordonnanzmontur,
Da hilft kein Reiben, Bürsten, Klopfen; dann folgt die höhere Dressur:
Auf Satans Leibroß soll er schwitzen, das bockt und bäumt sich fürchterlich,
Er kann nicht fallen, kann nicht sitzen und sieht den Abgrund unter sich.
Und schließlich wird er noch gebraten mit zweien dürren Demokraten,
Die er, zu unserem Hochgenuß, mit seinem Talge schmelzen muß.

Engel.

Teufeln ziemt ein solch Beginnen mit dem allerärmsten Tropf.
Doch der Engel Thränen rinnen dem beweinenswerthen Knopf!
Von den ärmsten leersten Seelen keine war so arm wie er,
Schwerstes Irren, schwerstes Fehlen büßt und heilt sich minder schwer.
Keiner ward mit größerem Rechte tiefstem Mitleid auserwählt
Seit der Menschen arm Geschlechte sich zu uns herüberquält.
Nimmer strahlten freudige Sterne in die Nacht des Wichts,
Der sich hingab ganz und gerne dem systemgewordenen Nichts.
Dennoch muß es in ihm stecken, was den Menschen menschlich macht!
Diesen Funken zu entdecken, sei er jetzt hinaufgebracht.
Nichts empfinden nichts erkennen wird er dort zu seiner Qual
Aengstlich hin und wider rennen in dem hohen Himmelsaal.
Ja, der ärmste geht zur Strafe in die Seligkeiten ein,
Bis vielleicht dem blinden Schafe dennoch strahlt ein neuer Schein.

Teufel.

Hat man je so erzsophistisch klaren Seelenraub verdeckt?
Keiner ward so rabulistisch in der Hölle ausgeheckt.
Nein, du sollst nicht länger schwatzen, kleiner frecher Luftpirat!
Knopf verbleibt in meinen Tatzen, also wills mein Potentat.

Engel.
(Wird aus Zorn anapästisch.)

O du Auswurf stinkender höllischer Guth, entfleuch! denn ich rede zu lange,
Ja entweiche sogleich, ohnmächtige Brut der abscheulichen sündigen Schlange!

Teufel.

So ergreife mich auch anapästischer Zorn! scharf blitzendes Feuer entkrache,
Entfahre mir! sprühe von hinten und vorn! komm hilf mir höllischer Drache! —

Als der Streit zwischen Engel und Teufel sich bis zu diesem klassischen Paroxysmus gesteigert hatte, schwangen sich beide mächtigen Flügelschlags mit dem armen Knopf empor, wie wenn Adler und Geier um den geraubten Gänserich kämpfen. Ich vernahm nur noch wüstes Geschrei aus der Luft, der Teufel hielt den Kragen, der Engel die Beine des Unglücklichen fest, den jeder mit höchster Anstrengung dem Griffe des Gegners zu entreißen strebte.

Die heilige Helle, welche den Engel umfloß, mischte sich sonderbar mit den feurigen Explosionen seines Widersachers. Bei Vergleichung von Zeit und Ort ist nicht zu bezweifeln, daß die merkwürdige Abhandlung über ein in der winkelkramsch.n Gemarkung beobachtetes feuriges Doppel=Phänomen, welche der gelehrte Dr. Sternsucher im Archiv der winkelkramschen geographischen Gesellschaft veröffentlicht hat, durch eben dieses luftige Duell höherer Wesen veranlaßt wurde; ich sage Duell, denn es war ein Streit um Nichts.

Immer wüthender zerrten und zogen beide, jeder an seinem Ende — plötzlich vernahm ich ein Krachen und sah, wie Knopfs unselige Gestalt mitten entzwei riß!

Ein gellender Schrei des Engels vermählte sich dem wüthenden Gebrüll des Teufels.

Weh mir, ein paar leere Hosen! rief der Engel.

Wehe mir, ein leerer Rock! rief der Teufel.

Der Tod aber sprach: Nun kann ich heimgehn, denn Knopf ist erkannt. Ein Schneider machte ihn.

*   *   *

Und in der schaurigen Stille, die nun eintrat, entsäuselte etwas — — „so wie ein letzter Seufzer in öde Nacht gehaucht" — — sei er nun den Knopfischen Hosen oder dem Knopfischen Rocke entflattert:

> „Weh! daß ich leer sei hat die Welt gewittert,
> Und von der Wiege bis zum Sarkophage
> Hat dieser schlimme Zweifel, diese Frage
> Nach meinem Kern das Leben mir verbittert.
>
> Vom stolzen Glanz der Uniform umflittert,
> Vernahm ich selbst an meinem Ehrentage
> Am Traualtare jene schnöde Klage,
> Und vor Enthüllungen hab ich gezittert.
>
> Nun ich geplatzt bin — staunet! wie ein Dichter
> Aus Nichts mich selber und dies Buch geschaffen
> Nicht ungenügend einem ernsten Richter.
>
> Nein staunet nicht! denn auch der Staat in Waffen
> Prägt aus dem Nichts die schönsten Dienstgesichter,
> Die Ordensbrüder vom Kameel und Affen.